ブラッドランド【上】

ヒトラーとスターリン　大虐殺の真実

Timothy Snyder, Bloodlands: Europe between Hitler and Stalin

ティモシー・スナイダー　布施由紀子＝訳

筑摩書房

BLOODLANDS
Europe Between Hitler and Stalin
by
Timothy Snyder

First published in the United States by Basic Books,
a member of the Perseus Books Group.
Japanese translation rights arranged with Basic Books,
a member of the Perseus Books Inc., Massachusetts
through Tuttle-Mori Agency, Inc., Tokyo.

ブラッドランド（上）　目次

下巻目次

凡例

◎訳註は［　］で示した。

◎地名表記は、地図によって同一地に異なる地名が用いられていることがあるが、占領統治国が変わるたびに地名が変更されたことを反映しており、著者の意図を尊重し、原書の表記にしたがい、原音に近いカタカナ表記を採用した。

ブラッドランド（上）

ヒトラーとスターリン　大虐殺の真実

きみの金色の髪、マルガレーテ
きみの灰色の髪、シュラミット
――パウル・ツェラン『死のフーガ』

すべては流れ、すべては変わる
同じ囚人列車には二度と乗ることができない
――ワシーリー・グロスマン『万物は流転する』

どこかの誰かがたったひとりで、黒海で溺れた
許しを乞う彼の祈りを聞いた人はいない
――ウクライナ民謡『黒海の嵐』より

都市という都市が消滅する。自然に代わり
非存在に対抗しえたのは、一枚の白い盾のみだ
――トマス・ヴェンクロヴァ『アキレウスの盾』

まえがき──ヨーロッパ

「これで生きていける！」腹を空かせたその男の子は、静かな道ばたや何もない畑を歩きながら、そう言ってみるのが好きだった。だが、彼が食べ物を目にしていたのは、幻覚の中だけだ。ヨーロッパで大量殺人が断行された時代のことで、血も涙もない徴発作戦がはじまり、小麦はすべて収奪されていた。一九三三年、ヨシフ・スターリンは故意にソヴィエト・ウクライナを飢饉に追い込もうとしていた。その子をふくむ三〇〇万人以上の人々が亡くなった。

「ぼくは地面の下で彼女に再会するだろう」と話していた若者は、その言葉どおりの運命をたどった。妻が撃たれたあと、彼も撃たれ、ふたりいっしょに土中に葬られたのだ。彼らのように、一九三七年から三八年にかけてスターリンがおこなった大粛清《テロル》で命を奪われた人々は七〇万人にものぼった。一九四〇年には、あるポーランド人将校が「連中はわたしの結婚指輪について尋ねた。わたしはそれを……」と日記に書きさし、それからほどなくソ連の秘密警察に殺された。第二次世界大戦が勃発した直後、ナチス・ドイツとソヴィエト連邦がポーランドに侵攻し、彼のようなポーランド人およそ二〇万人がドイツ人やソヴィエト人に銃殺された。

一九四一年の終わりごろには、レニングラードに住む十一歳のロシア人少女が日記の最後をこう結んだ。「残ったのはターニャだけ」。アドルフ・ヒトラーがスターリンを裏切ってレニングラードを包囲し、四〇〇万人ものソヴィエト人を餓死させた。少女の家族もその犠牲となったのだ。翌年の夏、ベラルーシでは、十二歳のユダヤ人少女が父親に宛てて最後の手紙を書いた。「死ぬ前にパパにさようならを言います。こんなふうにして死ぬのはとてもこわいです。だって小さな子供たちは生きたまま共同墓地に投げ込まれるんですから」。彼女をふくむ五〇〇万人以上のユダヤ人がドイツ人の手でガスまたは銃によって殺害された。

一四〇〇万人の意味

二十世紀の半ば、ナチスとソ連の政権は、ヨーロッパの中央部でおよそ一四〇〇万人を殺害した。犠牲者が死亡した地域——流血地帯《ブラッドランド》——は、ポーランド中央部からウクライナ、ベラルーシ、バルト諸国、ロシア西部へと広がっている。ナチスの国民社会主義とスターリニズムの強化が進められた時代(一九三三—三八)から、ポーランドの独ソ分割統治(一九三九—四一)、独ソ戦争(一九四一—四五)までのあいだに、歴史上類を見ない集団暴力がこの地域を襲ったのである。ユダヤ人、ベラルーシ人、ウクライナ人、ポーランド人、ロシア人、バルト人など、おもに古くからこの地域に暮らしてきた人々が犠牲となった。一四〇〇万人が殺されたのは、ヒトラーとスターリンの双方が政権を握っていた一九三三年から四五年までのわずか一二年という短い期間のことだ。彼らの故郷が戦場となったこともあるが、ここで対象とする人々は、すべて戦争ではなく殺害政策の犠牲者である。第二次世界大戦は史上もっとも多くの死者を出した戦争だった。全世界で死亡した兵士のうち、ほぼ半数がこの「流血地帯」で戦死しているが、一四〇〇万という人数には、こうした戦闘任務についていた兵士はひとりもふくまれていない。ほとんどが女性か子供か高齢者だった。誰も武器を持っておらず、多くの人が所持品や衣服を奪われた。

アウシュヴィッツは、流血地帯でもっともよく知られた殺戮場である。今日のアウシュヴィッツはホロコーストの代名詞であり、ホロコーストは世紀の罪の象徴である。しかしアウシュヴィッツの労働者として登録された人々には、生き長らえる可能性が残されていた。生還者は回顧録や小説を書いて、アウシュヴィッツの名を広く世に知らしめた。ドイツのほかの「死の工場」では、それよりはるかに多くのユダヤ人が――ポーランド・ユダヤ人が大半を占めた――ガス室に送られ、ほぼ全員が死亡した。トレブリンカ、ヘウムノ、ソビブル、ベウジェツの収容所の名は、アウシュヴィッツほど頻繁には取りあげられない。ポーランド、ソ連、バルト諸国では、さらに多くのユダヤ人が溝や穴の上で銃殺された。そのほとんどが占領下にあったポーランド、リトアニア、ラトヴィア、ソヴィエト・ウクライナ、ソヴィエト・ベラルーシの、自宅の近くで殺されている。ドイツ人は、ほかの国で暮らしていたユダヤ人も流血地帯へ連れてきて殺そうとした。ハンガリー、チェコスロヴァキア、フランス、オランダ、ギリシャ、ベルギー、ユーゴスラヴィア、イタリア、そしてノルウェーから、ユダヤ人が列車に乗せられて続々とアウシュヴィッツに運ばれてきた。ドイツに定住していたユダヤ人は、ウッチ、カウナス、ミンスク、ワルシャワなどの流血地帯の都市へ強制的に送られ、銃殺またはガス殺に処された。わたしがいま本書を執筆している、ウィーンの第九区に住んでいた人々もやはり、アウシュヴィッツ、ソビブル、トレブリンカ、リガへ送られた。

ドイツ人によるユダヤ人の大量殺害は、占領下のポーランド、リトアニア、ラトヴィア、ソ連で決行されたが、ドイツ国内でおこなわれたことはない。ヒトラーは、小規模のユダヤ人コミュニティをかかえた国の、反ユダヤ主義政治家だったのである。一九三三年にヒトラーが首相になったときには、ドイツの全人口に占めるユダヤ人の比率は一パーセントにも満たず、第二次世界大戦がはじまったころには、わずか〇・二五パーセント前後だった。ヒトラーが政権を握ってから六年のあいだは、ドイツに暮らすユダヤ人は（屈辱的で経済的に苦しい状況のなか）国外移住を許されたし、一九三三年にヒトラーが選挙に圧勝するのを見たドイツ・ユダヤ人は、大半が自然死を迎えている。一六万五〇〇〇人のドイツ・ユダヤ人を殺害したことは、それ自体、許されざる犯罪だが、この人数はホロコーストの犠牲者全体の三パーセントにも届かない。ヨーロッパ全体から見れば、ユダヤ人を見舞った悲劇のごく一部にすぎなかったのである。ナチス・ドイツが一九三九年にポーランドに侵攻し、一九四一年にソ連に侵攻してはじめて、ヨーロッパからのユダヤ人排除というヒトラーの構想が、ヨーロッパでユダヤ人口のもっとも多いふたつの国と結びついた。ユダヤ人の絶滅というヒトラーの野望は、ユダヤ人が暮らしている地域でしか成し遂げられないものだったのである。

　だがホロコーストの陰には、それ以上の殺戮をもくろむドイツの計画が潜んでいた。ヒトラーが排除したがっていたのは、ユダヤ人だけではなかった。彼は、国家としてのポーランドとソ連を抹殺し、このふたつの国の支配者層を消滅させ、何千万人ものスラヴ民族（ロシア人、ウクライナ人、ベラルーシ人、ポーランド人）を抹殺したいと思っていたのだ。もしドイツがソ連に仕掛けた戦争が思惑どおりに展開していれば、最初の冬に三〇〇〇万人が餓死し、さらに何千万人ものスラヴ人が追放され、

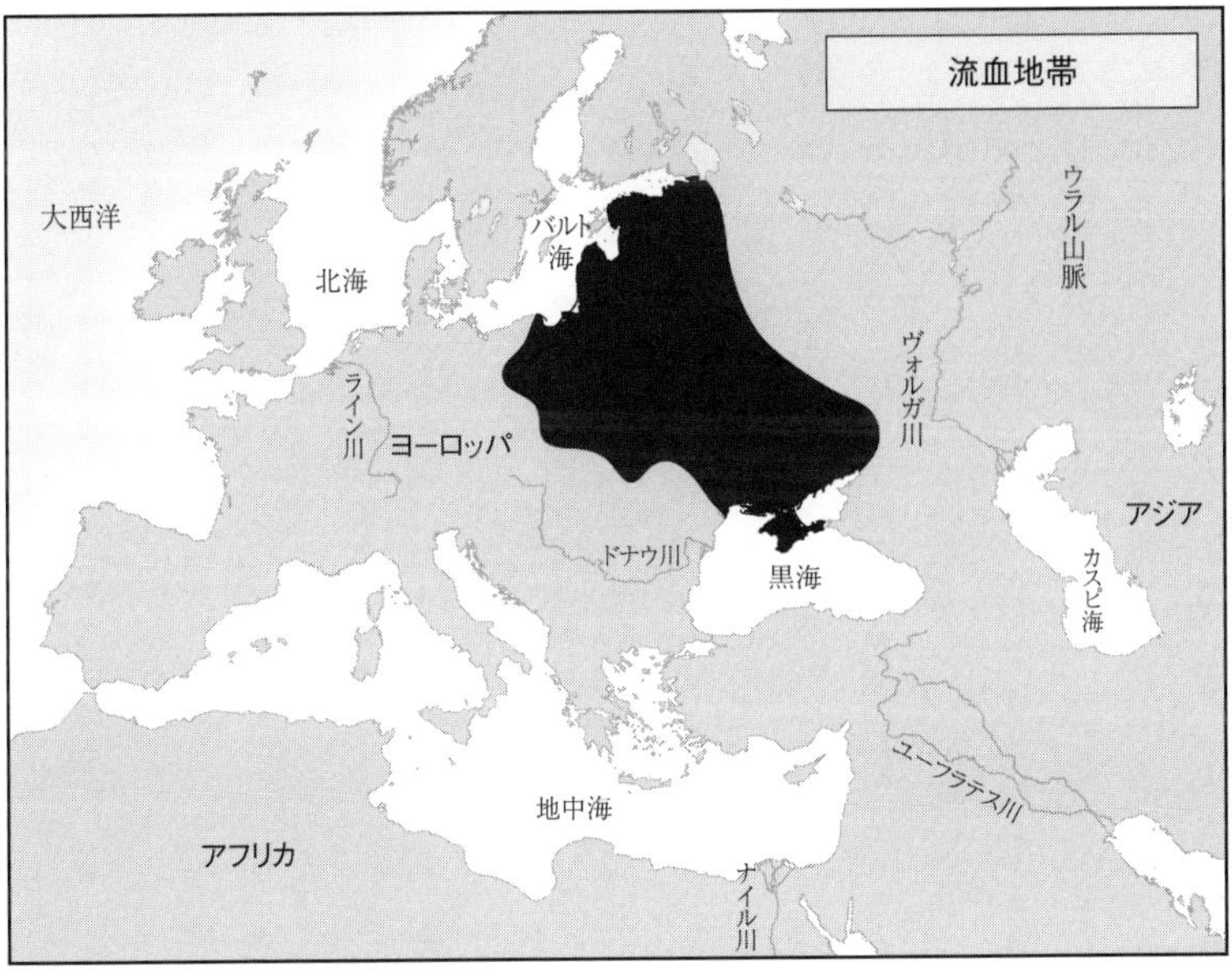

殺され、あるいは同化を強いられて奴隷にされていただろう。この計画は実現しなかったが、ドイツが東欧占領政策を進める心理的な前提となった。戦時中ドイツ人は、ユダヤ人とほぼ同数の非ユダヤ人も殺している。ソヴィエト人戦争捕虜（三〇〇万人以上）と占領都市の住民（一〇〇万人以上）を餓死させ、「報復」と称して民間人（おもにベラルーシ人とポーランド人、五〇万人以上）を銃殺したのである。

ソ連が東部戦線でナチス・ドイツに勝利したため、スターリンは何百万人もの人々から感謝され、戦後ヨーロッパの秩序回復にきわめて重要な役割を果たすこととなった。しかしスターリン自身もまた、大量殺人ではヒトラーに引けをとらない、すさまじい記録を残している。しかも、戦前のほうがはるかにひどかった。一九三〇年代、スターリンはソ連の防衛と近代化のためと称して数百万人を餓死させ、およそ七五万人を銃殺した。ヒトラーが他国の国民を殺したときと同等に効率よく、自国の国民を殺害したのだ。一九三三年から四五年にかけて流血地帯で殺された一四〇〇万人のうち、三分の一はソ連によって命を奪われたのである。

ここに書くのは、政治的意図のもとに決行された大量殺人の歴史である。一四〇〇万人はすべてナチス・ドイツかソ連の殺害政策の犠牲者であり、場合によっては相互作用の犠牲者でもあったが、決して両国間の戦争の犠牲者ではなかった。四分の一は、第二次世界大戦がはじまる前に殺されていた。一九三九年から四一年にかけて、ナチス・ドイツとソ連が同盟国としてヨーロッパ再編をもくろんでいた時期には、二〇万人が死亡した。一四〇〇万人の死は、しばしば経済計画の一環として企図され、経済的配慮から早められたが、どのような厳密な意味でも、経済的な必要性から引き起こされたのではない。一九三三年、スターリンは、ウクライナの飢えた農民から食糧を没収すればどのようなことになるか、十分に承知していた。その八年後、ヒトラーもまた、ソヴィエト人捕虜から食べ物を取りあげれば、どういうことになるかわかっていたのだ。いずれの場合も三〇〇万人以上が命を落とした。一九三七年から三八年にかけておこなわれたスターリンの大テロルのさなかには、彼の特命により何十万人もの農民と労働者が銃殺された。同様に、ヒトラーのもとでは、一九四一年から四五年にかけて、彼が明言した政策により、何百万人ものユダヤ人が銃またはガスによって命を奪われた。

戦争は殺戮のバランスをも変えた。一九三〇年代のヨーロッパで、政策として大量殺人を実行していた国はソ連だけだ。第二次世界大戦前、ヒトラーが政権の座についてから六年半のあいだにナチス政権が殺害した人数は一万人程度だったが、スターリン政権はすでにそのころには何百万人もの人々を餓死させ、五〇万人以上を銃殺していた。しかしドイツの大量殺人政策は、スターリンがヒトラーに戦争開始を許したあとの一九三九年から四一年までのあいだにソ連に比肩するレベルに達した。一九三九年九月にドイツ国防軍《ヴェーアマハト》とソ連の赤軍が、ともにポーランドに侵攻、両国の外相が独ソ境界友好条約に調印したのちは、独ソ両軍によるポーランド占領が二年近く続いた。一九四〇年、ドイツはノルウェー、デンマーク、ベルギー、ルクセンブルク、オランダ、フランスに侵攻して帝国を西へ拡大し、ソ連はリトアニア、ラトヴィア、エストニア、ルーマニア北東部を占領して併合した。どちらの政権も、ポーランドの知識人を何万人も銃殺し、何十万人も強制移住させた。新領土に対するこのような大規模な弾圧は、スターリンにとっては、従来の政策の継続にすぎなかったが、ヒトラーにとっては大きな転機となったのだ。

最悪の殺戮がはじまったのは、一九四一年六月、ヒトラーがスターリンを裏切り、領土を広げたばかりのソ連に侵攻したときからだった。第二次世界大戦は、一九三九年九月の独ソによるポーランド侵略をきっかけに勃発したが、戦時中の大量殺人は、大半がこの二番目の東方侵攻からはじまっている。ソヴィエト・ウクライナ、ソヴィエト・ベラルーシ、そしてレニングラードとその周辺地域では、戦争開始までの八年間にスターリン政権により四〇〇万人が餓死させられ、銃殺されたが、ドイツ軍はその半分の期間で、さらに多くの人々を餓死させ、銃殺してしまった。ソ連への侵攻がはじまると、ドイツ国防軍はソヴィエト人捕虜に食べ物を与えるのをやめ、特別行動部隊《アインザッツグルッペン》と呼ばれるナチスの組織が政敵やユダヤ人を銃殺しはじめた。その年の夏、特別行動部隊は秩序警察や武装親衛隊、国防軍とともに、現地の補助警察組織や民兵組織の協力も得て、ユダヤ人コミュニティを、ただユダヤ人であるというだけの理由で抹殺する任務に着手したのだった。

隠蔽された犯行現場

流血地帯は、ヨーロッパ・ユダヤ人の大半が暮らしていた土地であり、ヒトラーとスターリンの覇権主義政策が重複した領域であり、ドイツ国防軍と赤軍が戦った戦場であり、ソ連の秘密警察、NKVD《エヌカーヴェーデー》［内務人民委員部］とナチス親衛隊が集中的に活動した地域でもあった。ほとんどの殺戮場がこの流血地帯に位置していた。一九三〇年代から四〇年代初頭にかけての政治地理学でいえば、ポーランド、バルト三国、ソヴィエト・ベラルーシ、ソヴィエト・ウクライナ、ソヴィエト・ロシアの西部国境地帯がここに入る。スターリンの罪はしばしばロシアと結びつけられ、ヒトラーの罪はドイツと関連づけられるが、もっとも凄惨な殺戮が繰り広げられたのは、ソ連の場合は非ロシア民族の住む周縁部であり、ナチスの場合はほとんどが国外だった。二十世紀最大の恐怖は、収容所にあったと考えられている。しかし国民社会主義とスターリニズムの犠牲となった人々の大半は、強制収容所では死亡していない。大量殺人がおこなわれた場所と方法について、こうした誤解があることは、この二十世紀最大の恐怖を正しく理解する妨げとなっている。

ドイツには、一九四五年にアメ

リカ、イギリスが解放した強制収容所があった。ロシアのシベリアはもちろん、アレクサンドル・ソルジェニーツィンが西側に知らしめたグラーグと呼ばれる強制収容所が数多く存在した。写真や記録が伝えるこれらの収容所のイメージは、ドイツやソ連の暴力の歴史をなんとなくうかがわせるだけにとどまっている。ドイツの強制収容所では、およそ一〇〇万人が強制労働のために亡くなったが、ドイツのガス室や殺戮場や餓死発生区域では、一〇〇〇万人が命を落としたのである。ソ連のグラーグでは一九三三年から四五年にかけて一〇〇万人以上が過労や病気のために寿命を縮められたが、これに対し、ソ連の殺戮場や餓死発生

区域では、約六〇〇〇万人が死亡しており、しかもそのうち四〇〇〇万人が流血地帯で命を落としている。グラーグに入った者の九割は生きてそこを出ていくことができた。ドイツの強制収容所に入れられた者も（ガス室や「死の穴」や戦争捕虜収容所へ送られた者とちがって）生還した。強制収容所に送り込まれた人々は、もちろん苛酷きわまる運命に見舞われたが、ガスや銃や餓死によって命を絶たれた数百万人の末路とは、明らかにちがっていたのだ。

強制収容所と殺戮場とを完璧に区別することはむずかしい。どんな収容所でも、処刑があり、餓死があったからだ。けれども、収容所行きという判決と死刑判決、労働とガス殺、奴隷労働と銃殺とのあいだには、はっきりした相違がある。ドイツでもソ連でも、政権による迫害を受けながら生き延びた人々の大半は、強制収容所を目にしたことがない。アウシュヴィッツは、強制労働収容所であると同時に、殺害施設でもあった。捕らえられて働かされた非ユダヤ人や、労働力として選ばれたユダヤ人と、ガス室行きと決められたユダヤ人の運命は、大きく異なっていた。つまり、アウシュヴィッツにはふたつの歴史があったのだ。そのふたつは相互に関連してはいたが、明らかに異なっていた。強制労働収容所としてのアウシュヴィッツは、どちらかと言えば、ドイツの（あるいはソ連の）集中収容政策に耐えた多数の人々の経験を象徴する。それに対し、殺害施設としてのアウシュヴィッツは、故意に命を絶たれた人々の運命の象徴である。アウシュヴィッツにやってきたユダヤ人のほとんどは、到着後すぐにガス室に送り込まれた。彼らは強制収容所で時間を過ごしたことさえなかったのだ。流血地帯で殺された一四〇〇万人はほぼ全員がそうだった。

ドイツとソ連の強制収容所は、東と西から流血地帯をはさみ、その灰色の色味で黒を薄めている。第二次世界大戦の終わりごろ、アメリカ軍とイギリス軍の部隊がドイツのベルゲン＝ベルゼンやダッハウなどにあった強制収容所を解放したが、主要な殺害施設はどれひとつとして西側の連合国には解放されていない。ドイツがおもに殺害政策を実行した地域は、戦後ソ連に占領されてしまったからだ。アウシュヴィッツ、トレブリンカ、ソビブル、ベウジェツ、ヘウムノ、マイダネクの収容所を解放したのは赤軍だった。アメリカ軍もイギリス軍も、流血地帯に到達しなかったので主要な殺戮場を目にしなかった。これは単に彼らがソ連の殺戮場を見ておらず、その結果スターリニズムの罪が放置されて、証拠書類による立証を冷戦終結後の記録文書公開まで待たなければならなかったというだけではない。彼らはドイツ人による大量殺人の現場も見ていなかったのだ。つまり、ヒトラーの犯した罪を理解するのにも、同じくらい長い時間がかかったのである。西側諸国の人々は、ドイツの強制収容所を撮影した写真や映画を観て、大量殺人がどのようなものであったかを理解するしかなかった。どれも震撼とさせられる画像ではあったが、流血地帯の歴史をわずかに想像させるものでしかなかった。とうてい、すべてを伝えるものではなく、序章ですらなかったのである。

本書が伝えたいこと

ヨーロッパで起きた大量殺人は、たいていホロコーストと結びつけられ、ホロコーストは、迅速な死の大量生産と理解される。だがこのイメージはあまりに単純ですっきりしすぎている。ドイツとソ連の殺戮場で使われた殺害方法はむしろ原始的だった。一九三三年から四五年までのあいだに流血地帯で殺された一四〇〇万人の民間人と戦争捕虜は、食糧を絶たれたために亡くなっている。つまりヨーロッパ人が二十世紀の半ばに、恐るべき人数の同胞を餓死させたというわけだ。この殺害方法は、ホロコーストに次ぐ規模のふたつの大虐殺――スターリンが一九三〇年代に引き起こした飢饉とヒトラーが一九四〇年代はじめにソヴィエト人捕虜を餓死させたケース――でも選ばれた。現実でも想像上でも、もっとも多く使われた方法だった。さらにナチス政権は、一九四一年から四二年にかけての冬にスラヴ人とユダヤ人数千万人を餓死させる計画を立てていた。

餓死の次に多かったのが銃殺、次にガス殺が続く。一九三七年から三八年にかけて断行されたスターリンの大テロルでは、七〇万人近いソヴィエト国民が銃殺された。ポーランドの独ソ分割統治の時代には、二〇万人前後のポーランド人が両国により銃殺された。ドイツが「報復」として死刑を宣告した三〇万人以上のベラルーシ人、ほぼ同数のポーランド人も、銃で殺されている。ホロコーストの犠牲となったユダヤ人の殺害手段は、銃殺とガス殺が半々であったと思われる。

さらに言えば、ガス殺にもとくに近代的なところはなかった。アウシュヴィッツで窒息死させられた約一〇〇万人のユダヤ人には、十八世紀に分離されたシアン化水素が使われた。トレブリンカ、ヘウムノ、ベウジェツ、ソビブルで殺害された一六〇万人あまりのユダヤ人には、古代ギリシャ人ですら致死性があることを知っていた一酸化炭素が用いられた。一九四〇年代には、シアン化水素は殺虫剤として使用され、一酸化炭素は内燃機関によって作り出されていた。ソ連もドイツも、内燃機関や鉄道や火器、殺虫剤、鉄条網など、当時でさえ目新しくなかったテクノロジーに頼っていたのだ。

だが、どんなテクノロジーが使われようと、殺害には人がかかわった。餓死した人々はしばしば、彼らに食べ物を与えなかった者によって監視塔から観察されていた。銃殺された人々は、至近距離に構えられたライフルの照準を通して射手に見られ、あるいは、ふたりの男に押さえつけられ、三人目の男によって後頭部の真下に銃口を突きつけられた。窒息死させられた者は駆り集められ、列車に乗せられたあげく、ガス室へと追い立てられた。所持品を取りあげられ、服も奪われ、女性の場合は髪を切られた。ひとりひとりが独自の死を迎えた。誰もが独自の生を生きたからである。

犠牲者の数だけを取りあげると、ひとりひとりの個別性を意識する感性が鈍くなる。ロシアの詩人、アンナ・アフマートヴァ〔一八八九―一九六六〕は、「わたしはあなたがたみんなを名前で呼びたい」と、『レクイエム』〔スターリンの大粛清の犠牲者に捧げた連作長詩〕に書いた。「けれども、名簿は破棄され、ほかに調べる手立てもない」と。しかし歴史学者の尽力により、名簿はいくつか発見されている。東欧各地に公文書館が開設されたおかげで、調べる手立てもあり、驚くほど多くの犠牲者の声を聞くことができる。（たとえば）ウクライナのキエフ郊外、バビ・ヤール峡谷で、ナチスの死の穴から自力で這い出した若いユダヤ人女性の回想録。あるいは、リトアニアの首都ヴィリニュスにほど近いポナリで、同様にして生き延びた人の証言。トレブリンカからの生還者数十人のうちの数人も回顧録を残した。ワルシャワ・ゲットーに関わる文書も、苦労して集められ、埋められ、また（そのほとんどが）発見されている。一九四〇年にカティンの森でソ連のNKVDに銃殺されたポーランド人将校たちの日記も、彼らの遺体といっしょに回収された。同じ年、ドイツによる大量殺人作戦のさなか、ポーランド人を死の穴へと運ぶバスから投げ捨てられた手紙もある。コーヴェリのシナゴーグの壁には、誰かが引っ掻いて書いた言葉が残されていたし、ワルシャワにあったゲシュタポの刑務所の壁からも同様のものが見つかっている。一九三三年にソ連で引き起こされたウクライナ飢饉の生存者の証言、一九四一年のドイツによる餓死作戦で生き残ったソヴィエト人捕虜の証言、一九四一年から四四年にかけてのレニングラードの兵糧攻めを生き延びた人々の証言もある。

罪を犯した側の記録も残っている。こうした記録は、ドイツが戦争に負けたために国外へ持ち出されたか、あるいは一九九一年のソ連崩壊後にロシアやウクライナや、ベラルーシ、ポーランド、バルト諸国の公文書館で発見された。ユダヤ人を銃殺したドイツ人の警官や軍人、ベラルーシとポーランドの民間人を銃殺したドイツの対パルチザン部隊の報告書や書簡もある。共産党活動家が、一九三二年のウクライナ飢饉が起こる前に送った嘆願書も見つかっている。一九三七年から三八年にかけて、モスクワから各地区のＮＫＶＤ支局に送られた、農民と少数民族の割当処刑件数を記した書状、それに対し、割当件数を増やすよう求めた返書も残っている。ソヴィエト人に対する尋問マニュアルもある。こうした尋問を受けたのち、彼らは判決を受けて殺された。ドイツ人が穴の上で銃殺したユダヤ人や、殺害施設でガス殺したユダヤ人の数もわかっている。ソヴィエト人が大テロルやカティンの森事件の際に銃殺した人数も確認できる。ドイツ側の記録文書、交信記録、生存者の証言、ソ連側の書類をもとに表を作成すれば、おもな殺戮場で殺されたユダヤ人の総数をかなり正確に割り出すこともできる。ソ連の飢饉による死亡者数についても、すべてが記録に残っているわけではないが、妥当な推定値をはじき出すことができる。スターリンが側近に送った手紙や、ヒトラーが雑談中に口にした言葉、ヒムラーの日録などの資料もたくさんある。本書がいくらか役立つものに仕上がったとすれば、それ

はほかの歴史学者の業績のおかげであり、彼らがこのような記録のほか、数え切れないほどたくさんの資料にあたってくれたおかげである。本書にはわたし自身の研究成果も示されているが、同輩、先輩の歴史学者に負うところが非常に大きいことは、どの頁、どの註にも明らかである。

全章を通し、本書では犠牲者本人や彼らの友人、家族の声を伝えていく。同様に、殺戮に手を染めた者、殺戮を命じた者の証言も引用する。さらに、アンナ・アフマートヴァ、ハンナ・アーレント〔一九〇六―七五。ドイツ・ユダヤ人の政治思想家〕、ユゼフ・チャプスキ〔一八九六―一九九三。ポーランド人の画家、軍人。カティンの森事件の数少

ない生存者」、ギュンター・グラス［一九二七—二〇一五。ドイツ人作家。元武装親衛隊員の経歴を持つ］、ワシーリー・グロスマン［一九〇五—六四。ソヴィエト・ユダヤ人の作家、ジャーナリスト］、ガレス・ジョーンズ［一九〇五—三五。ウクライナ飢饉をはじめて報じたイギリス人ジャーナリスト］、アーサー・ケストラー［一九〇五—八三。ハンガリー・ユダヤ人の作家。ナチス、ソ連両体制を批判した］、ジョージ・オーウェル［一九〇三—五〇。イギリス人作家。全体主義的社会を描いた小説『一九八四年』を発表した］、アレクサンデル・ヴァイスベルク＝ツィブルスキ［一九〇一—六四。オーストリア・ユダヤ人の物理学者、共産主義者。ソ連に滞在中、スターリン暗殺を企図したとして逮捕され収容所生活を送った。後年、体験記を出版した］など、ヨーロッパの著述家にも証人として登場してもらう（ふたりの外交官が歩んだ道も追うことにする。ひとりは、決定的瞬間にモスクワに居合わせた米ソ関係のスペシャリスト、ジョージ・ケナン［一九〇四—二〇〇五。アメリカの政治学者。冷戦期にソ連の封じ込め政策を立案した］、もうひとりはスターリンが大量殺人を正当化できる根拠と見た政策に参加し、のちにユダヤ人をヒトラーのホロコーストから救った日本人スパイ、杉原千畝［一九〇〇—八六。外交官］である）。大量殺人政策のひとつについて記録している作家もいれば、ふたつ以上について書いた人もいる。明解な分析を加えた人もいるし、愉快とはいえないたとえをした人、忘れられないイメージを残した人もいる。彼らに共通しているのは、当時のタブーを無視してでも、一貫してヒトラーとスターリンのあいだに置かれたヨーロッパを見つめようとしたことだ。

大量殺人の真実に向けて

一九五一年、ナチスとソ連の政権を比較した政治思想家、ハンナ・アーレントは、事実性そのものが「存在し続けるためには、非全体主義世界の存在が不可欠である」と書いた。アメリカの外交官、ジョージ・ケナンは、一九四四年のモスクワで、同じことをもっと簡潔に表現した。「ここでは、何が真実で何が嘘かを人が決めている」

真実とは、権力が押しつけた決まりごとでしかないのか。事実を述べた歴史的価値のある証言は、政治の圧力に抵抗できるのか。ナチス・ドイツとソ連は、歴史そのものを支配しようともくろんだ。ソ連はマルクス主義国家で、その指導者らは自分たちは歴史科学者だと宣言していた。国民社会主義《ナチズム》は、意志と民族の力で過去の重荷を洗い流せるという信念により、全面的な変容をめざす終末論的なビジョンである。ナチス政権の一二年間と、ソヴィエト政権の七四年間は、確かに、世界を評価するわれわれの能力に重くのしかかっている。多くの人々は、ナチス政権の犯した罪があまりに大きいので、歴史の流れから切り離して扱うべきだと考えている。この認識は、意志の力は事実にまさるというヒトラーの考え方に厄介なまでによく似ている。また、スターリンは確かに恐ろしい罪を犯したが、近代国家を作りあげて守っていくためには必要だったと正当化する人もいる。この見方は、歴史にはただひとつの流れしかない、とするスターリンの考え方を連想させる。それは彼に理解できる流れであり、彼の政策をあとから正当化する流れだった。

まったく異なる基盤の上に打ち立てられ、守られる歴史がなければ、ヒトラーとスターリンの正当化が生き続けることになってしまう。その基盤とはなんだろう。本書の研究には、軍事、政治、経済、社会、文化、知性の歴史がふくまれるが、基本方針は三つであり、しかもいずれも単純だ。第一に、過去のできごとはすべて歴史的に理解し、歴史的に調査できるものであることを忘れない。第二に、人のかかわった事件については、ほかの選択肢がなかったか可能性を考慮すると同時に、それが選択されたという厳然たる現実を受けとめる。第三に、多くの民間人と戦争捕虜を殺したスターリニズムやナチスの政策のすべてを、きちんと年代順に見ていく。その形は、帝国の政治地理学ではなく、犠牲者の人文地理学から立ち現れる。流血地帯は政治領域ではない。現実にもちがうし、そのような想定もできない。そこはただ、ヨーロッパでもっとも残忍な政権がもっとも残忍な仕事をした地域にすぎないのだ。

ユダヤ人、ポーランド人、ウクライナ人、ベラルーシ人、ロシア人、リトアニア人、エストニア人、ラトヴィア人の歴史は、何十年ものあいだ、ナチス、ソ連の残虐行為をひと括りのものとして概念化することを拒んできた。流血地帯の歴史は、ヨーロッパの過去を国別に分け、そうして分割した部分がたがいに触れ合わないようにすることで、しばしば知的に、そして勇気をもって保存されてきた。しかし、迫害を受けたどの集団に焦点をあてても――いかにすぐれた記録がまとめられようとも――ひとつだけを取りあげたのでは、一九三三年から四五年にかけてヨーロッパで起きたことを語り尽くすことはできない。ウクライナの過去を完璧に知ったとしても、飢饉の原因はわからない。ポーランドの歴史をたどってみても、なぜ大テロルのときにあれほど多くのポーランド人が殺されたのかを知る最良の手立てにはならない。ベラルーシの歴史に関する知識がいくら豊富でも、おびただしい数のベラルーシ人が殺された戦争捕虜収容所や対パルチザン作戦を理解することはできない。ユダヤ人の歴史について書いてみても、ホロコーストに触れることはできるが説明はできない。二つの集団の体験を突き合わせることではじめて、何が起きたのかが見えてくることもあるが、それもただ関連を理解する第一歩でしかない。ナチスとソ連の政権についても、双方の指導者がこれらの地域をどのように支配しようとしたか、これらの集団や集団同士の関係をどのように見ていたかも視野に入れて理解しなければならない。

今日では、こうした二十世紀の大量殺人が二十一世紀にとって倫理上の大きな意味を持つという認識が広まっている。それなのに、意外にも流血地帯の歴史が書かれたことはない。大量殺人は、ユダヤ人の歴史をヨーロッパ史から切り離し、東欧史と西欧史とを分断してしまった。それは民族間、国家間の知の断絶はもたらさなかったものの、国民社会主義とスターリニズムの終焉から何十年もたったいまもなお、そうした断絶を引き起こす要因となっている。本書では、ナチス政権とソヴィエト政権とを結びつけ、ユダヤ史とヨーロッパ史を、そして民族、国家の歴史を綴じ合わせることを目的とする。犠牲者について語ると同時に、犯罪者についても語る。イデオロギーと政策について述べ、政治体制と社会について論じる。これは、たがいに遠く離れていた指導者の政策によって殺された人々の歴史である。犠牲者の故郷はベルリンとモスクワのあいだにあった。ヒトラーとスターリンの台頭後、そこは流血地帯となったのだ。

ナチス、ソヴィエト両政権の誕生と、流血地帯における両者の出会いは、その起源を第一次世界大戦（一九一四―一八）に求めることができる。この戦争はヨーロッパ旧来の帝国領土を破壊し、新国家誕生への夢をかき立てた。帝政という支配原理が突き崩され、国民主権というあやふやな概念が取って代わった。この戦争では、抽象的で実感しにくい大義のためだろうと、すでに消えようとしている祖国や生まれたばかりの祖国のためであろうと、戦って死ねと命じられれば、何百万人もの人々が従うことがわかった。新しい国家が事実上、何もないところから建設されて、多数から成る民間人の集団が単純な技術によって強制的に移動させられたり抹殺されたりした。オスマン帝国の当局が一〇〇万人以上のアルメニア人を殺害し、ロシア帝国はドイツ人とユダヤ人を強制移住させた。戦後は国民国家《ナショナル・ステイト》のあいだでブルガリア人、ギリシャ人、トルコ人が交換された。同様に重要なのは、この戦争によってグローバル経済が破壊されたことだ。一九一四年に生きていた二十歳以上のヨーロッパ人は、戦前のような自由貿易の復活を見ることはなかった。彼らの大半は、生涯、戦前に匹敵する繁栄を享受できなかったのである。

そもそも第一次世界大戦とは、ドイツ帝国とハプスブルク君主国、オスマン帝国、ブルガリアから成る陣営（「同盟国」）と、フランス、ロシア帝国、イギリス、イタリア、セルビア、アメリカ合衆国から成る陣営（「連合国」）とのあいだに起きた武力紛争だった。一九一八年に連合国が勝利すると、ヨーロッパの三つの帝国――ハプスブルク、ドイツ、オスマン――は消滅した。ヴェルサイユ、サンジェルマン、セーヴル、トリアノンで調印された戦後処理条約によって、多民族が暮らしていた領土に、複数の国民国家が出現し、君主国に代わって民主主義共和国が誕生した。戦争の破壊を免れた大国――イギリス、とくにフランス――も、国力がかなり衰えた。一九一八年以降、なぜか戦勝国のあいだには、戦前と同程度の生活水準を取り戻せるという幻想が蔓延した。敗戦国をリードしたがっている革命家たちは、多くの血が流されたことを理由に、いっそう徹底的な変革が進められると期待していた。そうすれば戦争に意味が生じ、損害を帳消しにできると考えたのだ。

もっとも重要な政策ビジョンは、共産主義の社会改革構想だ。第一次世界大戦が終結したころには、

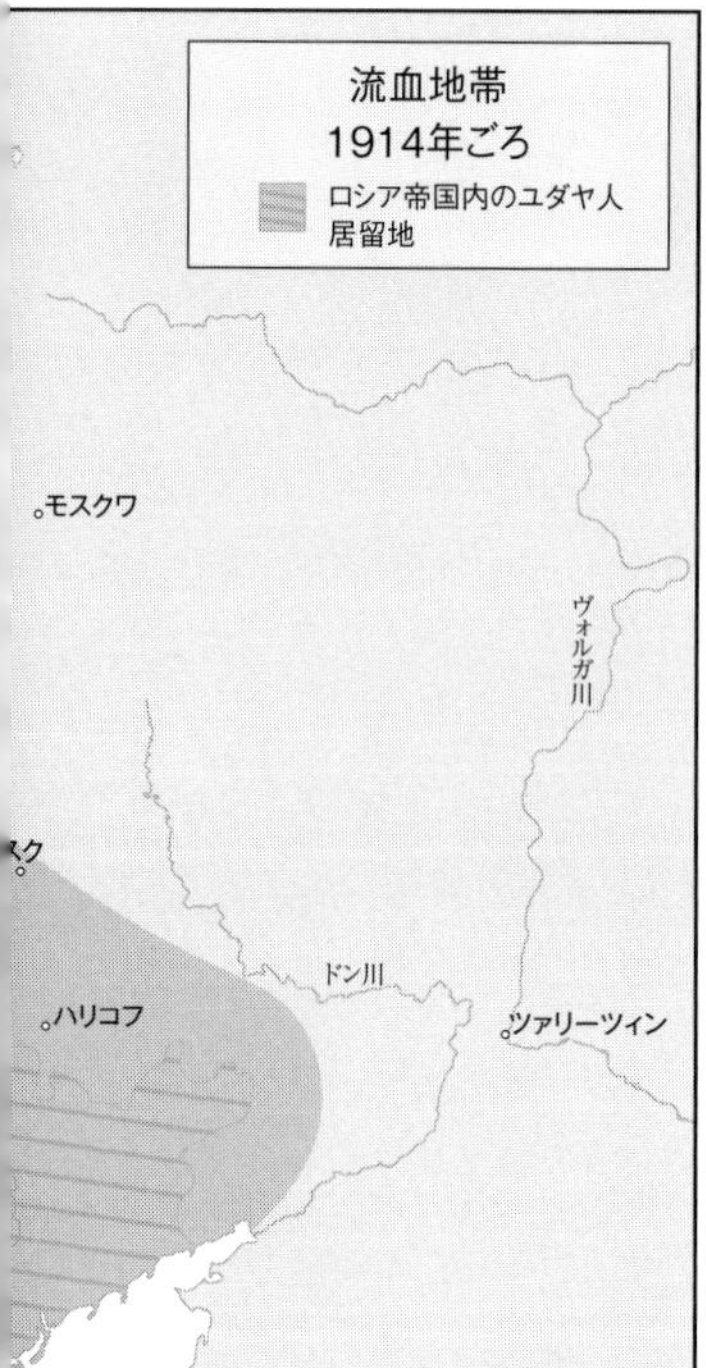

カール・マルクスとフリードリッヒ・エンゲルスが「万国の労働者、団結せよ！」という有名な言葉〔『共産党宣言』より〕を書いてから、七〇年がたっていた。マルクス主義は数世代にわたって革命家たちに、政治的、心理的変革を呼びかけてきた。資本主義に終焉をもたらし、私有財産が引き起こす紛争を終わらせ、社会主義の導入によって労働者階級を解放し、すべての人々にけがれのない自然な心を取り戻させよう、と。台頭しつつある階級と凋落しつつある階級の闘争、経済的生産方式の変革により誕生した集団とそのような変革により改編された集団の闘争から、歴史は進歩する。マルキストはそう考えていた。どの支配的な政治

体制も、新しい経済的手法によって誕生した新しい社会集団の挑戦を受ける。近代の階級闘争とは、工場を保有する者と、そこで働く労働者との闘いを指す。だからマルクスとエンゲルスは、革命が起きるのは、ドイツやイギリスのような労働者人口の多い先進工業国であろうと予測していた。

第一次世界大戦によって資本主義体制が崩壊し、帝国の国力が弱まったことは、革命家たちに一日瞭然のチャンスを与えた。しかしそのころには、ほとんどのマルキストは、国の政治制度の枠内で活動することに慣れていたので、戦時には自国の政府を支持する道を選んだ。しかしロシア帝国の国民であり、ボリシェヴィキの指導者であったウラジーミル・レーニンはちがっていた。彼はマルクス主義を主意主義［現実の究極の原理は人間の意志であるとする立場］的に解釈し、歴史を本来の流れに押し戻すことは可能だと信じていたので、この戦争をまたとない好機と見た。レーニンのような主意主義者にとって、歴史の審判を受け入れるということは、マルキストが新たな審判を下す資格を手にしたことにほかならなかったのだ。マルクスは、歴史をあらかじめ固定されたものとは見なさず、その本質を理解している個々の人間たちが作りあげるものだと考えていた。レーニンの母国は農民の人口が多く、マルクス主義の観点から言えば、革命が生まれる必要条件を備えていなかった。しかしここでもレーニンは、彼の革命への動機を正当化できるような革命理論を持っていた。彼は、植民地帝国が資本主義体制の寿命を延ばしたものの、帝国間の戦争は広範な革命を誘発するだろうと信じていた。やがてロシア帝国がいち早く崩壊し、レーニンは動きだした。

ロシア帝国では、苦境にあった兵士や極貧にあえいでいた農民が、一九一七年に革命を起こした。その年の二月、民衆蜂起によってロシアの君主政体が倒されると、新しいリベラルな政権［ゲオルギー・リヴォフを首相とする臨時政府］がドイツ帝国とハプスブルク君主国にいま一度攻撃を仕掛けて戦争に勝とうとした。この時点でレーニンはドイツの秘密兵器となった。その年の四月、ドイツは、スイスに亡命していたレーニンをロシアの首都ペトログラードに送り込んで革命を起こさせ、ロシアが戦争から撤退するように仕向けた。十一月、レーニンは、カリスマ的な同志、レオン・トロツキーと統制の行き届いたボリシェヴィキの力を借り、民衆の支持も得て、クーデターを達成した。一九一八年はじめには、レーニンの打ち立てた新政権がドイツとの平和条約に調印した。ベラルーシ、ウクライナ、バルト諸国、ポーランドはドイツの支配下に入った。ドイツはある意味、レーニンのおかげで東部戦線で勝利をおさめ、つかの間、東方帝国支配の味を噛みしめることができたのだ。

レーニンの平和は、元はロシア帝国西部であった地域をドイツの植民地として差し出すことで実現した。だがボリシェヴィキは、ドイツ帝国もほどなくほかの圧政的な資本主義体制とともに崩れ去ると考えていた。そうすれば、ロシアやその他の国々の革命家たちがこうした西の地域へ、さらにその西へと新体制を広めることができるだろう、と。レーニンとトロツキーは、いずれドイツが西部戦線で敗北し、ドイツ国内で労働者の革命が起こるだろうと予言した。ヨーロッパの中央部と西部の工業地帯でプロレタリア革命が勃発するとの期待を高めることにより、自分に対してもほかのマルキストたちに対しても、ロシア革命を正当化しようとしたのだ。一九一八年末から一九年にかけては、レーニンの見方が正しいように見えた。実際ドイツは一九一八年秋に西部戦線でフランス、イギリス、アメリカに敗れ、新たに獲得した東方帝国から撤退を――ここでは敗北しなかったのに――余儀なくされた。ドイツの革命家たちは、政権をとろうと散発的に行動をとりはじめた。ボリシェヴィキは、ウクライナとベラルーシを手に入れた。

旧ロシア帝国の崩壊と旧ドイツ帝国の敗北により、東ヨーロッパに力の空白が生まれたが、ボリシエヴィキがどんなにがんばっても、それを埋めることはできなかった。レーニンとトロツキーが新たに編成した赤軍をロシア、ウクライナの内戦に展開させているあいだに、バルト海を囲む五つの国――フィンランド、エストニア、ラトヴィア、リトアニア、ポーランド――が共和国として独立してしまった。これらの領土を失ったため、ボリシェヴィキのロシアは、かつて皇帝たちが治めたロシアより東寄りとなった。新しく独立した国々の中でも、ポーランドは人口がほかの四カ国の総計よりも多く、戦略上、群を抜いて重要だった。戦後に誕生した新興国家の中では、ポーランドが東欧のパワーバランスにもっとも決定的な変化をもたらした。大国というほどではなかったが、領土拡大をもくろむ大国にとって問題となる程度には大きかったのである。ポーランド共和国の誕生により、およそ一〇〇年ぶりにドイツとロシアが国境を接さなくなった。ポーランドの存在そのものがロシアとドイツの政権の緩衝剤となり、それがモスクワとベルリンの双方をいらだたせていた。

ポーランドにとって独立は悲願だった。十八世紀末にポーランド・リトアニア共和国［一五六九年に成立した複合君主制国家］が隣接する帝国に分割されて消滅して以来、ポーランドの国家は存在していなかった。ポーランドの人々は、十九世紀のあいだは帝国支配を受けながら、一貫して政治活動を続

け、国家建設への思いを強くしていった。ようやく独立宣言を果たしたのは一九一八年十一月のことだった。分割統治をしていた大国——ドイツ、ハプスブルク、ロシアの各帝国——が、大戦や革命によってすべて消滅したために可能となったのである。この大きな歴史的転機を利用したのは、ポーランドの革命家、ユゼフ・ピウスツキだった。青年時代に社会主義者であったピウスツキは、ひとつの帝国と手を結んでほかの帝国に対抗することもできるプラグマティストでもあった。彼は戦時中に支持者とともに軍事組織を編成していたので、すべての帝国が崩壊したときには、すでにポーランド国家の独立を宣言して国を守る準備

は整っていた。ピウスツキのもっとも手強いライバルであった民族主義者《ナショナリスト》のロマン・ドモフスキがパリに赴き、戦勝国に対してポーランドの立場を主張した。こうして新しいポーランドが民主主義共和国として誕生した。大戦に勝利した連合国の支持を得て、西のドイツとのあいだには、そこそこ満足のいく国境線を引ける見通しだったが、東部国境線の問題は棚上げとされた。連合国は、東部戦線に関しては勝利国ではなかったため、東ヨーロッパにはいかなる条件も押しつけることができなかったのだ。

一九一九年から二〇年にかけて、ポーランドとボリシェヴィキのあいだに、国境地帯をめぐる戦争が勃発し、これがヨーロッパの戦後体制を決定づける結果となった。赤軍は、ドイツ撤退後のウクライナとベラルーシに進駐していたが、ポーランド政府はこの領土獲得を認めていなかった。ピウスツキは、ロシアとのあいだに横たわるこれらふたつの地域を、ポーランドと歴史的なつながりのある個別の政治主体と見ており、それぞれの指導者が、旧ポーランド・リトアニア共和国のような国の再建をめざすべきだと考えていた。彼は、ポーランド軍がウクライナ人の協力者と力を合わせれば、ウクライナの独立国家建設を助けられるのではないかと思った。しかしボリシェヴィキは一九一九年にウクライナを占領し、一九二〇年春にはそこでポーランドの攻撃を阻止した。レーニンとトロツキーは、ポーランドに革命を起こそうと考え、こうして武力を見せつけることによって労働者を奮起させ、歴史的役割を果たすように仕向けるつもりだったのだ。そうしてポーランドを崩壊させたあとは、ドイツの共産主義組織を支援して、ドイツの豊富な資源を提供させ、ロシア革命を支援させようと思っていた。だが一九二〇年八月、赤軍はベルリンに向かう途中、ワルシャワでポーランド軍に行く手を阻まれた。

ピウスツキが反撃を指揮し、赤軍をベラルーシとウクライナへ追い返した。このときの敗退軍の中に、ウクライナ赤軍の政治将校だったスターリンがいた。彼が判断ミスを犯したために、各部隊の連携がうまくいかず、赤軍はピウスツキの攻撃に対応できなかったのだ。しかしポーランドが勝利したからといって、ボリシェヴィキ勢力が破壊されたわけではない。ポーランド軍は疲弊し、モスクワまで進軍することはできなかった。また、ポーランドの社会も小集団に分裂していて、そのような大それた軍事行動を支える力はなかった。結局、ベラルーシ人とウクライナ人が暮らしていた地域は、ボリシェヴィキ・ロシアとポーランドとで分割されることとなり、ポーランドは多民族国家となった。使用言語から推定されるポーランド人の人口は、全体のおよそ三分の二だったが、ウクライナ人約五〇〇万人、ユダヤ人三〇〇万人、ベラルーシ人一〇〇万人、そしてドイツ人五〇万人から一〇〇万人をかかえる結果になった。憲法上は「ポーランド民族のための」国家だったが、ヨーロッパでは、ユダヤ人がもっとも多く住み、ウクライナ人とベラルーシ人が二番目に多く暮らす（最多はボリシェヴィキ・ロシア）国になったのである。これら三つの民族的少数派は東の国境の向こう側にも多く暮らしていた。

ウクライナ、ベラルーシ、ポーランドの戦場で東ヨーロッパの国境が決まろうとしていたころ、第一次世界大戦の戦勝国は、中央ヨーロッパ、西ヨーロッパに関する条項を取り決めようとしていた。ポーランドとボリシェヴィキ・ロシアが、第一次大戦の東部戦線にあたる場所で戦っているあいだに、敗戦国ドイツは戦勝国に温和な顔を見せようとしていた。フランス、イギリス、アメリカとの条約交渉を少しでも容易にするため、ドイツはみずから共和国宣言をした。ドイツの中心的なマルクス主義政党であった社会民主党は、ボリシェヴィキに倣うことを拒否し、革命を起こさなかったのだ。社会民主党員の大半は戦時中にドイツ帝国に忠節を尽くしており、共和国宣言は前進であると見ていた。だがこうした穏健な選択がドイツに利するところはほとんどなかった。戦後の取り決めについては、話し合いは持たれず、ただ命令された。古くからのヨーロッパの伝統に反して、敗戦国はパリ講和会議のテーブルにつくことを許されなかったのだ。ドイツ政府には、一九一九年六月のヴェルサイユ条約に調印するほかに選択肢はなかったが、これを遵守する義務を感じたドイツの政治家はほとんどいなかった。

この条約は、モラルを説く戦勝国によって起草されたので、偽善的だとして、たやすく攻撃できた。連合国は帝国と戦う一方で、中央ヨーロッパの民族解放を支援すると宣言していた。とくにアメリカは、今回の参戦は民族自決を擁護するためだったとしていた。だが、もっとも甚大な被害を受けたフランスは、ドイツの処罰と連合国側への賠償を望んだ。結局、ヴェルサイユ条約は、連合国が掲げた民族自決という戦争目的とは矛盾したものとなった。この条約では、トリアノン条約（一九二〇年六月）、セーヴル条約（一九二〇年八月）と同様、連合国から味方と見なされた民族（ポーランド人、チェコ人、ルーマニア人）がより多くの領土を獲得し、当然ながら、国境内により多くの民族的少数派をかかえることになった。敵と見なされた民族（ドイツ人、ハンガリー人、ブルガリア人）は、より少ない領土を与えられ、より多くの自国民がほかの国々に分散して残る結果となったのだ。

ポーランドとボリシェヴィキが戦争を続けていたのは、ヴェルサイユ講和会議が開かれてから、セーヴル条約が調印されるまでの期間だ。東ヨーロッパがまだ戦争状態にあるというのに、西でこうした条約の交渉や調印がおこなわれたので、新たな戦後体制にはどこか現実に即していない点があり、ボリシェヴィキの触発や関与を受けた左派勢力が革命を起こせば、たちまちぐらつく恐れもあった。

ボリシェヴィキがポーランドと戦っているあいだは、ドイツの革命家たちもいずれ赤軍から支援が来るものと思い込んでいられた。新しいドイツ共和国では右派が革命を起こすことも考えられた。東部戦線で勝利して帰国した軍人たちにしてみれば、祖国が新しい共和国とヴェルサイユ条約に侮辱されたとしか思えず、なぜそのような条約を遵守しなければならないのかわからなかったのだ。多くの復員兵が右派民兵組織に加わり、左派革命勢力と戦った。ドイツの社会民主党政府は、ほかに道はないと考え、革命を企図する共産主義者の鎮圧に、この右派民兵組織を使った。

一九二〇年八月にポーランドがワルシャワで赤軍に勝利すると、ヨーロッパで社会主義革命を起こせる望みはことごとく潰えてしまった。一九二一年三月にポーランドとボリシェヴィキ・ロシアとのあいだで平和条約が結ばれ、戦後処理はほんとうの意味で完了した。ポーランドの東部国境線が確定し、分割されたウクライナとベラルーシの土地は、それから何年にもわたって、紛争の火種としてくすぶり続けることとなった。ボリシェヴィズムからは、武力革命ではなく、国家のイデオロギーが生まれた。翌年に誕生したソヴィエト連邦は、国境を備えた国となった。少なくともその点では、ほかの国家と同じだ。大規模な武力紛争が終わったことにより、革命が反革命運動を引き起こすと期待していた右派勢力も、希望を打ち砕かれた。極右か極左が新生ドイツ共和国を転覆させてくれないかと思っていた者は、自力でやるしかなくなった。ドイツ社会民主党は、共和国を支持し続けたが、ドイツ共産党はソ連を規範として同じ路線を進むことにし、一九一九年にレーニンが設立した共産主義政党の国際組織、コミンテルンに参加することを決めた。ドイツの極右勢力は考えを改める必要に迫られた。ドイツは独力で戦後体制に終止符を打つことをめざすしかない。そのためにはまず、自国の復興と再建を果たさなければならない、と。

ドイツの復興は、実際よりもずっと困難に思われた。戦争責任を問われたドイツは、領土と人を失っただけではなく、通常の軍隊を持つ権利も否定された。一九二〇年代はじめには、ハイパーインフレと政治的混沌に苦しんだ。それでもドイツは、少なくとも潜在的にはヨーロッパの最強国であり続けた。人口はソ連に次いで二番目に多く、潜在的工業力は他の追随を許さなかった。領土は戦時中に占領されたことがなく、講和条約の論法では、拡張できる余地が示唆されていた。ヨーロッパの戦火がやむと、ドイツ政府はすぐにソヴィエト・ロシアとのあいだに見解の一致点を見出した。つまり、ベルリンもモスクワも、ポーランドを犠牲にして、ヨーロッパの体制を変えたいと思っていたのだ。それに、どちらも国際政治ではあまり孤立したくなかったのである。こうして一九二二年、ドイツの民主主義政府は、ソヴィエト・ロシアとのあいだにラパッロ条約を結んで国交を正常化し、貿易を拡大して、秘密裡に軍事協力を進めていくことになった。

多くのドイツ人にとって、民族自決は迫害と希望を意味した。国境の外、旧ハプスブルク君主国の領土には、ドイツ語を話す人が一〇〇〇万人も暮らしていた。そのうち、およそ三〇〇万人がチェコスロヴァキア北西部の、ドイツとの国境に近い地域に住んでいた。チェコスロヴァキアでは、スロヴァキア人よりもドイツ人のほうが人口が多かった。オーストリアでは、住民のほぼ全員がドイツ語を話した。ドイツに帰属したがっている人が多かったのだが、それでもサンジェルマン条約により、オーストリアは独立国家として存続することが求められていた。一九二〇年に結成された国民社会主義ドイツ労働者党の指導者、アドルフ・ヒトラーはオーストリア人で、ドイツとオーストリアの合併《アンシュルス》を提唱していた。国の統合という目標は非常にドラマチックだが、それでも、ヒトラーの野望の真の大きさはまだ明かされていなかった。

ヒトラーはのちにドイツの首相に就任し、ソ連とのあいだでポーランドの分割を取り決める条約に署名する。当時は多くのドイツ人がポーランドの国境線は合法的ではなく、ポーランド人は独立国家を持つに値しない、と考えていた。ヒトラーはそれを極端なまでに推し進めるのである。しかしドイツ人をドイツ国内に統合し、ポーランドを支配下におさめたのちにとるべき道については、ヒトラーはほかのドイツ人民族主義者とちがった考えを持っていた。彼はヨーロッパのユダヤ人を排除し、ソ連を破壊しようともくろんでいた。その目的を遂げるため、まずはポーランドともソ連とも友好的な関係を築いてみせ、みずからの過激な意図を——後戻りできなくなるまでは——ドイツ人に悟られないようにした。だがこの破滅的なビジョンは、当初から国民社会主義に表れていたのである。

レーニンからスターリンへ

一九二一年、ようやく東ヨーロッパで戦争の混乱が鎮まると、レーニンと彼の率いる活動家たちは、組織を立て直し、しっかりと考える必要に迫られた。ポーランドによってヨーロッパでの勝利を奪われたボリシェヴィキは、いったん革命の火を消し、なんらかの形で社会主義国家を作るしかなかった。レーニンらは、自分たちが権力を手にするのは当然のことだと考えていた。それどころか、ヨーロッパ革命の失敗を理由に、政権掌握に対する野心を正当化するようになった。革命を達成し、敵である資本主義者からそれを守るためには、権力を中央に集中させなければならない。彼らは即刻、ほかの政党の活動を禁止して政敵を弾圧し、彼らを反動分子として退けた。ただ一回だけおこなわれた選挙で敗北を喫すると、その後は二度と選挙を実施しなかった。赤軍はポーランドとの戦争では負けたが、旧帝国内の敵対武装勢力をすべて叩きつぶすだけの力は十分に持っていた。ソ連の新国家を統合していく過程で、チェーカーと呼ばれたボリシェヴィキの秘密警察が何千人もの人々を殺していった。

暴力による勝利は、新体制の構築よりもたやすかった。マルクス主義は農民と遊牧民から成る多文化国家の建設計画にはあまり役立たなかったのだ。マルクスは、革命はまず工業都市で起きると思っていたので、農民問題や民族問題については、ほんの少ししか関心を払わなかった。しかしロシア語圏の都市に集中して暮らす労働者階級のための社会主義国家を建設するには、ロシアやウクライナ、ベラルーシの農民と中央アジアの遊牧民を参加させることも必要だった。従来の前工業社会を変容させ、まだ歴史に登場していない工業社会を作りあげなければならない。それができてはじめて、その工業社会を、労働者に利する社会へと変えることができるのだ。

ボリシェヴィキは、ほんとうに変革をめざす社会主義の仕事をする前にまず、建設的な資本主義の仕事をしなければならなかった。国が産業を創出すれば、ソヴィエト連邦内のありとあらゆる文化集団の成員に、民族の枠組みを超えた大きな政治的忠誠心を持たせることができる。農民も民族も支配下におさめるというのは、じつに壮大な野望だったが、ボリシェヴィキはそれが示唆することを――つまり、階級、民族のいかんを問わず、自分たちが国民の敵であるという事実を――巧妙に隠していた。彼らは、自分たちの治めている社会は歴史から消滅すべきものであり、本のページをめくる前に取りのぞく栞《しおり》のようなものだと信じていた。

終戦とともに力を結集し、来るべき経済革命に役立つ忠実な幹部要員を確保するには、ある程度の妥協が必要だった。ボリシェヴィキの支配下に置いた民族には、もちろん、独立を許すわけにはいかない。だが絶滅させはしない。一般にマルクス主義では、民族主義は近代化が進むにつれて求心力を失っていくと考えられていたが、ボリシェヴィキはこうした民族を――少なくともそのエリートを

――ソ連の工業化運動に引き入れようと考えた。レーニンは非ロシア人の民族的アイデンティティを認めた。ソヴィエト連邦が、ロシアに近隣民族集団をくっつけた形でできていることは明らかだった。ボリシェヴィキは、非ロシア人の忠誠と信頼を獲得するため、彼らに特別な教育と雇用を保障する政策をとった。ボリシェヴィキのメンバー自身が多民族国家の国民であり統治者でもあったので、民族問題については巧みな説得や気配りができた。革命の指導者たち自身もまた、単純にロシア人と呼ぶことはできなかった。レーニンはロシア人と見なされ、そのように記憶されてもいるが、スウェーデン人、ドイツ人、ユダヤ人のほか、モンゴル系カルムイク人の血も引いていた。トロツキーはユダヤ人、スターリンはグルジア人だった。

民族は新しい共産主義者像の一部に組み入れられることになり、農民たちについては、征服するまでは懐柔策をとることになった。ボリシェヴィキは、農村部の人々と妥協した。ボリシェヴィキはそれが一時的な措置であることを知っており、農民たちは一時的なものではないかと恐れていた。ソ連の新政権は、農民たちが元の地主から取りあげた土地を所有し、自分たちの生産品を市場で売ることを許した。戦争と革命による破壊は、深刻な食糧難を引き起こしていた。ボリシェヴィキが自分たちとその支持者のために穀物を徴発したからだ。一九二一年から二二年にかけて、数百万人が飢えとそれに関連した病気のために死亡した。ボリシェヴィキはこの経験から、食糧が武器になることを学んだ。だが内戦が終わり、ボリシェヴィキが勝つと、彼らは頼りになる食糧供給源を必要とするようになった。国民に平和とパンを約束した以上、少なくともしばらくのあいだは、どちらも最低限は届けなければならなかった。

レーニンの国家建設は、その先の経済革命を起こすための政治的な暫定措置にすぎなかった。マルクス主義は民族の存在しない社会を約束していたが、レーニンのソヴィエト政権は、多様な民族の存在を認めていた。また、共産主義は土地や資産の共同所有を約束していたが、彼のソ連経済は市場の存在を許していた。一九二四年一月にレーニンが亡くなったころには、いつ、どのようにして、こうした過渡的な妥協策をやめて、次の革命に着手すべきか、すでに議論がはじまっていた。ソ連の新しい秩序のもとで国民の運命を決めたのは、まさにこのような討論だったのだ。ボリシェヴィキはレーニンから「民主集中制」を受け継いだ。これは、マルクス主義の歴史思想体系を、官僚政治の現実に合わせて改変したものだ。労働者は未来の象徴だった。統制のとれた共産党は、労働者を代表し、中央委員会は共産党を代表する。数人で構成される政治局は、中央委員会を代表する。社会は国に従属し、その国は党によって支配され、その党は、実際にはほんの少数によって統率されていた。この小集団のメンバーがおこなう議論は、政治ではなく、むしろ歴史と見なされた。そして、その結果は、歴史の下した審判ととらえられたのだ。

　スターリンがレーニンの遺産から学んだことは、断固たれ、ということだった。彼は一九二四年に「一国社会主義」を提唱した。ソ連は、団結していない世界の労働者から支援を得ることなく、労働者のパラダイスを建設すべきだと

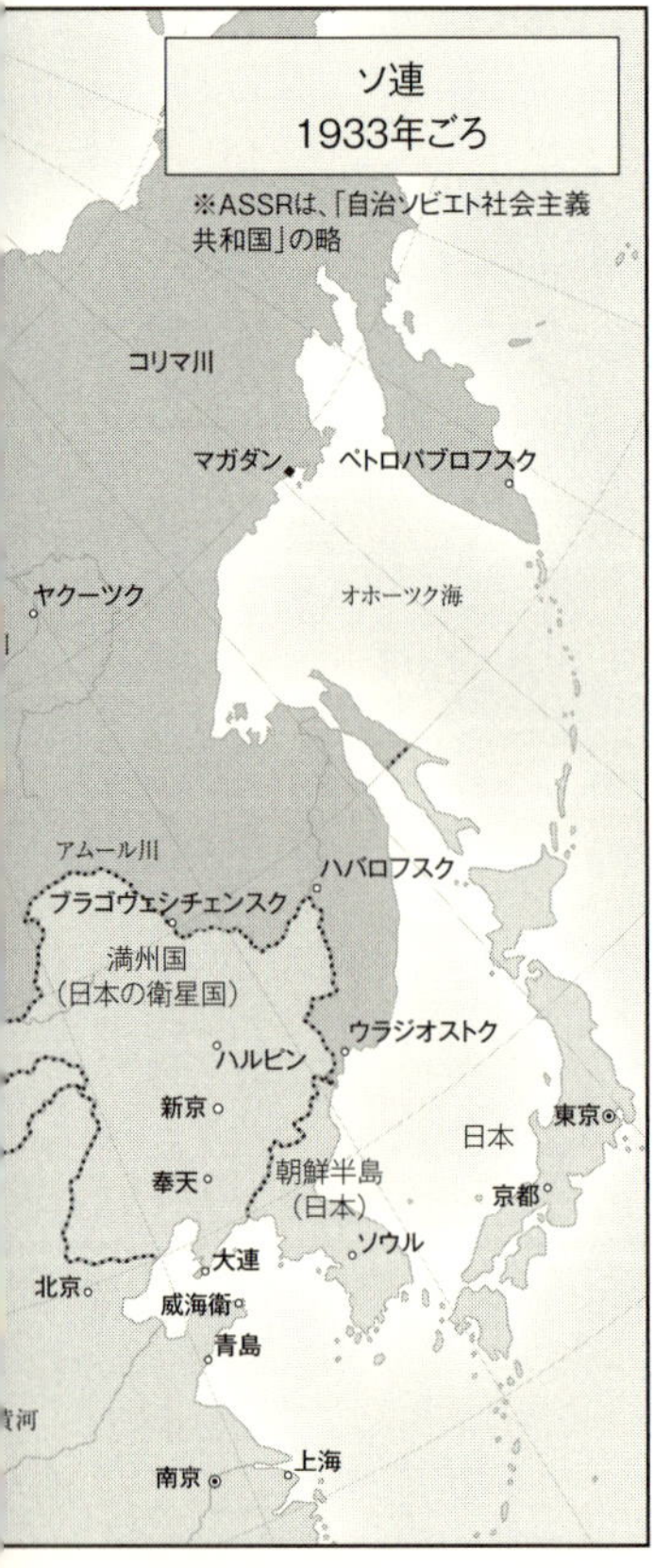

いう考えである。共産主義者は、農業政策で何を優先するかについては意見の一致を見なかったが、いずれソ連の農村部が壊滅的な犠牲を払うはめになることについては、誰もが当然と考えていた。しかし農村経済から工業経済へと、大きな痛みをともなう移行にかかる当初資本を、どこから引っぱってくればよいのか。ひとつの方法として、農民から「余剰収穫物」を取りあげることが考えられた。それを売り、機械類の輸入に必要な外貨を獲得する。そしてその金で、増大しつつある労働者階級の胃袋を満たそうというのだ。一九二七年、国が工業投資を増やす方向へと、きっぱり政策転換をすると、議論は重大な局面に入った。

近代化をめぐる論議は、事実上、トロツキーとスターリンの決闘となった。トロツキーはレーニンのもっとも有能な同志だったが、ソ連共産党（ボリシェヴィキ）書記長として、党官僚を束ねる立場にあったのはスターリンだった。党員を掌握し、委員会で実務能力を発揮して、トップの座にのしあがった彼は、論戦に惑わされず、連携関係を作りあげる才に長けていた。政治局内ではまず、比較的緩やかな経済変革を支持する者と手を結び、急進派と見られる者を排除した。その後、みずからの立場を急進化して、元同志の粛清に乗り出した。一九二七年の終わりごろには、左派のライバル――トロツキー、グリゴリー・ジノヴィエフ、レフ・カーメネフ――を党から追放していたが、一九二九年末には、粛清したこれらのライバルに接近し、右派の重要な同志であったニコライ・ブハーリンを排除した。ジノヴィエフやカーメネフと同様、ブハーリンも元の地位を剝奪され、ソ連内にとどまった。スターリンは政治局内でラーザリ・カガノーヴィチ、ヴャチェスラフ・モロトフをはじめとする忠実な支持者を見つけた。トロツキーは国を去った。

スターリンは、ソ連の政策を巧みに説明することはできた。だが今度はその約束を確実に果たさなければならなかった。彼は、第一次五カ年計画がはじまる一九二八年までに農地を没収して、農民を国の統制下において交替で働かせ、収穫物も国有とする政策を打ち出していた。いわゆる「集団化」政策だ。土地も機械類も人も、すべて同じ集団農場のものとなり、大きな組織としてさらに効率的に生産活動をおこなう（と、想定された）。各集団農場は、「機械・トラクター・ステーション」という機関から近代的な機器の提供を受ける。このステーションは、政治的扇動活動の拠点としての機能も果たした。集団化により、国が農業生産物を統制できるようになれば、労働者を養って彼らの支持をつなぎとめることができ、農産物を国外に輸出して、工業に投資する現金を手に入れることができる。

集団化が不可避であるかに見せかけるには、自由市場を弱めて、計画経済に移行させる必要があった。一九二八年七月、スターリンの側近カガノーヴィチは、農民たちが「穀物ストライキ」をしていると発表し、作物を徴発する以外に解決の道はない、と宣言した。農民たちは、収穫物を取りあげられることがわかると、それを売らずに隠匿した。その結果、ほんとうは国に責任があったのに市場の信用がさらに失われた。そこでスターリンは、市場の自発性こそが根本的な問題だとして、国が食糧供給を管理する必要があると説いた。

やがて大恐慌が到来すると、スターリンの主張どおり、市場があてにならないことが証明されたように見えた。一九二九年十月二十九日の「暗黒の火曜日」に、アメリカの株式市場では株価が大暴落した。一九二九年十一月七日、ボリシェヴィキ革命一二周年の日に、スターリンは、市場に代わる社会主義的政策を即刻、ソ連に導入することを発表した。彼は、一九三〇年が「大変革の年」となり、集団化が安全と繁栄をもたらすことを約束した。古くからの農村部は消滅する。都市部で革命が完了し、制圧された農民の生産する食物によって、労働者階級《プロレタリアート》を養い、育てることができる。こうした労働者が史上初の社会主義社会を誕生させ、敵国の侵略を許さない強い国を作ってくれるだろう。スターリンは近代化を説くなかで、自分こそが最高指導者にふさわしいことをアピールした。

ヒトラーの台頭

スターリンが行動家であったのに対し、ヒトラーは扇動家だった。スターリンは革命を組織し、一党独裁国家の指導者として不動の地位を築いたが、ヒトラーは、周囲の組織を拒絶することにより、政治家としての実績を積んでいった。ボリシェヴィキは非合法活動をおこなっていたロシア帝国時代から、議論と規律を伝統として受け継いできた。国民社会主義者（ナチス）には、意味のある規律も陰謀もなかった。ナチスもボリシェヴィキと同様、民主主義を拒絶したが、それは、アーリア人種の意志をもっともよく表現できる指導者の名においてそうしたのであって、歴史の必然性を理解している党としてではなかった。ナチスに言わせれば、世界秩序は、ボリシェヴィキが考えているように、資本主義的帝国主義者によって構築されたものではない。どちらかといえば、狡猾なユダヤ人によって作られたのだ。現代社会の問題は、資産の蓄積がひとつの階級の優位を招いたことではない。問題は、ユダヤ人が金融資本主義と共産主義の両方を――つまり、アメリカ、イギリス、ソ連を――支配していることだ。共産主義は、ユダヤ人が考えついた絵空事にすぎない。とうていありえない平等社会の実現をちらつかせて、ナイーヴなヨーロッパ人を虜にしてやろうというわけだ。冷酷非情なユダヤ式資本主義や共産主義に対抗できるのは、国民社会主義のみ。それはつまり、ほかの人種の犠牲のもとに、ドイツ人に正義をもたらすことを意味した。

一九二〇年代という民主主義の時代、ナチスは、ほかのドイツ人との共通点をしきりと強調した。ヒトラーをリーダーとするこの政党もドイツのたいていの政党と同じく、ヴェルサイユ条約の条項に反感をいだいていたのだ。彼らは、国境の東に自分たちの運命を見て、ある種の執着を感じていた。そこには、第一次世界大戦でドイツ軍が勝利をおさめた戦場があり、一九一八年にドイツが占領統治していたポーランド、ベラルーシ、ウクライナ、バルト海沿岸の広大な土地がある。フランスやイギリスといったヨーロッパの敵国とちがって、ドイツは巨大な世界帝国を持っていなかった。わずかに保有していた海外の植民地も、敗戦後に放棄させられていた。だからなおさら、東欧国境地帯に魅かれずにはいられなかったのだ。圧政的なユダヤの非合法政権としか思えないソ連は、いずれ倒さなければならない。その過程で、東方の運命とドイツとのあいだに横たわるポーランドを征服しなければなるまい。あれをドイツの盾にするわけにはいかない。東に向かって戦争を仕掛けるときには、弱小同盟国とするか、さもなければ敵として滅ぼすほかはないだろう。

一九二三年十一月、ヒトラーはミュンヘンで国家革命を企てて失敗し、しばらくのあいだ刑務所に入っていた。国民社会主義はヒトラー自身が考えついた思想だが、彼のクーデターは、崇拝するイタリアのファシストの成功に触発されて起こしたものだ。その前年、イタリアのベニート・ムッソリーニは「ローマ進軍」ののちに権力を掌握した。ヒトラーはこの成功をミュンヘンで真似てしくじったのだ。イタリアのファシストは、ヒトラーとナチス同様、政治的妥協が招いた沈滞ムードのなかで国民の意思を賛美してみせた。ムッソリーニは内政を進めるにあたってソ連の存在を利用し、ヒトラーもこれに倣った。ふたりはレーニンの規律や単独政党国家を称賛しつつも、共産主義革命の脅威を使って自分たちの支配体制を擁護した。ふたりの男は多くの面で異なっていたが、どちらもヨーロッパに登場した新しいタイプの右派を代表していた。彼らは、当然のように共産主義を強敵と見なしながら、共産主義政策のさまざまな側面を模倣した。ヒトラーもムッソリーニと同様、すぐれた雄弁家で、党内ではカリスマ的な存在だった。一九二四年十二月に釈放されると難なくリーダーに返り咲くことができた。

スターリンはおもに一九二〇年代後半、必ず自分を支持すると確信できる党員を幹部に任命することにより、権力の座にのぼりつめた。ヒトラーは、そのカリスマ性で支持を引き出し、党員たちに彼の誇張や妄想に合わせた政策や言葉を考えさせようとした。スターリンは、自分の権力獲得を早めて政策を守るには、マルクス主義思想が必要だと考えていたが、少なくとも一九三三年までは、自分の好きなようにマルクス主義を解釈することができなかった。だがヒトラーのほうは、誰もが自分と同じ現実的な考え方をするように仕向けていった。獄中にあったとき、彼は自伝的政策提言書、『わが闘争』の第一部を執筆した。この本とほかの著作（とくにいわゆる『第二の書』）には、彼の計画が明記されているが、いずれも不朽の名作には数えられない。スターリンは当初は、同志がどう動くかを考えて思いどおりに行動できず、のちには彼らが何を言うか気にするようになった。ヒトラーは、対話や言動の一貫性をたいせつにしているふりをする必要さえなかった。

ヒトラーは釈放されたあと、ドイツ共和国とある種の妥協をし、国民社会主義党の指導者として、議会政治に参加した。ただしその目的は、プロパガンダを広めることと、敵を見きわめること、権力機構に接近することだった。ナチスの準軍事組織［突撃隊］のメンバーたちは、左派の政敵と抗争を繰り返していたが、ヒトラーは逮捕されないように気をつけていた。ドイツ経済が数年連続して成長を見せたあとの一九二八年、ナチスは国会選挙で全投票数の二・六パーセントしか獲得できず、議席数は一二にとどまった。そのあとに襲った大恐慌はスターリンには恩恵となったが、ヒトラーにとってはさらに大きな好機となった。ドイツ経済は崩壊し、共産主義革命の亡霊をよみがえらせた。どちらも、ヒトラーが権力の座にのしあがるのを助ける結果となった。世界的な経済危機の前では、どんな急進的な変化も正当化されそうだった。大規模政党であるドイツ共産党が革命を起こすのではないかという不安が広まると、ヒトラーはこの流れをナショナリズムに振り向けようとした。一九三〇年九月の国会選挙で、ナチスは得票率を一八パーセントに伸ばし、一〇七議席を獲得した。さらに一九三二年七月の選挙では、三七パーセントもの得票率を達成し、第一党となった。

一九三二年には、すでにドイツの民主主義が形骸化していたため、国会選挙は、政権獲得へのステップというより、大衆の支持率を示す指標になっていた。それに先立つ二年間、首相たちは大統領〔ヒンデンブルク〕に、法的効力のある緊急命令を出すよう、何度となく要請しなければならなかった〔与野党の議席数が逆転し、国会での決議が困難になったため〕。一九三二年には国会《ライヒスターク》が一三回しか召集されなかった。一九三三年一月、ヒトラーは、保守派とナショナリストの支援を得て、首相に任命された。保守勢力は、強大化したドイツ左派の政権掌握を防ぐためにヒトラーを利用しようと考えたのだ。ヒトラーは即座に国会を解散して選挙の実施を発表した。そして自分の新しい地位を使い、ドイツ社会に対しナチスの支配力を行使した。選挙結果は一九三三年三月五日に発表され、ナチスは社会民主党と共産党に圧勝した。得票率四三・九パーセントを達成し、国会の六四七議席のうち、二八八議席を獲得したのだった。

一九三三年の春、ヒトラーはドイツの政治体制を改編しようとしていた。同じころ、スターリンもソ連でみずからの権力を行使していた。

狙われた農民たち

一九三三年には、ソ連政府もナチス政府も、世界的な経済崩壊に対応できる能力を備えているかに見えていた。自由民主主義が人々を貧困から救えそうになかったこの時期に、どちらの国も力強い輝きを放っていた。一九三三年以前のドイツ政府もふくめ、ヨーロッパのほとんどの国の政府は、この経済崩壊への有効な手立てはあまりないと感じており、均衡予算を立てて通貨供給量を制限するしか道はないという見方が大勢を占めていた。今日では誰もが知っているように、そんな対策では事態の悪化を招くだけだ。大恐慌が起きたせいで、自由市場、議会、国民国家といった第一次世界大戦の終結を受けた政治的対応がいずれも信用ならないものに思われてきた。市場は破綻し、どの国の議会も解決策を示せず、国民国家は国民を窮乏から守る手立てを欠いているようだった。

ナチスもソ連も、大恐慌の責任をかぶせたい人物（ユダヤ人資本家またはただの資本家）について、また、真に抜本的な政治経済対策について、説得力のある筋書きを用意することができた。双方とも戦後の法的・政治的秩序のあり方を否定し、その経済的・社会的基盤をも問題にした。戦後ヨーロッパの経済、社会の根底にさかのぼり、土地を耕す人々の暮らしや役割を考え直した。一九三〇年代のヨーロッパ諸国では、依然として農民が人口の大半を占めていた。耕作に適した土地は貴重な天然資源であり、まだ動物と人間によって動いていた経済のたいせつな活力源だったのである。人々の摂取カロリーは考慮されたが、それは今日とはちがう理由からだった。経済計画の責任者は、国民が食物を口にし、生きながらえて生産活動に従事できるよう気を配る必要があったのだ。

ヨーロッパのほとんどの国が、社会改革の見通しを立てられず、ナチスやソ連と競う力、あるいは対抗できる力をほとんど持ち合わせていなかった。ポーランドをはじめとする東欧新興国は、一九二〇年代に土地改革に取り組んだが、やがてその努力が足りなかったことが明らかとなった。地主たちが議員に働きかけて地所を守ろうとし、銀行と国が農民たちへの貸付を渋っていたからだ。チェコスロヴァキアを除く東欧諸国の民主主義に終止符が打たれても、当初は経済問題に対する新しい解決策は出てこなかった。ポーランド、ハンガリー、ルーマニアの権威主義政権は、反体制派を投獄することにさほど躊躇せず、国民に関しては体裁のよい言葉を並べたがった。だがどちらの傾向も、大恐慌の時期に新しい経済政策を打ち出す役には立たなかった。

一九三三年のナチス、ソ連の政権は、信用を失った民主主義諸国が基本政策とした単純な土地改革には手を染めなかった。ヒトラーとスターリンは、多くの相違点があったものの、問題の根は農業分野にあって、解決には国の大規模な介入が必要だという見方では一致していた。国が徹底した経済改革を実行できれば、新しい形の政治体制を強化できるはずだ。スターリンがとった集団化政策は、一九二八年に五カ年計画が開始された時点から公にされていた。ソ連の指導者たちは、一九二〇年代には農民たちが利益を得ることを許したのに、一九三〇年代初頭には彼らから土地を取りあげ、集団農場を作って国のために働かせた。

農民問題に対するヒトラーの解決策も、同じように虚偽に満ち、同じように巧妙にカムフラージュされていた。ヒトラーは、一九三三年に権力を掌握する以前から、そしてそれ以後数年のあいだも、何よりドイツの労働者階級のことを気にかけていたようだ。彼は食糧不足を輸入によって補うことを考える。急速な（そして違法な）再軍備を進めて、失業中のドイツ人男性を兵舎や兵器製造工場に送り込んだ。ヒトラーが首相に就任してから数カ月後には、公共事業計画がはじまった。ナチスは最初に示したほどには、農民たちのためになることをする気がなさそうだった。党の計画では、裕福な自作農の土地を貧しい農家に再分配することを約束していたが、こうした伝統的な土地改革政策は、ヒトラーが首相になったあと、暗黙のうちに棚上げにされてしまった。ヒトラーは、農地再分配策より国際協定の締結を優先した。近隣の東欧諸国とのあいだに特別な貿易協定を結び、事実上、ドイツの工業製品と交換に食糧を手に入れようとしたのだ。ヒトラーが進めた一九三〇年代の農業政策は、想像を絶する大規模な経済変革に向けた政治的な下準備であった。この点ではレーニンが一九二〇年代に実施した農業政策と少し似ている。国民社会主義もソ連の社会主義も、土地改革という幻想で農民を手なずけておきながら、じつは将来、もっと過激なプランを断行する腹づもりだったのである。

ナチスの農業政策は、東方に帝国を建設することを目的としていた。ドイツの農業問題を国内ではなく、国外で解決しようというのだ。そのために、ポーランドとソ連の農民から肥沃な土地を取りあげる。彼らを飢えにさらし、同化し、追放し、奴隷化する。そして東方から穀物を輸入するのではなく、ドイツの農民を輸出する。彼らをポーランドとソ連西部の土地に入植させる計画だった。ヒトラーはことあるごとに、より広い「生存圏」の必要性を訴えたが、ボリシェヴィキがソ連の農民たちに、土地を国に譲渡させるつもりであることを隠しておいたように、農民たちの東への大量移住をもくろんでいることはおくびにも出さなかった。スターリンは一九三〇年代のはじめ、農民たちに対する作戦を、穀物戦争と位置づけていた。ヒトラーは、次の戦争で勝利すればドイツ国民を養えると確信していた。ソ連の政策は、全民族のためという原則にもとづいていたが、ナチスの政策は、支配者民族のために東欧を征服することを目的としていた。

ウクライナのもつ意味

ヒトラーとスターリンは、ベルリンとモスクワでそれぞれ権力の座についたが、彼らの改革構想の重点は、何よりもまず、両国にはさまれた地域に置かれていた。どちらもウクライナを支配下に置こうともくろんでいたのだ。ヒトラーは、短期に終わった一九一八年の東方入植地のことを思い出していた。そのときはウクライナのパン籠に手が届いたのだった。それからまもなく、スターリンがこの土地を同じように見なしてウクライナに革命を広げ、近代的な工業国家建設のため、この地域の農地と農民を利用することにした。ヒトラーは集団化政策を致命的な失策と考え、それこそがソ連共産主義が破綻している証拠だと断じた。だが彼は、ドイツなら、ウクライナを乳と蜜の流れる地に変えられると堅く信じていた。

ヒトラーにとってもスターリンにとっても、ウクライナは食糧生産地以上の意味を持っていた。伝統的な経済原則を打ち壊し、自分の国を貧困と孤立から救い、ヨーロッパ大陸を思いどおりのイメージにつくり変えることのできる場所だったのだ。ふたりの政策と権力は、ウクライナの肥沃な土壌と数百万人の農業労働者を支配できるか否かにかかっていた。一九三三年には、世界史上最大の人為的な飢饉によって、何百万人ものウクライナ人が死亡することとなった。それはウクライナの特異な歴史のはじまりであり、終わりではなかった。一九四一年、ヒトラーは自分の植民地構想実現のため、スターリンからウクライナを奪い取ると、まず手はじめにユダヤ人を銃殺し、ソヴィエト人捕虜を餓死させた。スターリニストは自国内に植民地をつくり、ナチスはソヴィエト・ウクライナを占領して植民地とした。こうしてウクライナの住民は延々と苦しみ続けた。スターリンとヒトラーの両方が政権を握っていた時代には、流血地帯の、そしてヨーロッパの、いや、全世界のどこよりも多くの人々がウクライナで殺されたのだった。

第1章　ソ連の飢饉

一九三三年は、西側世界にとって饑餓の年だった。欧米の都市の通りは、職を失い、食料配給の列に並ぶことに慣れた男女であふれ返っていた。果敢な取材ぶりで知られていた若きウェールズ人ジャーナリスト、ガレス・ジョーンズは、ベルリンでドイツ人の失業者がアドルフ・ヒトラーの呼びかけに応じて集まるのを目撃した。ニューヨーク滞在中は、大恐慌が三年以上も続いて絶望的な状況に陥ったアメリカ人労働者の姿にショックを受けた。「何百人もの貧しい人々が一列に並んでいた。元は上等だった服を着た人もまじっている。誰もがサンドイッチをふたつとドーナツ一個、コーヒー一杯とタバコ一本をもらおうと待っていた」。彼がその年の三月に訪れたモスクワでは、資本主義国の食糧難は祝うべきこととされていた。大恐慌は、世界的な社会主義革命が起こる前触れと思われていたのだ。スターリンとその側近は、自分たちがソ連に打ち立てた体制の勝利は必至だと豪語していた[1]。

だが一九三三年はソ連——それもとりわけ、ソヴィエト・ウクライナ——の都市にとっても饑餓の年だったのだ。ハルキウ、キエフ、スターリノ、ドニプロペトローウシクでは、毎日、何十万人もの人々がたった一斤のパンを待って並んだ。ジョーンズはウクライナ共和国の首都ハルキウで、それまで見たことのなかった窮乏ぶりを目の当たりにした。午前二時に人々が外へ出てきて、七時まであかない店の前に並ぶのだ。一日に平均四万人がパンを待つ。列に並んだ人は、絶対に割り込まれないようにと、自分の前にいる人のベルトをしっかりつかんでいた。飢えのために弱り、誰かに寄りかからなければ立っていられない人もいる。彼らは一日中、ときには二日間も待った。妊娠した女性、身体に障害を負った復員兵も優先権を取りあげられ、食べたければほかの人と同じように並ばなければならない。列のどこかでひとりの女性が不平を漏らすと、そのうめき声がたちまちみんなに伝染していった。まるで何千人もの人々が一頭のけものになり、すさまじい恐怖におびえてうなっているように聞こえた。[2]

ソヴィエト・ウクライナの人々は、パンの列から弾き出されるのを恐れ、飢え死にするのを恐れた。市当局が提供する食べ物に望みをつなぐしかないことを知っていたのだ。ウクライナでは過去五年のあいだに都市が急成長を遂げ、農民を吸収して、彼らを労働者や事務員として働かせてきた。農民の息子や娘も、ずっと以前から都市で暮らしていたユダヤ人、ポーランド人、ロシア人と同様、商店に並ぶ食料品を買って食べていた。農村部に住む彼らの家族は何も持っていなかった。これは異例のことだ。通常、食糧難のときには、都市部の住民は農村部に向かう。ドイツやアメリカでは、大恐慌のさなかでも、自作農が飢えることはまずなかった。都市の労働者や知的職業人は、リンゴを売ったり盗んだりするところまで転落したが、ドイツではアステル・ラント［ハンブルク近郊に広がる果樹園地帯］、アメリカではアイオワ州など、必ずどこかに果樹園があり、サイロや食糧貯蔵庫があった。ウクライナの都市の住民は行くところがなく、農家にも助けを求められなかった。ほとんどの人が配給切符を持っていて、それと引き換えにパンをもらっていた。紙に書かれた文字に生死がかかっていることを誰もが知っていたのだ(3)。

証拠はいたるところにあった。飢えた農民たちがパンの行列のそばで物乞いをし、パンくずを恵んでくれとせがんでいた。ある町では十五歳の少女が物乞いをするうちに列の先頭まで行ってしまい、店主に殴り殺される事件が起きた。列に並ぶ主婦たちは、農民の女性たちが歩道で餓死するのを見ているしかなかった。ある女学生は、毎朝登校時に瀕死の人を見かけ、午後下校するときには、死人を目にしていた。ある共産主義者の若者は、自分が見た農民の子を「生きた骸骨」と呼んだ。工業都市スターリノに住んでいた共産党員は、自宅の裏口の前で餓死する人々に悩まされた。公園をそぞろ歩くカップルは、墓穴を掘ることを禁止した看板をいやでも目にした。医師や看護師は、餓死寸前の人が病院にたどり着いても、手当てをする（あるいは食べ物を与える）ことを禁じられていた。市の警察は、通りをうろつく飢えた浮浪児を捕らえて人目に触れないようにした。ソヴィエト・ウクライナの都市では、警官が一日に数百人の子供を逮捕していた。一九三三年はじめのある日には、ハルキウ市警に二〇〇〇人を収容せよとのノルマが与えられた。やがてつねに二万人の子供たちがハルキウ市内のバラックに閉じ込められて死を待つようになった。子供たちは警察に、せめて戸外で飢え死にさせてくれと懇願した。「静かに死なせてください、こんな人殺し小屋の中で死ぬのはいやだ(4)」

ウクライナの各都市の饑餓は、西洋諸国のどの都市よりもはるかに深刻だった。現に一九三三年のウクライナでは、数万人の都市住民が餓死している。しかしソヴィエト・ウクライナ全体で見れば、死者や餓死寸前の人々の大半は、働いてありったけのパンを都市に供給していた当の農民たちだったのだ。ウクライナの都市部はどうにか生きていたが、農村部は死に瀕していた。農民たちは畑を捨てて食べ物をさがしにいくという、常識では考えられない行動をとり、都市住民も彼らの貧窮ぶりに気づかざるをえなかった。ドニプロペトローウシクの鉄道駅は、飢えて物乞いもできないほど衰弱した農民でいっぱいだった。ガレス・ジョーンズが汽車の中で出会った農民は、パンをいくらか手に入れたものの、警官に没収されたという。「連中はおれのパンを取りあげやがったんだ」。彼は何度も何度もそう言った。腹を空かせた家族ががっかりするとわかっていたのだ。スターリノの駅では、飢えた農民が列車の前に飛び出して命を絶った。ウクライナ南東部の工業の中心地スターリノは、ウェールズ人実業家のジョン・ヒューズによって帝政時代に創設された都市だった。奇しくもガレス・ジョーンズの母親は彼に雇われていたことがある［息子の家庭教師をしていた］。この町にはヒューズにちなんだ名前がついていたが、当時はスターリンにちなむ名で呼ばれていたのだ（現代はドネツィクとして知られている）(5)。

一九三二年に完了したスターリンの五カ年計画は、国民の苦悩と引き換えに工業の発達を実現した。鉄道のわきで死んでいった農民たちは、このような明暗を如実に示す恐るべき証人だった。鉄道列車の乗客はソヴィエト・ウクライナのいたるところで、期せずして忌まわしい事故に巻き込まれた。腹を空かせた農民たちが鉄道路線をたどって都市をめざしては、途中で衰弱して線路上で気を失ってしまったからだ。ハルツイスクでは、駅から追い払われた農民たちが付近の樹木で首を吊った。ソヴィエト人作家のワシーリー・グロスマンは、生まれ故郷のベルディチウに家族を訪ねて戻る途上、列車のコンパートメントの窓にひとりの女性が寄ってきて、パンを恵んでもらおうとしたときのことを記録している。政治的理由からさまざまな国を転々としたアーサー・ケストラーも、ソ連の社会主義建設を支援しにきていたころ［当時はドイツ共産党員だった］似たような体験をしている。彼が後年回想したところによると、ハルキウ駅の外で、農民の女性たちが「車両の窓に向かって、恐ろしい姿をした赤ん坊を掲げてみせた。どの子も、ぐらぐら揺れる大きな頭と、棒切れのような四肢を持ち、腹が膨れてとがっていた」。まるで「ホルマリン容器から取り出した胎児」のようだったという。今日、二十世紀のモラルの証人と言われるこのふたりの男性が、みずからの体験談を書いたのはそれから何年も先のことだった[6]。

都市の住民は、農民が市場で収穫物を並べて売る姿を見慣れていた。しかし一九三三年には、彼らが作物を売るためではなく、物乞いをするためになじみの都市の市場へやってくるようになった。市の立つ広場にはもはや商品も客の姿もなく、死の奏でる不協和音のみが響いていた。早朝には、元は衣服であったぼろをまとってうずくまる瀕死の人のかすかな息遣いしか聞こえなかった。ある

春の朝、ハルキウの市場に横たわったおびただしい数の農民たちの死体のあいだで、赤ん坊が母親の乳房を吸っていた。母親の顔はすでに生気が失せて鉛色になっていた。通りかかる人々は、そのようなものを以前にも見かけていた。折り重なった死体だけではない。息絶えた母親と生きている赤ん坊だけでもない。まさにその光景を。小さな口と、最後の乳のしずくと、冷たくなった乳首を。ウクライナの人々はそれを表現する言葉を考え出していた。彼らは通りすぎながら、静かにつぶやいた。「これが社会主義の春の芽生えだ(7)」と。

グラーグのはじまり

一九三三年の大量餓死を引き起こしたのは、一九二八年から三二年にかけて実施されたスターリンの第一次五カ年計画である。その五年のあいだにスターリンは共産党上層部を掌握し、工業化・集団化政策を強力に推し進めて、打ちのめされた人々の恐ろしい父となった。彼は市場を計画に変え、農場主を奴隷にし、シベリアとカザフスタンの荒野を強制収容所の連なりに変えた。彼の政策によって数万人が処刑され、数十万人が疲労による衰弱死を遂げ、数百万人が餓死の危険にさらされた。もちろんスターリンはまだ党内の敵対勢力を気にかけてはいたが、政治家としての天賦の才に恵まれ、嬉々として付き従う副官たちに支えられつつ、未来を見通し作ってみせると断言する官僚機構に君臨していた。彼らの言う未来とは、共産主義だ。実現には重工業の発達が必要であり、そのためには農業の集団化が必要であり、そのためには、ソ連最大の社会集団である農民層の支配が必要だった(8)。

農民、それもとりわけウクライナ農民は、まさか自分が歴史を作り出す壮大な試みの道具になるとは、思ってもみなかっただろう。政策の最終目標を完全に理解したとしても——それはありえなさそうだが――とうてい受け入れられなかったはずだ。自分の土地と自由を奪う政策にはきっと反発したことだろう。集団化を実行しようとすれば、ソヴィエト社会最大の集団であった農民たちは、国とその警察組織たる合同国家政治保安部（OGPU《オーゲーペーウー》）に激しく抵抗したにちがいない。そのような衝突を予期したスターリンは、一九二九年、ソ連史上もっとも広範に国家権力を行使することを命じた。彼は社会主義国家建設という労働は「大海を持ち上げる」ようなものだと言っていた。その年の十二月、彼は「富農《クラーク》をひとつの階級として抹殺する」と宣言した。(9)

ボリシェヴィキは、歴史は階級闘争であるとの見解を示してきた。貧しい者が富める者に対して革命を起こし、歴史を動かしていくのだ、と。だからクラーク撲滅計画は、表向きには、権力を強化しつつある独裁者とその忠実な取り巻き連の単純な決定事項には見えなかった。歴史的必然性のある政策であり、厳しくも慈悲深い歴史の女神クレイオーから与えられた贈り物であると言えたのだ。なんの罪も犯していない人々に対する国家権力の露骨な攻撃は、品の悪いプロパガンダによって、さらにひどいものになった。あるポスターでは、『われわれはクラークを階級として抹殺する！』というタイトルの下に、三人のクラークが描かれていた。ひとりはトラクターの車輪に轢かれており、二人目はサルの姿になって穀物をかき集め、三人目は、牛の乳首からじかに乳を吸っている。やつらは人間じゃない、けだものだ。そんなメッセージが伝わった。(10)

実際は、誰がクラークで誰がそうでないかは国が決めた。集団化政策によって失うものがもっとも多い富農を強制移住させる役目は警察が担うことになった。一九三〇年一月、共産党政治局は国家警察に対し、ソ連全土の農民をふるいにかける権限を与えた。これに関連して二月二日にOGPUから出された命令書には「クラークという階級の抹殺」に必要な手立てが具体的に示されていた。各地域ごとに「トロイカ」と呼ばれる三人組が農民の運命を決めることになった。トロイカは、国家警察の捜査官と、現地共産党の指導者、それに国の検察官で構成され、被告人に上訴する権利を与えず、迅速に厳刑（死刑、流刑）に処する権限を持っていた。地方共産党の党員が推薦することもあった。ある地方共産党幹部は、「村の評議会《ソヴィエト》総会で、われわれは適当にクラークを作った」と報告している。ソ連には法律も法廷もあったが、それは無視され、三人の個人による決定が優先された。トロイカに刑を宣告されて処刑されたソヴィエト国民は約三万人にのぼる。(11)

ソヴィエト・ウクライナでは一九三〇年の最初の四カ月間で一一万三六三七人がクラークとして強制移住させられた。この措置により、およそ三万戸の小作人小屋が次々と空になった。驚いた住民は、まったく知らされていなかったこの事態に対し、準備をする時間すら与えられなかった。ヨーロッパ・ロシア〔ウラル山脈以西のロシア〕北部地域、ウラル山脈、シベリア、あるいはカザフスタンへ向かう、凍えるように寒い何千両もの貨物列車に、おびえて体調を崩した人々が詰め込まれた。農民たちが故郷で最後に目にした夜明けには、銃声が轟き、恐怖の悲鳴があがった。列車の中で凍傷と屈辱に耐え、列車から降ろされたあとは、苦悩のうちにあきらめ、亜寒帯林《タイガ》や樹木の育たぬ草原地帯《ステップ》で奴隷労働に従事したのだった。(12)

ウクライナ農民は、強制収容所送りのことを知っていた。一九二〇年代半ばからそうしたことがあったからだ。彼らはすでに伝統となった哀歌を歌った。

ああ、ソロフキ、ソロフキ！
なんと長い道だろう

心臓は鼓動できない
魂は恐怖に押しつぶされてしまった

ソロフキとは、北極海［厳密には白海］に浮かぶ島にあった収容複合施設を指す。ウクライナ農民にとってソロフキは、故郷から引き離された流刑生活のありとあらゆる孤独と弾圧と苦悩の象徴だった。ソ連共産党指導部にとってのソロフキは、強制移住者の労働が国の利益に変換される場所だった。一九二九年、スターリンはソロフキの方式をソ連全域に適用することを決め、「特別居留区」と強制収容所の建設を命じた。強制収容所は、境界線によって外部から隔てられた区域で、たいていはフェンスで囲まれ、警護員がパトロールにあたっていた。特別居留区は、何もないタイガやステップに降ろされた被収容者自身の手によって特別に建設される新しい村だった。シベリア、ヨーロッパ・ロシア、カザフスタンの特別居留区に送られたクラーク一七〇万人のうち、およそ三〇万人がウクライナ人だった(13)。

処罰を目的とする農民の大規模な強制移住が実施された時期は、ソ連経済が大量の強制労働を利用した時期と重なっている。一九三一年、特別居留区と強制収容所はひとつのシステムに統合され、「グラーグ」として知られるようになった。ソヴィエト人自身はこれを「強制収容所組織」と呼んでいた。グラーグは、農業の集団化とともにはじまり、それに依存していた。やがて四七六の収容複合施設が建設され、約一八〇〇万人が判決を受けてそこへ送り込まれ、そのうち一五〇万人から三〇〇万人が収容中に死亡した。自由農民が奴隷労働者にされ、スターリンがソ連の近代化に役立つと信じていた大運河や鉱山施設や工場の建設に従事した(14)。

ウクライナ農民の大半が送られた強制労働収容所では、スターリンがとくに入れ込んでいた白海とバルト海を結ぶベロモル運河の掘削作業を課せられた。一七万人ほどの人々が、つるはしやシャベルや、ときには割れた陶器のかけらを使い、あるいは素手で、二一カ月をかけて凍土を掘り進めていった。疲労や病気のために、何千人もの人が水のない運河の底で息絶えた。しかし一九三三年にこの運河が完成すると、実際はほとんど水運の役に立たないことがわかった。特別居留区での死亡率も高かった。ソ連当局は、特別居留区の被収容者のうち、五パーセントくらいが死亡するだろうと予想していた。だが実際は一〇パーセントないし一五パーセントにまで跳ねあがった。白海沿岸の主要都市、アルハンゲリスクのある住民は、この事業の愚かさをこう嘆いた。「経済的な観点からクラークを消滅させるのはともかく、その子供たちの命を奪うのは野蛮行為としか言いようがない」。極北の地で死ぬ子供があまりに多かったので、「棺も用意せず、一度に三、四人の遺体を墓場に運んでいた」という。ヴォログダに住む労働者の一団は、「こうした子供たちの死骸を踏み越え」なければ「世界革命」が達成できないのか、と疑問を投げかけた[15]。

グラーグでの死亡率は高かったが、ほどなくウクライナの農村部がそれを上回るようになった。ベロモル運河で働かされていた人たちは、十分な食事を与えられず、一日にパンを六〇〇グラム（約一三〇〇カロリー）しか食べていなかった。しかしそれでも栄養状態は同時期のウクライナ人よりましだった。一九三二年にベロモル運河で働かされていた労働者は、一九三三年に生き残っていたウクライナ農民が何かしら食べられたときの、二倍、三倍、あるいは六倍の食べ物を口にしていたのだ[16]。

第二の農奴制

一九三〇年の最初の数週間のうちに、ソヴィエト・ウクライナで、そしてソ連全土で、集団化が目にもとまらぬスピードで進んだ。モスクワはソ連内の各共和国の首都に、集団化すべき地域の割当数を通達した。各地域の共産党幹部は、ノルマを超えてみせると誓った。ウクライナの党幹部も一年以内に共和国全土を集団化すると約束した。共産党の活動家たちは、上司によい印象を与えようとしてさらに迅速な行動をとり、九週間から一二週間のあいだに集団化を完了すると請け合った。彼らは強制移住をちらつかせて農民たちを脅し、書類に署名をさせて土地の権利を放棄させ、集団農場に加わらせた。国家警察も力ずくで介入した。必要とみれば暴力に訴えた。警官の人数を少しでも増やして警察力を強化し、農民を圧倒しようと、二万五〇〇〇人の労働者が農村部に送り込まれた。彼らは都市部で起きている食糧難の責任は農民にあるのだと教えられ、「クラークの体で石鹸を作ってやります」と約束した[17]。

一九三〇年三月中旬ごろには、ソ連の耕作可能な土地のうち七一パーセントが、少なくとも原則としては集団農場のものとなっていた。つまり、ほとんどの農民が土地を手放して集団農場に入ったわけだ。もはや彼らは自分の目的のために土地を使う正規の権利は持っていなかった。集団農場のメンバーは、雇用も賃金も食べ物もすべて農場のリーダーに頼ることになる。家畜も失ったか失おうとしており、これからは新しく設置された機械・トラクター・ステーションの、たいていは足りない機械類をあてにするほかはなかった。この機械倉庫は農村部の政治支配の中枢も兼ね、常時ありあまるほどの党職員と国家警察官がここに詰めていた[18]。

土地を失ったことについては、伝統的に共同営農がおこなわれてきたロシアよりウクライナの農民のほうが強い恐怖をおぼえたにちがいない。彼らの歴史は、つねに地主との戦いに彩られてきたからだ。ボリシェヴィキ革命によってついに、その戦いに勝ったかに見えていたが、ボリシェヴィキはその直後の一九一八年から二一年にかけての時期、内戦のさなかに農民たちから食糧を徴発した。だから当然、彼らはソ連という国家を警戒するようになった。しかしレーニンが一九二〇年代に妥協的な政策をとったときには、いつかそれが覆されるかもしれないと疑いつつも、いちおう歓迎はした。ウクライナ農民の目には、一九三〇年にはじまった集団化は「第二の農奴制」と映り、新たな隷属のはじまりと見えた。今度は以前のような裕福な土地所有者ではなく、共産党に搾取されるのだ。ウクライナ農民は、苦難の末に勝ち取った自治権を奪われることを恐れたが、饑餓をも恐れていた。そして何より、自分たちの不滅の魂を待ち受ける運命について、大きな不安を感じていた。[19]

ソヴィエト・ウクライナの農村社会は、まだ大半が信仰に篤かった。若くて野心のある者や共産党の無神論の影響を受けた者は、ウクライナの大都市やモスクワやレニングラードへと去っていった。農民たちの信仰する正教は、無神論を唱える共産党政権の弾圧を受けたが、彼らはなおもキリスト教を信仰し、多くの者が集団化への同意は悪魔との契約だと考えた。サタンが共産党活動家に姿をかえて地上に現れたと信じ、集団農場登録簿は苦悩と破滅をもたらす地獄の書だと思っている者もいた。新たに創設された機械・トラクター・ステーションも、地獄の出先機関としか思えなかった。ウクライナで暮らしていたポーランド人農民の中にはローマカトリックの信徒がおり、彼らもやはり集団化はこの世の終わりに等しいことだと見ていた。あるポーランド人は息子に、自分たちが集団農場に加わらないのは「悪魔に魂を売り渡したくないからだ」と説明した。党の活動家たちは、こうした篤い信仰心を逆手にとり、「集団農場はまず国家に供給し、しかるのちに人民に供給すべし」という「スターリンの十戒その一」なる標語を喧伝した。農民たちも知っていたように、聖書に書かれたモーセの十戒その一は、「あなたには、わたしをおいてほかに神があってはならない」と言っている。[20]

ウクライナの各村では、クラークが強制収容所送りとなったために、自然に生まれた指導者が不在となっていた。それでも農民たちはみずから自分の身を守り、自分たちのコミュニティを守ろうとした。小さな地所を手元に残して、わずかに残された自治権を手放すまいとした。いまや集団農場と機械・トラクター・ステーションという形ではっきりと姿を見せた国家から、自分の家族を遠ざけておこうと努力した。家畜も、集団農場に取りあげられるよりはと、売るか処分するかした。男たちは、自分の娘や妻を党の活動家や警官との戦いに送り出した。男より女のほうが強制移住させられる可能性が低いと思ったからだ。どうしても共産党員の体を鍬かシャベルで突いてやりたくて、女装して出かける男もいた。[21]

しかし致命的だったのは、農民たちがほとんど銃を持たず、しっかりした組織を持たなかったことだ。武器と兵站は国家がほぼ独占していた。強力な国家警察組織が農民たちの行動を記録した。その組織――つまりOGPU――は、農民たちの動機を理解していたわけではないが、彼らがどこへ向かおうとしているか、その方向はおおむねつかんでいた。一九三〇年にOGPUが記録したウクライナの抵抗活動はほぼ一〇〇万件にのぼった。その年三月の大規模な農民蜂起のうち、約半数はソヴィエト・ウクライナで起きている。ウクライナ農民の中には、西へ歩き、国境を越えて隣のポーランドへ逃げ出す者も現れた。同じ村の者がそれに倣い、教会旗を掲げ、あるいは棒切れにくくりつけた黒い旗を手にして、西の国境をめざしはじめた。何千人もの農民がポーランドに逃れ、ソ連で飢饉が起きているという情報が広まっていった。[22]

農民たちがポーランドに逃れたというのは、対外的に体裁の悪いことだった。スターリンと共産党政治局にとっては、きわめて憂慮すべき事態であったにちがいない。集団化政策がどのような経過をたどり、どのような結果にいたったかを、ポーランド当局に知られてしまったのだから。当時のポーランドは、国内に多数かかえるウクライナ民族とのあいだで、政治的な和解を進めようとしていた。ポーランドの国境警備隊は、根気強く難民から話を聞き、集団化の過程と失敗について情報を収集していった。農民の中には、ソ連に侵攻して自分たちを困窮から救ってくれと懇願する者もいた。難民問題のおかげでポーランドは、ソ連に向けたプロパガンダに使える、効果的な武器を手に入れることもできた。ユゼフ・ピウスツキ首相を指導者としていたポーランドは、正面切ってソ連に戦争を仕掛ける計画を立てたことはなかったが、ソ連を民族別にばらばらにし、崩壊に導こうというプランを練り、そうした展開を早めようと、いくつかの策を講じていた。ウクライナ人が逃げてくる最中にも、逆にスパイをソ連側に送り込み、ウクライナの人々に反乱を起こすよう呼びかけていた。彼らのプロパガンダ・ポスターは、国民を飢えにさらしてまで穀物を輸出しているスターリンを〝飢饉皇帝〟と呼んで非難した。一九三〇年三月には、ソ連共産党の政治局員のあいだに「ポーランド政府が介入してくるかもしれない」という不安が広がりはじめていた。[23]

日本とポーランドの脅威

集団化政策は全国一律におこなわれており、しかもソ連は広大な国家だった。国境地域の一部が安定を欠いているとなれば、戦争を視野に入れたシナリオを考えねばなるまい。

スターリンと政権指導者たちは、ポーランドが国際的な資本主義包囲網の西端を担い、日本がその東端を担っていると考えていた。ポーランドと日本の関係は比較的良好だった。一九三〇年の春、ス

ソ連中央アジア
1933年ごろ

ターリンはこの二カ国が手を結んで攻撃を仕掛けてくるのではないかと恐れていた。ソ連は、ヨーロッパから太平洋沿岸地方にかけて広がる世界最大の国だった。ヨーロッパの列強を警戒するだけではなく、アジアに野望をいだく日本にも目を配る必要があったのだ。

　日本はロシア人を屈伏させることによって、軍事的名声を高めた国だった。一九〇四年から一九〇五年にかけての日露戦争でロシア帝国に勝利し、ロシア人が建設した太平洋岸の港湾まで延びる鉄道を奪い取った。スターリンもよく知っていたように、ポーランドも日本も、ともにソヴィエト・ウクライナとソ連の民族問題に関心を寄せていた。スターリンは、ロシア人がアジアで屈辱を受けたことを相当深刻にとらえていたらしい。日本人への復讐を誓う『満州の丘に立ちて』という歌を好んでいた[24]。

　集団化政策によるソ連西部の混乱がポーランドの侵攻に対する不安をかき立てたように、ソ連東部の不穏な情勢は日本に利するように思われた。ソヴィエト中央アジア——とりわけ、イスラム圏のソヴィエト・カザフスタン――では、集団化政策のためにウクライナよりさらにひどい混乱が起きていた。この地域では、はるかに抜本的な社会変革が必要だったのである。カザフスタンの人々は農民ではなく遊牧民で、ソ連を近代化するにあたっては、まず彼らを定住させることが先決となった。集団化政策をはじめる前に、遊牧民を農民に変える必要があったのだ。「定住化」政策は彼らから家畜を奪い、それによって自活の手段を奪った。人々はラクダや馬に乗って中国との国境を越え、イスラム圏の新疆《しんきょう》省（トルキスタン）へ逃げていった。それを知ったスターリンは、彼らは日本のスパイだったのかもしれないと思った。日本は当時内戦状態にあった中国で強大な力を持っていたのだ[25]。

何もかもが計画どおりに進むというわけにはいかなかった。集団化は、ソ連の政治体制を安定させるはずだったのに、国境地帯ではむしろ混乱を招いた。ソヴィエト・ヨーロッパと同様、ソヴィエト・アジアでも、社会主義建設を推進するはずの五カ年計画が多くの人々を苦しめた。正義を象徴するはずだった国家は、きわめて伝統的な警備対策をとらざるをえなくなった。ソ連在住のポーランド人が西部国境地帯から強制移住させられ、いたるところで国境の警備が強化された。世界革命は、閉じられた国境の内側で進められることとなった。スターリンは「一国社会主義」を守るため、次々と対策を講じる必要に迫られたのだ[26]。

まず外敵の侵攻を未然に防いで、国内の計画を見直さなければならない。スターリンは外交官に、ポーランドと日本を相手に、不可侵条約締結に向けた協議を進めるよう指示した。その一方で赤軍には、ソ連西部で完璧な臨戦態勢を整えるよう指示した。何より際立ったのは、集団化を中断したことだ。スターリンは、一九三〇年三月二日に『成功による幻惑』という華々しいタイトルの論文を発表し、その中で、集団化政策の問題点はほんの少し熱意が過ぎたことだったとして、農民に集団農場への加入を強制したのはまちがっていたと言ってのけた。集団農場は、創設されたときと同様、またたくまに姿を消した。一九三〇年、ウクライナの農民は、まるで自分たちの土地を取り戻したかのように冬小麦を収穫し、秋に収穫する小麦の作付をした。彼らは、自分たちが勝ったと思うことを許されたのである。[27]

見せしめとその結果

スターリンが手を緩めたのは、戦略にすぎなかった。

考える時間を得たスターリンと共産党政治局は、もっと効果的に農民を国家に服従させる方法を思いついた。彼らはその翌年、農村部で以前よりもっと迅速にその政策を実行した。一九三一年には集団化政策が息を吹き返した。今度はもう農民たちに選択の余地を与えなかった。村の全員が目標に向かって誠実に働かなければどうなるかを理解させるため、見せしめとして、ウクライナ共産党の下級幹部を粛清した。自作農には重税を課し、集団農場しか逃げ場がなくなるように追い込んだ。集団農場の再編をゆっくりと進め、近隣の自作農に間接的に圧力をかけていった。たとえば集団農場は、自作農から穀物の種子を取りあげるかどうかを投票によって決めることを許された。次の収穫に備えて取り置く種子は、どんな農場でもなくてはならないものだ。種子の選別と保存は、農業の基本である。人類の歴史を眺めてみても、よほどの困窮状態で自暴自棄にでもならないかぎり、このような種子が食べられたことはない。種子の管理権を集団農場に奪われてしまった者は、自分で働いて生きていく能力を奪われたも同然だった。[28]

強制移住も再開され、集団化はいっそう進んだ。一九三〇年末から三一年はじめにかけて、ソヴィエト・ウクライナからは、三万二一二七世帯が強制的に退去させられ、以前、強制移住の第一波が襲ったときとほぼ同数の住民が追放された。農民たちは、自分はグラーグで疲労のために死ぬか、家の近くで飢え死にするかどちらかだと思い、それなら後者のほうがいいと考えた。流刑になった友人や家族の手紙が、時折、検閲を免れて届くことがあった。そうした一通の中に、こんな助言が書かれていた。「何があっても、こっちへ来ちゃいけない。わたしたちはここで死にかけている。そっちで身を隠すか、死んだほうがましだ。何があろうと、ここには来るな」。ある共産党活動家が理解していたように、集団化に屈したウクライナの農民たちは「知らない土地へ送られるより、故郷に踏みとどまって餓死する道を選んだ」のだ。一九三一年の集団化は前回よりもゆっくりと進んだ。村ひとつが一気にまるごと、というような形ではなく一軒また一軒と取り込まれていったので、以前よりも抵抗しにくかった。今回はいきなり襲って、捨て鉢な抵抗を誘発するような作戦もとられなかった。その年の終わりごろには、この新しい政策が成功を見た。ソヴィエト・ウクライナの農地のおよそ七〇パーセントが集団化されたのだ。一九三〇年三月の水準に戻しただけではなく、今度はそれを維持できそうだった。[29]

スターリンは、一九三〇年の出だしでは失敗したが、一九三一年には政治的成功をおさめた。だが政治の勝利は、経済まではおよばなかった。穀物収量に問題があったのだ。一九三〇年はみごとな豊作だった。年のはじめに強制移住させられた農民たちがすでに冬小麦の作付を終えていたので、ほかの者がそれを収穫すればよかった。書類上、国の農地の大半が集団化された一九三〇年の一月と二月は、いずれにせよ、農民たちにとっては暇な時期だった。三月に入って集団化が解除されると、農民たちは自由の身となり、春小麦の種を蒔いた。その夏は、異例の好天に恵まれた。秋のウクライナでは、とうてい翌年には期待できないほどの収穫があがった。たとえ集団農業が個人農業に劣らず効率がよかったとしても――実際はよくなかった――一九三一年に同等の収量をあげることは無理だっただろう。しかし共産党は、豊作だった一九三〇年の収穫高を基準として、翌年の徴発計画を立てた。モスクワは、ウクライナが生産できる量をはるかに超える収穫を期待したのである。(30)

一九三一年秋には、集団化後はじめての不作が明らかになった。理由はたくさんあった。天候がよくなかった。害虫にも悩まされた。農民たちが家畜を売却または処分したせいで、農作業に使える牛馬が不足した。トラクターの製造台数も、予想を大きく下まわった。優秀な自作農が強制移住させられていた。集団化政策のために播種《はしゅ》も収穫も中断された。土地を失った農民たちは、懸命に働く意義が見いだせなかった。一九三一年八月、ウクライナ共産党の指導者、スタニスワフ・コシオールは、あまりに収穫量が低いので、徴発計画は非現実的であると報告した。ラーザリ・カガノーヴィチは、ほんとうの問題は、窃盗と隠匿にあるのだと言った。コシオールは、そうではないことを知ってはいたが、部下にはこの方針を押しつけた。(31)

ソヴィエト・ウクライナでは、一九三一年には良好な収穫物の半分以上が収奪された。多くの集団農場は作付用の種子まで手放し、やっとのことで割当量を準備した。十二月五日、スターリンは、まだ年間目標値を達成していない集団農場に、作付用の種子も差し出すよう命じた。おそらく彼は、農民たちが食糧を隠していると思い込んでいたのだろう。種子を取りあげると脅せば、手持ちの穀物を引き渡すと考えていたのかもしれない。だがこのときは、ほんとうに多くの者が何も持っていなかった。一九三一年の末には、多数の農民がすでに飢えはじめていた。自分の土地もなく、徴発に抵抗することもできなかった彼らは、家族全員にゆきわたるカロリーを確保する術すら持たなかった。年が明けても、蒔く種がないので作付はできなかった。一九三二年三月、ウクライナの共産党幹部が種子の放出を要求したが、そのころにはもう、作付がかなり遅れていた。つまり、その秋もまたわずかな収穫しか望めなかったのである(32)。

一九三二年のはじめごろ、人々は助けを求めた。ウクライナの共産党員たちは上司に、赤十字の支援を要請するようスターリンに掛け合ってくれと頼んだ。集団農場のメンバーたちは、国や共産党の当局者に手紙を書いた。そのうちの一通は、お決まりの堅苦しい文を何段落か書き連ねてから、最後に「パンをください！　パンを！」と哀れっぽい言葉で結んであった。ウクライナ共産党員は、コシオールをさしおいて直接スターリンに手紙を書き、怒りもあらわに訴えた。「みんなが飢え死にする運命にあるというのに、どうして社会主義経済の建設などできるのでしょう！(33)」

大量餓死を招く恐れがあることはソヴィエト・ウクライナ当局にもはっきりわかっていたし、やがてはスターリンも理解した。共産党活動家と秘密警察職員は、餓死者が出たという報告書を何通となく作成した。一九三二年六月、ハルキウ地方の共産党指導者がコシオールに手紙を書き、地域内のすべての地区で餓死が報告されたことを知らせた。共産党青年団のあるメンバーも、一九三二年六月十八日付でコシオールに手紙を送りつけた。生々しい現状が書き綴られていたが、おそらくこのころにはもう目新しい情報ではなくなっていたことだろう。「集団農場のメンバーたちが畑に入って姿を消します。何日かたつと彼らの遺体が発見されます。するとほかのメンバーがまるであたりまえのことのように、なんの感情も見せずに遺体を埋葬するのです。ところが翌日にはその墓穴を掘った者がまた遺体となって見つかります」。この手紙の日付と同じ一九三二年六月十八日、スターリンは非公式にソヴィエト・ウクライナで「飢饉」が起きていることを認めた。その前日に、ウクライナの共産党指導部から食糧支援の要請が来たばかりだった。しかしスターリンはこれを認めず、ソヴィエト・ウクライナの穀物はすべて計画どおりに徴発せよと回答していたのだった。彼とカガノーヴィチは、「滞りなく、ただちに輸出しなければならない」という見解で一致を見ていた。(34)

そのあとはどうなるか、スターリンは完璧に知っていたのである。自身の経験からもわかっていた。ソ連の体制下でも飢饉が起こりうることを承知していたのだ。内戦中、そして内戦後も、ロシアとウクライナのいたるところで飢饉が発生した。不作にもかかわらず厳しい徴発がおこなわれ、ウクライナでは――とくに一九二一年には――何十万人もの人が餓死した。食糧不足は、とりあえずレーニンが農民と妥協した理由のひとつだったのだ。スターリンは、自分もかかわったあの過去を忘れてはいなかった。スターリンの集団化政策が大量餓死を招きかねないことははっきりしていた。彼も知っていたように、一九三二年夏には、ソヴィエト・カザフスタンですでに一〇〇万人が餓死していた。スターリンは現地の共産党指導者、フィリップ・ゴロシチェキンを非難したが、構造上の問題はある程度わかっていたにちがいない。(35)

強弁とでっちあげ

個人政治［独裁政治］の達人であったスターリンは、ウクライナ飢饉を個人的に解釈してみせた。最初は衝動的に、そしてその後は一貫して、飢饉の原因はウクライナ共産党員たちの裏切りにあるとする立場をとった。彼にしてみれば、集団化政策のせいだという可能性が浮かびあがるのはがまんならなかったのだ。責められるべきは、政策の実施方法と地元の共産党幹部でなければならない。断じてコンセプトそのものであってはならない。一九三二年前半の改革を推進するにあたってスターリンが問題視したのは、人民の苦しみではなく、集団化政策のイメージ低下を招く恐れがあったことだ。彼はこう不満を述べた。腹を空かせたウクライナ農民が故郷を離れてほかの共和国へ行き、「めそめそ泣いてみせて」ソヴィエト国民を混乱させている、と。(36)

一九三二年の春から夏にかけての時期には、スターリンはいい加減にも、飢饉が起きていることを否定しておけばそのうちおさまるだろうと思っていたようだ。もともとウクライナは人口過剰気味だったから、長い目で見れば、何十万人か死んだところでたいした問題ではなかろうと考えたのかもしれない。高い穀物収量が見込めないことはわかっていたが、ウクライナ当局には、調達目標値の達成を求めた。地方共産党幹部は、スターリンの赤い槌と死神の鎌［槌と鎌はソ連共産党のシンボル］のあいだで板挟みになった。作付用種子の不足、播種の遅れ、悪天候、家畜に代わる機械の不足、一九三一年末の集団化完了に向けた強引な政策による混乱、空腹のあまり働けない農民たちなど、彼らが直面していた問題は現実のものであり、イデオロギーや美辞麗句で解決できはしなかったのである。(37)

ウクライナの共産党活動家が目の当たりにしていた農村部の実態については、モスクワ発の簡潔な命令や自信たっぷりなプロパガンダより、ウクライナの子供たちが歌っていた歌のほうがはるかに雄弁に物語っている。

スターリンお父さん、見てください
集団農場は天国です
小屋は崩れ、納屋はどれも傾いて

馬はみんな老いぼれて働けません
小屋の上には槌と鎌
小屋の中には飢えと死と
牛も豚も残っていない
あるのは、壁に飾ったあなたの写真だけ
父さんと母さんは集団農場《コルホーズ》にいます
かわいそうに子供はひとりぼっちで泣いてます
パンもない、脂もない
共産党に全部取りあげられたから
やさしさやあたたかさを求めても無駄
ある父親は自分の子を食べてしまいました
共産党員はぼくらを殴って蹴って
シベリアの収容所へ送ります㊳

地元共産党活動家の周囲でばたばたと人が死んでいるというのに、上層部はこれを否認した。どんな言葉や決まり文句で飾ろうと、流刑や銃殺刑をちらつかせて脅そうと、饑餓が起きていることは厳然たる事実だった。やがてついに飢えた農民が生産的に働けなくなると、いくらイデオロギーを振りかざしても、活動家個人が努力してみても、その状況を変えることはできなくなった。しかしその知らせは組織の上へ上へと伝達経路を通っていくにつれて力を失った。一九三二年七月六日から九日にかけてハルキウで開かれたウクライナ共産党中央委員会総会では、飢饉の真実を伝える下からの報告が上層部からの政治的圧力に遭った。ウクライナ人の発言者がその年の穀物調達目標値はとうてい達成できないと訴えたが、ラーザリ・カガノーヴィチ、ヴャチェスラフ・モロトフ、政治局員、モスクワから派遣されてきたスターリンの特使が彼を黙らせてしまった。スターリンから「ウクライナの不穏分子」を叩きつぶせと指示されていたからだ。(39)

モロトフとカガノーヴィチはスターリンが信頼を寄せていた忠実な盟友で、彼とともに政治局を統轄し、ソヴィエト連邦を支配していた。このころのスターリンはまだ無敵の独裁者ではなく、政治局も基本的には一種の集団独裁制をとっていた。だがふたりの男は、以前スターリンが手を結んでいた政治局員たちとはちがって無条件に忠実だった。スターリンはつねにふたりを意のままに操っていたが、じつのところ、そうする必要はなかった。彼らはスターリンに仕えることが革命に尽くすことだと考え、前者と後者を厳密には区別していなかったからだ。カガノーヴィチはすでにスターリンを「われらが父」と呼んでいた。ふたりは一九三二年七月のハルキウの総会で、ウクライナの同志に向かってこう言った。飢饉の話は、働きたがらない農民たちと、彼らを厳しく取り締まって穀物を調達したくない活動家の、怠慢に対する言い訳にすぎない、と。(40)

そのころ、スターリンは休暇をとっていた。十分な食糧を積んだ汽車に乗ってモスクワから南へ向かい、飢饉に苦しむウクライナを抜けて、黒海沿岸の美しい保養地、ソチへ旅していた。彼はカガノーヴィチと手紙のやりとりをし、飢饉は自分たちを狙った陰謀だとする共通の認識を確認し合った。スターリンは下からの訴えを逆手にとり、自分たちではなく、農民たちが飢饉を武器にしていると考えることにしたのだ。カガノーヴィチはスターリンに宛てた手紙に、ウクライナ共産党が責任逃れのためにウクライナ人を「罪なき犠牲者」とする話をでっちあげたのだと書いた。スターリンは「われわれはウクライナを失うかもしれない」と、不安がった。ウクライナを「砦」にしなければならない。ふたりは、唯一理にかなった対応は、収奪政策を堅持すること、そしてできるだけ早く穀物を輸出することだという点で意見の一致を見た。スターリンはすでにこのとき、飢饉とウクライナ共産党の背信を結びつける筋書きを考えつき、少なくとも彼としては満足していたようだ。飢饉の原因はサボタージュだ。地元共産党活動家がサボタージュをし、裏切り者の党指導者たちが部下をかばった。すべてはポーランドのためのスパイ活動だったのだ、と。(41)

「まるでペストのように」

実際、スターリンは、遅くとも一九三一年にはポーランドと日本がソ連の囲い込みを画策していると解釈していたようだ。一九三〇年は、ソ連国内におけるポーランドのスパイ活動がピークを迎えた年だった。ポーランドはひそかに自国内にウクライナ人の軍隊を創設し、多くのウクライナ人、ポーランド人を訓練して、ソ連国内で特殊任務に携わらせようとしていた。日本もまた、日に日に大きな脅威となりつつあった。一九三一年、ソ連は駐モスクワ日本大使の電報を傍受した。そこには、シベリア攻略の準備をすすめる進言が記されていた。その年日本はソヴィエト・シベリアと長い国境を接する中国北東部の満州を侵略した。(42)

一九三一年秋、ソ連の諜報機関は、ポーランドと日本が共同でソ連を攻撃する密約を交わしたと報告した。それは嘘だ。ポーランドと日本が同盟関係を結ぼうとしていたので、ソ連が巧みな外交政策によって阻止したのである。日本はソ連との不可侵条約締結を拒否したが、ポーランドは同意していた。ソ連は平和裡に経済改革を円滑に進めたいがために、ポーランドとの条約締結を望んだ。ポーランドには、戦争を仕掛けるつもりなど毛頭なく、当時は経済不況に苦しんでいた。ほとんど改革されていない農業経済システムでは、増大する一方の軍事費をまかなうことができなかったのだ。ソ連の軍事予算は、長年ポーランドと同等だったが、そのころにははるかに多くなっていた。ソ連とポーランドの条約は、一九三二年一月に仮調印された(43)。

一九三二年、三三年のポーランドがソ連の深刻な脅威と見えたはずはない。ポーランド軍は大幅な予算削減を余儀なくされていたし、すでに膨大な人数のポーランド人工作員がソ連の警察や国境警備隊に捕らえられていたからだ。一九三〇年のソ連の混乱期にポーランドの工作員が集団化政策を妨害したことはない。一九三二年には飢饉に苦しむ人々を扇動することもできなかった。やってはみたが、失敗した。攻撃的な政策を熱心に支持するポーランド人でさえ、一九三二年の夏は冷静に過ごすべき時期だと見ていた。もしソ連が平和を約束するのなら、挑発的な行動はとらないほうがよいと思えた。ポーランドの外交官と工作員は飢饉を目撃していた。彼らは「人を食うことがいわば習慣のようになっていた」こと、「住民が全員死亡した村がたくさんあった」ことを知っていた。だが飢饉の原因をどうにかできる立場にはなく、犠牲者を助ける力も持ち合わせなかった。ポーランドは外交官たちが知っていた飢饉の実状を世界に公表しなかった。一九三二年二月には、ウクライナ飢饉のことを世界の人々に知らせてほしいという匿名の手紙がハルキウのポーランド領事館に届いたが、すでにソ連との不可侵条約の仮調印をすませていたワルシャワは動かなかったのだ(44)。

これでスターリンは西部国境地帯において、一九三〇年当時よりもさらに自由に行動できるようになった。ポーランドは一九三二年七月の不可侵条約調印によって現状を受け入れ、ウクライナ農民の運命はスターリンの手に握られることとなった。彼はまだ休暇中だった八月、専門家ぶって側近たちにある考えを示した。集団化政策にはただひとつ、正確な法的根拠が欠けている、というのだ。彼は社会主義にも資本主義と同様、資産を守るための法律が必要だと説いた。国を強くするには、農産物はすべて国家の資産であると宣言するのがよい。正当な許可を得ずに食糧を収奪・備蓄すれば窃盗と見なし、そうした罪を犯した者は即刻死刑にすると言明する。つまり、飢えた農民が最近まで自分のものだった耕地のあぜ溝でジャガイモの皮を拾えば銃殺されるわけだ。スターリンはほんとうにこれならうまくいくと思っていたのだろう。その目的はもちろん、農民たちが国の強大な暴力から法的に守られる可能性を拭い去ることだった。ただ食べ物を持っているだけでも、犯罪の証拠と推定されるのだ。この法律は一九三二年八月七日に発効した[45]。

ソ連の裁判官はたいてい法律の文面を無視したが、共産党や政府機関のほかのメンバーはその精神をよく理解していた。若い法執行者には熱心な者が多かった。彼らはソ連の新しい学校で教育を受け、新しい政治体制の可能性を信じていた。共産党青年団の若者は、きみたちの「主な任務」は「窃盗、穀物の隠匿、クラークの破壊工作と闘うことだ」と教えられた。都市の青年たちの目には、共産主義が社会の進歩をもたらし、悪しき世界を遠い過去に置き去りにしたように映っていた。ウクライナ共産党では、ロシア人とユダヤ人の比率が不自然なまでに高かったが、農村部は反動的だと思い込んでいる若いウクライナ人の党員も多かった。彼らは対農民作戦にすすんで加わりたがった[46]。

農民が作物をくすねることのないよう、畑のあちこちに監視塔が建てられた。オデッサ地域では、七〇〇以上の監視塔がつくられた。徴発部隊が片っ端から小屋をまわり、見つけたものを手当たり次第に取りあげていった。青年団のメンバー五〇〇〇人も参加した。ある農民の証言によれば、活動家たちは「長い金属棒を使って馬小屋や豚小屋やかまどの中をさがしまわった。どこもかしこも見て、最後の穀粒にいたるまで、何もかも取っていった」という。彼らは「おい、農民、穀物はどこだ？白状しろ！」と大声で呼びかけながら「まるでペストのように」村を駆け抜けた。徴発部隊は食糧らしきものをすべて没収した。かまどで調理していたその日の夕食まで持ち去って、自分たちが食べてしまったという(47)。

共産党活動家たちは、まるで侵略軍のように食物を現地で調達し、取れるだけのものを取って腹いっぱい食べた。労力と熱意に見合った成果はほとんどあがらず、苦悩と死だけをもたらしていった。罪悪感の裏返しか、勝利感からか、彼らは行く先々で農民たちに屈辱を味わわせるようなことをした。ピクルスの樽に小便をしたり、腹を空かせた農民たちにボクシングをさせて笑い物にしたり、犬のように這って吠えろと命じたり、泥の中でひざまずいて祈りを捧げよと強要したりした。ある集団農場で盗みを働いてつかまった女性たちは、衣服をはぎとられて殴られ、裸のまま、村の中を引きまわされた。ある村では、徴発部隊の面々が農民の家で酔っぱらい、その娘を集団暴行した。ひとり暮らしの女性たちは穀物徴発という名目で夜間に強姦されるのがあたりまえになっていた。彼らはほんとうに、事を終えたあとで食べ物を奪っていったのだ。スターリンの法と彼の国の勝利とは、そんなものだったのだ(48)。

食糧のない場所を急襲しても法令で取り締まっても、食糧を産み出すことはできない。もちろん、農民たちは食糧を隠すだろうし、飢えた人々は食べ物を盗むだろう。しかしウクライナ農村部の問題は、窃盗や虚言ではなかった。それなら、暴力を使えば単純に解決がつく。問題は饑餓と死だったのだ。穀物の調達目標が達成できなかったのは、集団化政策が失敗したからであり、一九三二年秋が不作だったのに徴発目標値が高すぎたからだ。スターリンは「穀物徴発闘争」推進を同志にうながすため、モロトフをウクライナに送った。だがスターリンの従僕らがどんなに熱心に取り組もうと、すでに起きたことを変えられる段階ではなかった。モロトフですら、十月三十日には、ウクライナの割当量をいくらか減らすべきだと進言せざるをえなかった。スターリンはこの助言を受け入れたが、ほどなく彼はそれまで以上に専断的にふるまうようになった。一九三二年十一月までに達成できたのは、年間目標値のわずか三分の一程度だった。[49]

徴発に失敗したという報告が次々にクレムリンに入っていたころ、スターリンの妻が自殺した。彼女は十月革命の一五周年記念日の翌日、一九三二年十一月八日を選び、銃で心臓を撃ち抜いた。それがスターリンにとってどんな意味を持っていたか、完全に明らかにすることはできないが、ショックではあったらしく、みずからも自殺しかねないようすだったという。別人のようになってしまったので、葬儀ではカガノーヴィチが弔辞を述べなければならなかった。[50]

この日、スターリンは飢饉の問題にいっそう強い悪意をもってのぞんだ。ウクライナの問題は、ウクライナの同志と農民に非があるとしたのだ。一九三二年十一月八日、政治局から送られた二本の電報が、そのときの雰囲気をよく伝えている。割当量の穀物をおさめられないソヴィエト・ウクライナの自作農、集団農場は、他者からの製品、生産物の入手をいっさい禁じられることになった。サボタージュ行為が疑われる党活動家や農民に、すみやかに有罪を宣告して刑を執行するため、ウクライナに特別なトロイカが結成された。一カ月のうちにコルホーズの職員一六二三人が逮捕された。ウクライナ人を対象に共和国外への追放措置が再開され、年末までに三万〇四〇〇人が流刑地へ送られた。活動家たちは農民にこう言った。「あけろ、さもなければ扉を叩き壊すぞ。ここにあるものはすべていただく。おまえらは収容所で死ぬんだ」[51]

一九三二年暮れ、スターリンは集団化が引き起こした未曾有の非常事態を説明するにあたって、それまで以上に大胆きわまる解釈を打ち出した。いわく、ウクライナ飢饉については、さほどひどくなかった段階で、わたしはその存在を認めた。しかし、いま広く伝えられている情報は、敵が捏造した「作り話」であり、悪意ある噂にすぎないのだ、と。スターリンは興味深い新説をひねり出した。社会主義の成功が重なれば、それに対する抵抗も強くなる。なぜなら敵は、自分たちの最終的な敗北が見えてくるにつれて、より捨て鉢な反撃に出るからだ。このように、ソ連国内の問題はすべて敵の行動と解釈できる。そして敵がそうした行動を起こすということは、わが国が進歩している証拠なのである。[52]

スターリンはさらに、ソヴィエト・ウクライナにおける抵抗は特殊なもので、よほど観察眼の鋭い者にしかわからないだろうと述べた。社会主義の敵どもがいまは「おとなしく」「高潔」とすら言える態度をとっているため、表立った敵対行動は見られない。「今日のクラークは」と、スターリンは言った。「心穏やかにして情け深い聖人のようにふるまっている」一見清廉潔白と見える者も有罪と見なすべきだ。飢え死にしかけている農民は、その外見とはちがって、ソ連の信用失墜をもくろむ資本主義国の手先として働く工作員である。飢饉は抵抗運動なのだ。こうした抵抗運動の存在は、社会主義が勝利する日が近づいたことを示す証拠にほかならない……。モスクワでこんなふうに思い巡らしていたのはスターリンだけではない。その年の末、モロトフとカガノーヴィチが大量死の発生地域をまわり、スターリンの考え方を地元に押しつけていった[53]。

スターリンは自分がこのように解釈した飢饉の現状を一度も目にしなかったが、ソヴィエト・ウクライナの同志は見ていた。それでもどうにかして、みずからの感性で受けとめた真実を歪曲して、スターリンのイデオロギーに合わせなければならなかった。栄養失調で膨らんだ腹は政治的抵抗の表れだと説明せざるをえなかった彼らは、工作員たちが社会主義者を憎むあまり意図的に家族を餓死させているという、苦し紛れとしか言いようのない見解をひねり出した。各家庭の娘や息子や、父や母の遺体は、社会主義の破壊を企図する敵の隠れ蓑に過ぎない、と断じたのだ。飢えに苦しむ共産党活動家さえ、社会主義の転覆をもくろむ敵の扇動者と見なされたことがあった。ウクライナ都市部の若い共産主義者は、飢えた者は「みずからの命を危険にさらして、われわれの自信を喪失させようとする」人民の敵だと教えられていた[54]。

ポーランドに住むウクライナ人が食糧を送ろうとして募金を集めたが、やがてソ連政府がいかなる支援も拒否していることがわかった。一九二〇年代はじめの飢饉のときには、ウクライナの共産主義者が外国からの食糧支援を求め、ソ連当局もそれを受け入れたが、今回はなんの音沙汰もなかった。政治的理由から、スターリンは諸外国からの援助をいっさい受けたがらなかったのだ。おそらく、共産党内トップの地位を維持するためには、最初の主要政策が飢饉を招いたことを認めるわけにいかないと思ったのだろう。しかし外部の注目を浴びずに数百万人の命を救うことはできたかもしれない。穀物輸出を何カ月間か停止し、備蓄穀物（三〇〇万トン）を放出するとか、該当地域の倉庫を開放して農民たちに穀物を分け与えるとか、方法はあったはずだ。遅くとも一九三二年十一月にこうした簡単な措置をとっていれば、数百万人もの餓死者を出すことはなく、せめて数十万人に抑えることができただろう。だがスターリンはそうした対策をいっさいとらなかったのだ[55]。

計画的な見殺し

一九三二年の末、国外からの脅威も国内からの抵抗もなく、みずからの支配の必然性を正当化する論議しか出てこない状況下、スターリンはソヴィエト・ウクライナの数百万人を見殺しにする道を選んだ。悪意の塊と化し、なぜかウクライナ農民は加害者で、自分が被害者であると断言した。摂食拒否は一種の攻撃である。階級闘争におけるカガノーヴィチ、そしてウクライナの民族闘争におけるスターリンにとって、こうした攻撃に対抗する唯一の防衛策は、飢饉の放置しかない。スターリンは断固たる決意をもってウクライナ農民に自分の優位を見せつける気でいたようだ。そして、そうした彼の姿勢が求める苦悶の深さを楽しんでさえいたように見える。インドの経済学者、アマルティア・セン［一九三三―］は、飢饉とは「権原《エンタイトルメント》［人々が十分な食糧を手に入れ消費する権利が与えられていること］の問題であって、食糧が流通しているかどうかの問題ではない」としている。ソヴィエト・ウクライナで何百万人もの人々が亡くなった原因は、食糧不足ではなく、食糧の分配が適切におこなわれなかったことにある。誰が何を手に入れる資格があるのかをスターリンが決めたのだった[56]。

集団化はソ連国内のいたるところで失敗していたが、数百万人規模の大量殺害が計画的におこなわれた証拠がもっともはっきり見られた地域は、ソヴィエト・ウクライナだ。集団化にともない、各地でおびただしい数の人々が死刑や流刑に処せられた。グラーグでは、すべての共和国から駆り集められた農民、遊牧民が労働力の大半を担うことになった。一九三二年には、ロシアも飢饉に見舞われたが、ウクライナへの対応策は特殊で徹底的だった。一九三二年末から三三年はじめにかけて、主としてウクライナだけを対象に七つの重要な政策が実施された。ひとつひとつはなんでもない政策に見えたかもしれないし、実際、当時もそのように提示されたが、いずれも人命にかかわる内容だったのだ。

（1）一九三二年十一月十八日、ウクライナの農民は、割当量の穀物を納めたあとに余剰穀物があれば、それも返還するよう求められた。つまり、収穫のよかった地域は、わずかに手元に残った穀物も差し出さなければならなかったわけだ。こうした地域では党の徴発部隊と国家警察の捜索部隊が熱心に食べ物をさがしてまわった。農民たちは納めた穀物の受領証を渡されなかったので、何度も何度も捜索と虐待を受けるはめになった。ウクライナの共産党幹部は作付用の種子を守ろうとしたが、うまくいかなかった[57]。

（2）それから二日後の一九三二年十一月二十日には、肉によるペナルティが科せられることが決まった。割当量の穀物を納められなかった農民は、肉で特別税を支払うことを義務づけられたのだ。まだ家畜を飼っていた農民たちは、それも国家に差し出すはめになった。牛や豚は飢饉に備えて残してあった最後の命綱だった。ある農家の少女が振り返っていたように、「雌牛を持っていた人は飢え死にしなかった」のだ。雌牛は乳を出すし、最終的には、殺して食べることもできる。べつの少女は、家で飼っていた一頭きりの豚を奪われ、その次には牛を取られたことを覚えていた。彼女は引かれていく牛の角をつかんで取りすがった。農場で育った十代の娘らしく、動物に強い愛着を持っていたからだろうが、絶望も感じていたにちがいない。このようなペナルティを払ったからといって、当初の割当が免除されるわけではなかった。家畜を取りあげると脅されてもできなかったことが、取りあげられたあとにできるわけがない。彼らは飢えるしかなかった[58]。

（3）八日後の一九三二年十一月二十八日、ソ連当局は「ブラックリスト」を導入した。この新しい決まりによれば、割当量を達成できなかった集団農場は、ふつうは一カ月後までにおさめることになっていた分量の一五倍を即刻納めるよう求められた。何もかも奪い取ってよいという法的権利を与えられた党の徴発部隊と警官隊が、彼らのもとにもやってくるわけだ。一五倍もの割当量を準備できる村などひとつもなかったので、どのコミュニティも、持っていた食物をすべて失った。ブラックリストに載ったコミュニティには、商取引をする権利も、よその土地からの配達を受ける権利も与えられなかった。彼らは食糧はもちろん、どんな場所のどんな物資についても、入手できる見込みを断たれてしまった。ブラックリストに載ったソヴィエト・ウクライナのコミュニティの中には、はるか遠いモスクワで選ばれた村もふくまれていた。いずれも、死のゾーンとなった。[59]

（4）一九三二年十二月五日、スターリンがみずから選んだウクライナの治安責任者、フセヴォロド・バリツキー〔NKVD支局長〕は、ウクライナ共産党幹部を脅して穀物を収奪させることを正当化した。彼は十一月十五日と二十四日にモスクワでスターリンに直接会って話をし、ウクライナ飢饉は民族主義者の――それもとりわけ、ポーランドとつながりのある亡命者の――陰謀と理解すべきだと進言した。その結果、徴発作戦で責任を果たさなかった者は国家に対する裏切り者と見なされることになった。[60]

しかしこの政策にはもっと深い意味があった。ウクライナ民族主義とウクライナ飢饉を結びつけたことにより、かつて共産党と政府がおこなったウクライナ民族文化発展支援策〔一九二三年に開始〕に加担した者を処罰する口実ができたのだ。スターリンは、民族問題は本質的には農民問題だと考えていた。彼はレーニンがはじめた農民との妥協策を破棄すると同時に、諸民族との妥協策にも終止符を打った。十二月十四日、モスクワはウクライナの共産党員を強制収容所に送る許可を与えた。彼らがソ連の政策を悪用してウクライナ民族主義を広めようとし、民族主義者たちが穀物収奪を怠るように仕向けたというのがその理由だった。それからバリツキーは、「ウクライナ軍事組織」とポーランド人の反体制グループの仮面を剝ぎ取ったとうそぶいた。一九三三年一月には一〇〇〇以上の違法組織を発見したと報告し、二月にはポーランドとウクライナの民族主義者がソ連からウクライナを独立させようとしていると言い出した[61]。

どれもこれも事実無根のでっちあげだったが、この作戦は功を奏した。ポーランドは集団化の失敗に乗じて行動を起こすことをあきらめ、ウクライナから工作員を引きあげた。ポーランド政府は一九三二年七月に締結した不可侵条約に忠実であろうとし、深刻化の一途をたどるソ連の飢饉に国際的な関心を促すことさえしなかった。バリツキーの政策は虚偽にもとづいていたにもかかわらず、各地域の指導者をモスクワに従わせることに成功した。バリツキーの命令により大量の逮捕者、流刑者が出て、明確なメッセージが伝わった。農民をかばおうとする者は敵と見なし、有罪判決を下す。十二月下旬、ソヴィエト・ウクライナの死亡者総数は数十万人に達した。この重要な時期にウクライナの共産党活動家と行政当局は、党の基本方針にさからわないほうが賢明だと判断した。徴発を進めなければ、自分たちが（よくて）グラーグ送りになるからだ[62]。

（5）一九三二年十二月二十一日、スターリンは（カガノーヴィチを通じて）ソヴィエト・ウクライナから徴発すべき穀物の年間割当量を決定し、これを一九三三年一月までに達成せよと通達した。ひと月ほど前の十一月二十七日に、ソ連国内で未収となっている穀物量全体の三分の一を、ウクライナに割り当てることをモスクワの政治局が決定したばかりだった。すでに数十万人の餓死者が出ていたこの時点で、スターリンはカガノーヴィチをウクライナに送り、ハルキウの共産党幹部を完全に自分の支配下に置こうとした。十二月二十日、カガノーヴィチは現地に到着するとすぐ、ウクライナの政治局員を招集させた。翌朝四時まで会議が続けられた結果、徴発目標を達成すべしとの決議が出された。およそ三〇〇万人の人々に死刑が宣告されたのである。その部屋にいた誰もがわかっていたように、想像するだに恐ろしい結果を覚悟せずして、すでに飢えた人々から穀物を収奪することはできなかった。ただ三カ月ほど徴発を休むだけでも、その三〇〇万人のほとんどを死なせずにすんだだろう。そのくらいの期間ならソ連の経済にも影響はなかったはずだ。だがスターリンとカガノーヴィチは正反対のことを強要した。カガノーヴィチが言ったように、「国は全力をあげてこの計画を完遂する」つもりだったのだ。(63)

ハルキウでの任務を終えたカガノーヴィチは、ウクライナの各地をまわって計画を「一〇〇パーセント実行」することを要求し、地元の党官僚に刑を宣告して、多くの家族を収容所送りにしていった。そして十二月二十九日にハルキウに戻り、ウクライナ共産党幹部に、作付用種子も取りあげるよう念を押した。(64)

(6) 一九三三年初頭、ウクライナ全土に飢饉が広がりつつあったこのときに、スターリンはウクライナ共和国の国境を封鎖して農民がよそへ逃げられないようにし、都市への出入りも禁じて彼らが物乞いに行けないようにした。一九三三年一月十四日以降は、都市部の住民に国内用パスポートの携行が義務づけられ、それを持たない者は都市に住めなくなった。農民たちには発行されなかった。一九三三年一月二十二日、バリツキーからモスクワに、ウクライナ農民が共和国外へ脱出しはじめていることが報告されると、スターリンとモロトフはこれを阻止するよう国家警察に命じた。翌日には、農民に長距離列車の乗車券を販売することが禁止された。その理由をスターリンはこう述べた。避難農民はじつはパンを恵んでくれと言っているのではなく、集団農場の信用失墜を望むポーランドなどの資本主義国家のため、生きたプロパガンダとして「反革命的陰謀」に協力しているのだ、と。二月の末までに約一九万人の農民が捕らえられ、饑餓が蔓延する故郷の村に送り返された[65]。

スターリンはウクライナを彼の「砦」としたが、その要塞は巨大な饑餓収容所の様相を呈していた。監視塔が建てられ、周囲を封鎖され、無意味で苛酷な労働が強制され、予測可能な死があとからあとからやってくる場所だったのだ。

(7) 一九三二年の年間徴発目標値は一九三三年一月末に達成されたが、そのあともまだ穀物の収奪が続けられた。二月も三月も継続され、共産党員が春の作付用種子をさがしにいった。前年の十二月末に、年間目標値を満たすためにはこうした種子も対象とすべきだとカガノーヴィチが進言し、スターリンがこれを認めていたからだ。集団農場はもう何も栽培することはできず、秋の収穫に備えることができなくなっていた。このときに、貨車に積み込んだ輸出用穀物か、国の備蓄穀物三〇〇万トンから春蒔き用の種子を取り分けることもできただろう。しかしそうはせず、ウクライナ農民の手にわずかに残っていた種を奪い取ってしまった。多くの場合、農民たちはこうした種を最後の食糧として、春の収穫までの期間をなんとか食いつなごうとしていたのだ。ウクライナの農村部ではその月だけでも三万七三九二人が逮捕された。その多くは家族を飢えから救おうとしたのだと思われる[66]。

この最後の徴発は人殺しも同然だったが、取り立てに携わった者の多くは、自分が正しいことをしていると信じていた。ある活動家はその春、「飢えのために死んでいく人をおおぜい見た。女の人や子供が腹をぱんぱんに膨らませて、真っ青な顔をしていた……息はしていたが、生気の失せたうつろな目をしていた」と回想する。しかし彼は「そんなものをたくさん見たというのに、わたしは頭がどうかなったりもせず、自殺をはかったりもしなかった」と言う。信念を持っていたからだ。「以前と同じように、わたしは信じたかったから信じたのだ」ほかの活動家たちはそれほどの信念を持たず、もっと強い恐怖をいだいていたにちがいない。前年、ウクライナ共産党ではあらゆる地位の党員が粛清されていた。一九三三年一月、スターリンは自分の部下を送り込んできた。信念を口にしなくなった党員たちは「沈黙の壁」を作り、その壁に取り囲まれた者は命運を断たれた。党員たちは、抵抗すれば粛清されること、粛清の対象となれば、自分が死に追いやろうとしている人々と同じ運命をたどることを知っていたのだ。[67]

静まり返った村

一九三三年はじめ、共産党活動家が穀物を収奪していったあとのウクライナには、死のような静けさが残った。農村部では農村部ならではのさまざまな音の交響楽が奏でられているものだ。都会の音楽ほどには大きくなく、リズムもゆっくりしているが、地元で生まれた者にとってはいつもと変わらぬ安心できる音楽が聞こえるはずだった。しかしウクライナはしんと静まり返っていた。

農民たちは家畜を殺し（あるいは国に取りあげられ）、ニワトリを殺し、猫や犬を殺した。小鳥を捕まえようとし、こわがらせて取り逃がした。人も逃げた――運がよければ。それよりは死んでしまうか、衰弱して声も出せなくなることのほうが多かった。彼らは報道機関や外国人ジャーナリストの活動を制限する国によって世界の関心から遠ざけられ、飢饉を破壊工作と見なす共産党の方針によって公的な支援も受けられず、同情されることもなかった。極度の貧困と公正を欠いた政策によって経済からも切り離され、さまざまな規制や警察の非常線によってほかの地域との関わりも断たれて、人々が、家族が、村全体が孤独のうちに死んでいった。二〇年後、政治思想家のハンナ・アーレントは、ウクライナ飢饉は、みんながみんなから遠ざけられるという、近代社会の「アトム化」過程で起きたきわめて重要なできごとであると分析した(68)。

饑餓は反乱につながらず、堕落、犯罪、無関心、混乱、麻痺へと向かい、ついには死に至った。農民たちは何カ月ものあいだ、筆舌に尽くしがたい苦悩を味わった。言葉にできなかったのは、あまりに壮絶な苦しみが長く続いたためだ。そればかりではない。彼らがあまりに弱く貧しく、無学であったため、自分たちの身に何が起きたか記録することができなかったのだ。しかし生き延びた者ははっきりと覚えていた。農民は何をしようが「ただ、ばたばた死んでいった」と。死はゆっくりと屈辱的に、いたるところに平等に訪れた。いくらか尊厳を保って餓死することなど、まず望めない。ペトロ・ヴェルディという男性はたぐいまれな強さを見せた。彼は死を迎えるとわかった日、おぼつかない足取りで村の中を歩いていった。村人たちがどこへ行くのかときくと、彼は墓地まで行って横たわるのだと答えた。どこの誰とも知れない者に死体を引きずられて穴に放り込まれるのはいやだったので、あらかじめ自分の墓穴を掘っておいたのだ。しかし墓地にたどり着いてみると、すでにそこにはほかの亡骸が埋められていた。彼は新しい墓穴を掘り直してそこに横たわり、旅立ちのときを待った(69)。

ごく少数の部外者がこの最悪の数カ月に起きたことを目撃し、記録することができた。ジャーナリストのガレス・ジョーンズは、自費でモスクワへ行き、一九三三年三月七日、ウクライナへの旅行を禁ずる法を犯して汽車でハルキウへ向かった。適当に小さな駅で降り、食べ物を詰めたリュックを背負って農村地帯を歩いていった。そして「途方もない規模の飢饉」に遭遇した。どこへ行っても同じふたつの言葉を耳にした。「誰もが飢えて腹がぱんぱんに膨らんでるんです」「わたしたちは死を待っています」ジョーンズは腹を空かせた子供たちといっしょに土の床で眠り、真実を知った。彼が食べ物を分けてやった女の子は、食べ終わるなり大きな声で言った。「こんなにおいしいものを食べたんだから、きっと幸せな気持ちで死ねるわ」[70]

マリア・ウォヴィンスカは、その年の春、手工芸品を売りにいく夫といっしょにソヴィエト・ウクライナを旅した。以前訪れたことのある村々から人の姿が消えていた。どこへ行ってもしんとしている。ふたりはこわくなった。ニワトリの鳴き声でも聞こえていれば、自分の驚きさえうれしく思ったことだろう。ウクライナの音楽家ヨシプ・パナセンコは中央当局から派遣され、バンドゥーラ［リュートに似たウクライナ伝統の弦楽器］奏者の楽団を率いて、飢えた農民たちの慰問に訪れた。国は最後の穀粒にいたるまですべてを農民たちから取りあげておきながら、死にゆく者を激励し元気づけたいという異常な意向を持っていたのだ。音楽家たちが訪ねた村は、どこも廃村と化していた。やがてようやく、人を何人か見つけた。ベッドで死んでいる少女がふたり、かまどから突き出している男の二本の脚、それから、何かわめきながら土を引っ掻いている老女がひとり。共産党の官僚だったヴィクトール・クラフチェンコ［一九四四年にアメリカへ亡命］は、ある日の夕方、収穫を手伝おうとして村に入った。翌日、彼は市場広場で一七人の遺体を発見した。ウクライナのいたるところでそのような光景が見られた。その春には一日に一万人の割合で死者が出ていたのである。[71]

集団農場に抵抗しない道を選んだウクライナの人々は、少なくとも強制移住は免れられるものと信じていた。だがいまや集団農場がうまくいっていないという理由でこうした刑を宣告される恐れが出てきた。一九三三年二月から四月までのあいだにグラーグに送られた農民は、およそ一万五〇〇〇人にのぼった。ソヴィエト・ウクライナのすぐ東と南、ロシア共和国内のウクライナ人が多く暮らしていた地域［クバン地方］では、約六万人が割当量の穀物を納められなかったために強制追放処分となった。一九三三年中にさらに一四万二〇〇〇人のソヴィエト国民がグラーグに送られた。彼らの大半は飢えていたか、発疹チフスに罹っていた。そして多くの者がソヴィエト・ウクライナの出身だった[72]。

彼らは収容所ではどうにかして空腹を満たすものをさがそうとした。グラーグでは体力のある者に食べ物を与え、弱い者からは取りあげる方針をとっていた。すでに空腹で弱っていた流刑者が食べ物を手に入れるのは至難の業だった。腹を空かせた囚人が野草や生ゴミを食べて具合を悪くすると、怠業と見なされて処罰された。一九三三年には、少なくとも六万七二九七人が栄養失調かその関連疾患によって収容所で命を落とし、二四万一三五五人が特別居留区で亡くなった。その多数はウクライナから連れてこられた人々だった。ウクライナからカザフスタンや極北へと運ばれる長い旅のあいだには、さらに数えきれないほど多くの死者が出た。彼らの遺体は列車から降ろされ、名前も囚人番号すら記録されずに、その場で土中に埋められた[73]。

故郷を離れるときに飢え死にしかけていた者が、慣れない環境で生き延びられる可能性はきわめて低かった。一九三三年五月、ある政府官僚はこう記している。「旅の途中、わたしは行政追放処分により送られてきた者［おもに思想犯］が、パンや残飯を求めて幽霊のように村をうろついている姿をしばしば見かけた。彼らは腐った肉を食べ、犬や猫を殺す。村人たちは家の扉にしっかりと錠をかけていた。首尾よく家の中に入り込むことができた者は、主人の前にひざまずき、涙を流してパンをひと切れ恵んでくれと頼む。村と村をつなぐ道や浴場や納屋で、わたしは幾人かの死体を見た。飢えに苦しむ人々が歩道を這っている姿も目にした。彼らは警察に捕まり、数時間後に死亡した。四月の末、調査員とわたしは、ある納屋の前を通りかかったときに一体の死骸を見つけた。それを回収させるため、警官と衛生兵を呼びにやったところ、納屋の中からもう一体が発見された。どちらも暴力を受けた形跡はなく、餓死していた」。ウクライナの農村部は食糧をソ連のほかの地域に送ったあと、今度はその結果として起きた饑餓をグラーグに送り出していたのだ。(74)

たがいを食べ合う子供たち

一九二〇年代後半から一九三〇年代前半にかけてソヴィエト・ウクライナで生まれた子供は、誰にも助けてもらえない親たちと敵意に満ちた政府当局のあいだで、死の世界に迎え入れられた。一九三三年生まれの男児の平均余命は七年だった。こうした状況であっても、どうにか元気を出していた幼い子もいた。ハンナ・ソボレフスカは、親と五人のきょうだいを飢えのために失った。彼女は弟のユゼフが痛ましいほどの希望をいだいていたことを覚えている。栄養失調でむくみを生じながらも、ユゼフは生きる望みを求め続けた。ある日彼は地面から小麦が芽を出しているのを見つけたと思い込んだ。べつの日にはキノコの幻覚を見た。「これで生きていける!」ユゼフはそう叫び、毎晩、この言葉を何度も口にしてから眠りについた。ところがある朝、彼は目を覚ますなりこう言った。「何もかも死んじゃうね」。学校に通う子供たちは、はじめのうちは当局に宛てて手紙を書いていた。飢饉はちょっとした意見の食い違いから起きたものではないかと思ったからだ。たとえば、ある小学校のクラスでは生徒たちが共産党幹部に手紙を書き、「助けてください。ぼくたちは飢えで倒れそうです。勉強しなきゃならないのに、お腹が空いて歩くこともできません」と訴えた。(75)

ほどなく、こういうことがめずらしくなくなった。八歳のユーリ・ルイセンコが通っていたハルキウ地方の小学校では、ある日突然、教室でひとりの少女が眠りに落ちるようにして倒れてしまった。

おとなたちが駆け込んできたが、ユーリは彼女が助かる見込みのないことを知っていた。「その子は死んだんだ。だからお墓に埋められる。きのうもおとといも、毎日、誰かがそんなふうに埋められたんだ」。べつの学校の少年たちは、池で釣りをしている最中に、クラスメートの切断された頭部を釣りあげた。その子の家族は全員死んでいた。みんなが最初に彼を食べたのか。それとも、両親が亡くなったあとも生きていたのに、人食いの餌食になってしまったのか。真相は誰にもわからなかったが、一九三三年のウクライナでは、子供たちにとってこうした疑問はありふれたものだったのだ。(76)

子を持つ人は親としての務めが果たせなかった。妻たちが――ときに夫の苦悩に満ちた同意を得て――小麦粉をもらうために地元共産党の幹部に体を提供し、結婚生活に暗い影が差した。夫婦はたとえ生きていて、ひとつ屋根の下で精いっぱい誠実に暮らしていたとしても、とうてい子供の面倒を見られる状態ではなかった。ヴィーンヌィツャ地方に住む父親は、ある日ふたりの子のうちのひとりを埋葬しにいったが、戻ってくると、もうひとりの子も死んでいた。愛するわが子を守るため、集団でうろつく人食いどもに見つからないよう、家に閉じ込めてしまった親もいた。逆に、子供を家から追い出し、誰かが拾ってくれることを期待した親もいる。わが子を遠縁の親族や見知らぬ人に託す親、駅に置き去りにする親もいた。汽車の窓に向かって必死の面持ちで幼児を高々と抱きあげる農民の姿もあった。必ずしも食べ物を恵んでくれと頼んでいたわけではない。飢え死にする心配のなさそうな都市の住人らしい乗客が、わが子をもらってくれまいかと思っていたのだ。子供を都市へ物乞いに行かせる親もいた。結果はさまざまだった。途中で、あるいは目的地で飢え死にする子もいた。市の警察に捕まり、見慣れぬ大都会の闇の中で息絶えて、ほかの小さな遺体といっしょに合同墓地に葬られた子もいた。家に戻ったとしても、よいことが待っていたりはしなかった。ペトロ・サウヒラは、きようだいのひとりといっしょにキエフへ物乞いに出かけた。帰ってくると、ほかのふたりのきょうだいがすでに死んでいた[77]。

飢饉に直面し、家族はばらばらになった。親と子が、あるいは子供同士が敵となった。国家警察であるOGPUさえ、ソヴィエト・ウクライナの「家庭では、もっとも弱い者――たいていは子供――を殺してその肉を食べていた」という記録を残すはめになった。数え切れないほど多くの親がわが子を殺して食べ、その後自分も結局は餓死した。ある母親は息子の肉を調理して娘とふたりで食べた。ある六歳の女の子は、親戚の人に助けられる直前、自分を殺そうとして父親が包丁を研いでいる姿を見ていた。もちろん、ほかの組み合わせもありえた。ある家族は息子の嫁を殺して、頭部を豚に与え、残りをかまどで焼いた[78]。

しかしもっと広い意味で言えば、飢饉だけではなく政治もまた、家族を引き裂き、若い世代を古い世代に敵対させる原因となった。共産党青年団のメンバーは穀物徴発部隊に加わっていた。さらに、もっと年少の共産党少年団の子供たちは「家庭の中で共産党の目と耳になる」ことを求められた。健康状態が比較的よい子は、畑を見張って窃盗を防ぐ役目をさせられた。一九三三年夏のソヴィエト・ウクライナでは、思春期前の子供や十代の少年少女五〇万人が監視塔に立っておとなたちを見張っていた。親が不正を働いた場合も報告しなければならなかったのだ[79]。

生き残ることは、肉体の闘いだけではなく、心の闘いでもあった。ある女性の医師は一九三三年六月に友人に宛てて手紙を書き、自分はまだ人を食べるところまでは行っていないが、「この手紙がそちらに届くころにどうなっているか、自信がありません」としたためた。心正しい人が先に死んだ。盗みもせず、体を売りもせず、ほかの人に食べ物を分け与えた人が亡くなった。死体を食べることを拒み、同胞を殺すことを拒否した人が命を落とした。人を食うことに抵抗した親は子供より先にこの世を去った。一九三三年のウクライナには孤児があふれかえり、引き取ってくれる人もしばしば現れた。しかしどんなに親切な人も、食べ物がなくてはまず何もしてやれなかった。子供たちはシーツと毛布の上に横たわって自分の排泄物を食べ、死を待った[80]。

ハルキウ地方のある村では、数人の女性たちができるかぎりのことをして子供たちの面倒を見ていた。女性のひとりによれば、「児童養護施設のようなもの」を作ったのだ。子供たちは哀れな状態だった。「みんなお腹が膨らんでいました。傷やかさぶたがあちこちにできていて、体が爆発しそうになっていたんです。外へ連れ出してシーツに寝かせると、子供たちはうめき声をあげました。ある日のこと、子供たちが急に静かになったので、どうしたのかと振り返ってみると、ペトルスという名のいちばん幼い子をみんなで食べていたのです。皮膚を剝がしては口に運んでいました。ところがペトルスも同じことをしていました。自分の皮膚を引っ掻いて剝いで、できるだけたくさん食べようとしていたのです。ペトルスの傷に口をあてて血を吸っている子もいました。わたしたちはペトルスをみんなから引き離し、声をあげて泣きました[81]」

人肉食《カニバリズム》は人間社会のタブーであり、文献でもタブーである。生存競争がそこまで行き着いたとなると、どんなコミュニティも記録を残さないことで自分たちの尊厳を守ろうとする。ソヴィエト・ウクライナの外のウクライナ人は、当時もその後も、カニバリズムをたいへんな恥と見なしてきた。しかし一九三三年にこの地で起きたカニバリズムは、ソ連の政治体制については多くを物語るが、民族としてのウクライナ人を語るものではない。飢饉にはカニバリズムがつきものだ。ウクライナでは、ある時点でまったくといってよいほど穀物がなくなり、人肉が唯一の肉となった。人肉を取引する闇市場が登場したが、こうした肉が正規の流通ルートに入り込んでいることも考えられた。警察は肉を売る者を片っ端から取り調べ、政府当局は食肉加工場や精肉店に目を光らせた。ハルキウ地方のある若い共産党員は、人肉を使わなければ自分は食肉徴発目標値を達成できない、と幹部に報告した。村々では、家の煙突から煙が出ていれば怪しまれた。なぜなら、人食いが殺した者を食べているか、その家の者が家族をかまどで焼いている可能性が高かったからだ。警察は煙の出ている家に踏み込み、犯人を逮捕した。ウクライナでは、一九三二年から三三年にかけて、少なくとも二五〇五人がカニバリズムにより有罪判決を受けたが、実際の件数は、これをはるかに超えていたはずだ。(82)

ウクライナの人々は、カニバリズムは容認できるものだとは決して思っていなかった。飢饉がもっとも苛酷だった時期でさえ、村人は自分たちのあいだに人食いを見つけると激しく怒り、その場で袋だたきにしたり、ときには火を放って焼き殺したりした。ほとんどの人はカニバリズムに走ることはなかった。孤児というのは、親に食べられなかった子である。人肉を食べてしまった者も、その動機はさまざまだった。もちろん、最悪の部類に入る犯罪者もいた。たとえばバジーリ・グラニェヴィチの弟コーリャは、こうした嗜好を持つ男の餌食となった。民兵組織がその男を逮捕したとき、彼の家で人の頭部が一一個見つかり、その中にコーリャの頭もふくまれていたのだ。だがカニバリズムは、ときに犠牲者のいない犯罪ともなる。親がわが子を殺して食べた場合、子供たちは明らかに犠牲者だ。しかし、両親が自分たちの死後は遺体を食べてくれと子供に頼んでいたケースもあった。「母さんは、わたしが死んだらこの体をお食べと言ってたんだ」と、きょうだいに告げるはめになった子はひとりやふたりではない。子の行く末を案じた親の愛だったのである。(83)

国が担った最後の仕事のひとつに、遺体の処理がある。一九三三年一月、あるウクライナ人の学生が書いたように、この作業は困難をきわめた。「遺体は必ず埋葬されるとはかぎらなかった。なぜなら、飢えた人は村から村へとさまよい歩き、畑や野原で死んだからだ」。都市部では、早朝に荷車が巡回にいき、前夜亡くなった農民の遺体を回収していた。農村部では、比較的健康な農民たちが作業部隊を作り、遺体の回収・埋葬にあたった。ほとんどの者が深い墓穴を掘る気力も体力も持ち合わせなかったので、土の表面から遺体の手足がのぞいていた。作業に加われば、回収した遺体の数に応じて報酬が支払われたため、これが虐待にもつながった。衰弱した者も遺体といっしょに運んでいって、生き埋めにしてしまったのである。彼らは墓地へ向かう道すがら、飢え死にしかかった者に話をし、どのみちおまえはもうすぐ死ぬのだ、いま埋められたって同じだろうと言った。このような犠牲者が浅い墓穴からなんとか這い出したケースもあった。だがやがて墓掘り人も弱って死ぬ番が来ると、遺体はその場に放置された。ある農学者は、「食われずにすんで野生化した犬が彼らの遺体を食い荒らす」のを見たという(84)。

一九三三年秋、ソヴィエト・ウクライナでは、すべての村で赤軍兵士や共産党活動家、労働者、学生たちが穀物を収穫した。飢えた農民たちは瀕死の状態にありながらも、春の作付をしていたのだ。彼らは生きてそれを刈り取ることはできなかった。ソヴィエト・ロシアから入植者がやってきて、家や村を引き継ごうとしたが、まず元の住民の遺体を運び出さなければならないことに気づいた。遺体は腐敗していて、手を触れると崩れてしまうこともあった。どんなにごしごし洗っても、何度ペンキを塗り重ねてみても、家に染みついたにおいを完全には落とせず、ロシアへ帰っていった者もいる。だが、住み着く者もいた。イタリアの外交官は、ソ連政府のある高官から、ウクライナの「民族学上のデータ」が変わってしまったという話を聞いている。かつてソヴィエト・カザフスタンではもっと劇的な変化が見られたが、ソヴィエト・ウクライナでもやはり人口のバランスが変わってロシア人の比率が高くなったのだった。(85)

記録も報道もされず

一九三〇年代はじめのソ連では、そしてウクライナ共和国では、何人の人が飢饉で亡くなったのだろう。正確なところは永遠にわからない。まともな記録がとられなかったのだ。しかしわずかながら現存する記録からは、この事件の途方もない規模が伝わってくる。たとえばキエフ州の公衆衛生当局は、一九三三年四月にこの地域だけで四九万三六四四人が飢えに苦しんでいるとする記録を残している。現地当局は餓死者の人数を記録することを恐れたのだが、しばらくすると立場上どんな記録もとれなくなってしまった。唯一、国家権力と死者との関わりを示すのは、墓掘り人たちだけだった。彼らはまともな記録などとっていなかった。(86)

一九三七年にソ連で実施された国勢調査では、人口が見込みより八〇〇万人少なかった。ほとんどはソヴィエト・ウクライナ、ソヴィエト・カザフスタン、ソヴィエト・ロシアの飢饉で死者が多数出たためであり、子供の数が著しく減少したためだ。スターリンはこの結果の公表を差し止め、調査を担当した人口統計学者を処刑した。一九三三年にはソ連の官僚たちがたびたび私的な会話の中で、餓死者の数を五五〇万人ぐらいだろうと見積もっていた。この数値は実際よりはいくらか低いものの、ウクライナ、カザフスタン、ロシアもふくめ、一九三〇年代のソ連としてはおおよそ正確だったと言えよう。(87)

人口推移を再検証したある研究は、ソヴィエト・ウクライナで餓死した人の数がおよそ二五〇万人であったことを示唆している。記録に残っている超過死亡数〔ある集団に対し、なんらかの負荷がかかったために増加したと見られる死者の数〕一二四〇万人に非常に近いが、死亡者の記録がとられていないケースが多かったので、実際の人数よりもかなり少ないはずだ。独立後のウクライナ当局の依頼で実施されたべつの推計では、三九〇万人とされている。おそらく、これらの値の中間だったのだろう。信頼のおける研究者が弾き出した数値もほとんどがそのくらいだ。一九三二年から三三年にかけてソヴィエト・ウクライナで餓死した人、または栄養失調の関連疾患で死亡した人の総数は、およそ三三〇万人と考えるのが妥当のようだ。これらの人々のうち、約三〇〇万人はウクライナ人で、残りがロシア人、ポーランド人、ドイツ人、ユダヤ人などだった。ソヴィエト・ロシアでは約一五〇万人が死亡し、そのうち二〇万人がウクライナ人であったと見られる。なぜなら、ウクライナ人が暮らしていた地域の飢饉がとくにひどかったからだ。先にカザフスタンで起きた飢饉では一三〇万人が死亡し、そのうち一〇万人がウクライナ人であったと推定される。すべてを考え合わせれば、ウクライナでは総計三三〇万人ものソヴィエト国民が饑餓のため、あるいはそれに関連した疾患のために亡くなり、ソ連全体では、これとほぼ同数の（民族としての）ウクライナ人が死亡した計算になる。(88)

「ジェノサイド」という用語を考案したポーランド・ユダヤ人の国際弁護士、ラファウ・レムキン〔一九〇〇―一九五九。アメリカ移住後、英語名ラファエル・レムキンを名乗った〕は、のちにウクライナのケースを「ソ連によるジェノサイドの典型例」と呼ぶこととなった。ウクライナの農村社会の構造が試練にさらされ、負担をかけられ、ずたずたに引き裂かれた。農民たちは命を落とし、屈服させられ、ソ連全土のさまざまな収容所へと散っていった。死なずにすんだ者は罪悪感と無力感をかかえ、ときには敵への同調やカニバリズムの記憶に苛まれて生きていくはめになった。何十万人もの孤児たちは成人してソヴィエト国民になったが、真のウクライナ人にはならなかった。家族に何も起こらず、ウクライナの農村部で育っていれば、事情はちがっていただろう。この苦難を生き延びたウクライナの知識人は自信を失った。ソヴィエト・ウクライナを代表する作家が一九三三年五月に自死を遂げ、指導的存在だった政治活動家が七月にみずから命を絶った。ウクライナ共和国のため、自分自身のため、そして家族のためにいくばくかの自治を望んだ者は国に叩きのめされてしまったのだ。(89)

当時、ソ連国内にいて飢饉を目撃した外国人共産主義者は、なぜかこれを民族の悲劇とはとらえず、人類の前進に向けた一歩と見た。作家のアーサー・ケストラーは、飢えた人々は「働くより物乞いをしたがる、人民の敵」だと信じていた。ハルキウで彼と同居していた物理学者のアレクサンデル・ヴァイスベルク＝ツィブルスキも、何百万人もの農民が死んだことを知っても疑念を持つことはなかった。ケストラーは無邪気にも、ウクライナ人が「食べるものもなくハエのように死んでいく」ことをなぜソ連の新聞が書かないのかと、ヴァイスベルクに不満を漏らしていたという。彼とヴァイスベルクだけではなく、この国となんらかの関わりを持っていた者は誰もが事実を知っていた。だが飢饉のことを書けば、確信が揺らいでしまう。彼らはみんな、農村の破壊は人類の進歩という大きな物語にいずれ吸収されるものと信じていた。ウクライナ農民の死は、より高い文明社会の誕生のために支払われる代価なのだ、と。ケストラーは一九三三年にソ連を離れた。駅まで送っていったヴァイスベルクに、彼はこう言い残した。「何が起ころうと、ソ連の旗を高く掲げてるんだぞ！」(90)

だが飢饉が最終的にもたらしたものは、スターリン主義的な意味での社会主義だった。ソヴィエト・ウクライナのある村では、五カ年計画の完遂を祝って凱旋門が建てられたが、そのまわりには農民の遺体が散らばっていた。クラークを追放した役人たちが彼らよりも裕福になり、都市部の共産党員は彼らよりはるかに明るい未来を手にしていた。農民たちには食糧配給票の交付を受ける権利が与えられなかったが、共産党のエリートたちは、特別店舗に並んだ食品のなかから、好きなものを選んで買うことができた。けれども、あまりに太りすぎたときには、おもに夜間にうろつく「ソーセージ屋」に気をつけなければならなかった。ウクライナ都市部に住む高官夫人など裕福な女性たちは、食糧配給票と交換に、農民たちが作った刺繡作品や村の教会から盗んできた聖具を手に入れた。集団化政策はウクライナ農民の心と肉体を破壊したばかりか、このような形で村のアイデンティティをも奪ったのだ。饑餓は人々を追い詰めた。彼らはみずから何もかもを捨てて丸裸となり、信仰の場からもすべてを剝ぎ取り、最後には死を迎えることとなったのである[91]。

スターリン、カガノーヴィチ、バリツキーは、ソヴィエト・ウクライナに対する抑圧は、ウクライナ民族主義への対策だと説明した。だがソヴィエト・ウクライナは、多民族共和国だ。ロシア人、ポーランド人、ドイツ人など、多くの民族が饑餓に苦しんだ。ユダヤ人の多くは都市部に住んでいたが、農村部で暮らしていた者はやはり同じように被害に遭った。共産党機関紙プラウダは飢饉の存在を否定していたが、一九三三年のある日、ひとりの記者のもとにユダヤ人である彼の父親から手紙が届いた。「知らせたいことがある」と、父親は書いていた。「母さんが死んだ。何カ月も苦しんだ末に餓死したんだ」。母親の最後の望みは、息子が彼女のためにユダヤ教の服喪の祈り、カディッシュを唱えてくれることだった。このやりとりは、革命前に育った両親と、革命後に成長した息子との世代のちがいを如実に表している。ユダヤ人のみならず、ウクライナ人やほかの民族でも、ロシア帝国時代に育った世代よりも一九二〇年代に教育を受けた世代のほうがソヴィエトの体制をすんなり受け入れる傾向にあった[92]。

ドイツとポーランドの外交官は、ソヴィエト・ウクライナで民族的少数派の同胞が苦しんだり死亡したりしている事実を上司に報告した。ハルキウのドイツ領事は「往来へ出るとほぼ必ず、人々が飢えで倒れる姿を目にします」と書いた。ポーランドの外交官は、なんとかビザを発給してもらおうと長蛇の列を作った人々への対応に追われた。外交官のひとりはこう綴っている。「訪れた人――成人の男性――はしばしば、妻や子が餓死した、飢えのために腹が膨れているなどと言って、声をあげて泣いていました」。こうした外交官たちも知っていたように、ソヴィエト・ウクライナではポーランド系やドイツ系にかぎらず多くの農民が、他国がソ連を侵略して自分たちを苦しみから解放してくれないものかと思っていた。一九三二年の中ごろまでは、ポーランドがもっとも期待されていた。スターリンのプロパガンダが五年前から、ポーランドがウクライナに侵攻して併合しようともくろんでいると言い続けていたからだ。飢饉がはじまると、多くのウクライナ農民はプロパガンダがほんとうであることを願った。あるポーランド人スパイが報告したように、彼らは「ポーランドかどこかほかの国が自分たちを苦悩と圧政から救い出しにくる」と期待し、そこに望みをつないでいたのだった[93]。

一九三二年七月にポーランドとソ連が不可侵条約に調印すると、この希望は潰えてしまった。それ以後はドイツが攻撃してくることに期待をかけるしかなかった。飢饉を生き延びた人々は、八年後、ソ連とドイツの統治を比較することになる。

大量饑餓や大量死にまつわる最低限の情報は、ヨーロッパやアメリカの新聞でも時折報じられたが、疑いの余地のない現実を伝えていることをうかがわせる明快な論調には欠けていた。スターリンがウクライナ人を意図的に餓死させようとしたと言う者はほとんどおらず、アドルフ・ヒトラーでさえマルクス主義体制を非難するにとどめた。ただ饑餓が起きていると言及するだけでも物議をかもす恐れがあったのだ。しかしガレス・ジョーンズはいくつかの新聞記事でこれを取りあげた。署名を入れて英語で伝えたのは彼ひとりだったようだ。ウィーンのテオドール・イニツァ枢機卿は、一九三三年の夏から秋にかけて、飢えた人々への食糧援助を訴えようとしたが、ソ連の当局は彼の支援を冷然と拒否し、わが国に人食いはいないと言い放った。だがそれは嘘だったのだ。(94)

ジャーナリストは外交官ほどには情報を持っていなかったが、数百万人の餓死者が出ていることはほとんどが察していた。ニューヨークタイムズ紙のモスクワ特派員であったウォルター・デュランティは、ジョーンズの正確な報道の信憑性を損なおうとした。一九三二年にピュリツァー賞を受賞したデュランティは、ジョーンズの報告を「いたずらに恐怖心をあおろうとしてでっちあげた話だ」とこきおろし、「現実には飢饉などはなく」、ただ「栄養不良のために病気にかかって死ぬ人が増えている」だけだと断言した。だがこれはソ連当局の主張をなぞり、婉曲表現から嘘を紡ぎ出したにすぎない。オーウェル風の区別でしかないのだが、当のジョージ・オーウェルは、一九三三年のウクライナ飢饉を、口のうまい者が黒い真実を明るい色に染めた典型例と見なしていた。デュランティは何百万人もの人々が餓死したことを知りながら、ジャーナリストとしては、飢饉が高次元の目標に貢献したという立場を貫こうとした。彼は「卵を割らずにオムレツを作ることはできない」と考えていた。ジョーンズのほかに英語で真摯な報告をしたのは、マルコム・マガリッジただひとりだった。彼はマンチェスター・ガーディアン紙に匿名で寄稿し、この飢饉は「史上最悪の犯罪だ。あまりの残忍さに、後世の人々は現実に起きたこととは思えないにちがいない」と書いた[95]。

公平を期しておくと、ソヴィエト・ウクライナのできごとにもっとも高い関心を寄せてきたはずの、外国に暮らすウクライナ人でさえ、飢饉の規模の大きさを理解するのに数カ月かかった。隣国ポーランドには約五〇〇万人のウクライナ人が住んでいた。その政治的指導者はソ連で大量餓死が発生していることを国際社会に広く知らせようと懸命の努力をしたが、実際、彼らが悲劇の全容をつかんだのは、犠牲者の大半がすでに死亡していた一九三三年五月のことだったのだ。その年の夏から秋にかけて、ポーランドで発行されたウクライナ語の新聞は飢饉の実態を詳細に伝え、ポーランド在住のウクライナ人政治家たちは、デモや抗議行動を組織した。ウクライナ人のフェミニスト団体も世界中の女性たちに呼びかけ、ソ連製商品の国際的ボイコット運動を推し進めた。アメリカのフランクリン・D・ルーズヴェルト大統領に支援を求めようという動きもあった[96]。

だがどんな行動も状況を変えられはしなかった。国際市場ではすでにソヴィエト・ウクライナから取りあげた穀物を他国の食糧にすることが決まっていたのだ。ルーズヴェルトは大恐慌のさなかにある自国の労働者対策を最優先事項とし、ソ連との外交関係樹立をめざしていた。ウクライナ人活動家たちの電報が大統領のもとに届いた一九三三年秋には、折しも彼の主導で進められていた米ソ間の調整が実を結ぼうとしていたところだった。一九三三年十一月、アメリカはソ連を正式に承認した。

その夏、ポーランド在住のウクライナ人が起こした運動は、結果的に、ソ連側の巧妙なプロパガンダによる反撃を招いただけに終わった。一九三三年八月二十七日、フランスの政治家エドゥアール・エリオが公式の招待を受けてキエフを訪れた。彼は急進社会党の党首として、フランスの首相を三度務めた。最後に政権を担当したのは一九三二年だった［六月から十二月］。食欲旺盛なことで知られ、よく太っていた彼は、自分の体形を、双子を妊娠している女性になぞらえていた。ソ連側の歓迎晩餐会では、エリオの席はドイツ、ポーランドの外交官から離れたところに用意された。彼らが飢饉について不適切な発言をして座がしらけないようにするためだった。(97)

エリオが訪問する前の日、キエフの街は閉鎖され、住民は掃除をして家を飾り立てるように命じられた。食料品店では突如、年がら年中空っぽのショーウィンドウが食品でいっぱいになった。売り物ではなく、たったひとりの外国人の目をあざむくための展示品だったのだ。ぽかんと口をあけて見ていた野次馬たちは、真新しい制服を着た警官に追い払われた。エリオの視察ルートにあたる通りで暮らす人、働く人は、本番に備えてリハーサルをさせられ、各自どんな服装でどこに立つかがちゃんとわかっていることを示してみせなければならなかった。エリオは車に乗せられ、キエフ市内のみごとな大通り、フレシャーチク通りを案内された。そこではたくさんの車がせわしなく行き交っていた。いずれも街のにぎわいと繁栄を演出するためにほかの都市から集めてきたもので、共産党の活動家たちがハンドルを握っていた。通りにいたひとりの女性が「たぶん、あのブルジョワがここで何が起きているかを世界中に伝えてくれるわ」とつぶやいた。だが彼女は失望することになる。エリオは逆に、ソ連では「社会主義精神」と「ウクライナ人の民族感情」の両方がきちんと尊重されていることに驚いたと言ったのだ。(98)

一九三三年八月三十日、エリオはハルキウに行き、ソ連の秘密警察創設者にちなんでフェリクス・ジェルジンスキー児童コミューンと名づけられた学校を訪問した。ハルキウとその周辺地域ではいまだに餓死する子供があとを絶たなかった。エリオが対面したのは、もっとも健康で元気のよい者の中から選ばれた子供たちだった。おそらく、その子たちは朝に貸し与えられた服を着ていたのだろう。もちろん、何もかもが嘘だったわけではない。ソ連はウクライナの子供たちのために学校を作り、読み書きのできない子をなくそうとしていた。一九三三年の末に生きていた子供は、字の読めるおとなに育った可能性が高い。ソ連当局はエリオにそう思わせようとしたのだ。エリオは、まったく皮肉ではなく、子供たちは昼食に何を食べたのかときいた。この何気ない質問に、ソ連のイメージがかかっていた。のちにワシーリー・グロスマンは、彼の二冊のすぐれた小説にこのシーンを書くことになった。グロスマンの回想によれば、子供たちはこの質問が出た場合に備えていて、適切な答えを口にしたという。エリオは自分の見聞きしたものを信じ、そこからモスクワへと移動して、政府高官の公邸でキャビアをごちそうになった。[99]

エリオは帰国すると、フランスの人々にこう伝えた。ソヴィエト・ウクライナの集団農場は秩序正しく管理された庭園だったと。ソ連の共産党機関紙プラウダは、喜んでエリオのコメントを報じた。物語は幕を閉じた。いや、おそらくどこかよそにあったのだ。

スターリンがソ連で起こした第二の革命、つまり集団化政策とそれに続く大飢饉は、ドイツにおけるヒトラーの台頭によって影が薄くなった。ドイツのナチ化に不安を感じたヨーロッパ人の多くは、モスクワと手を結ぶ道に希望を見いだそうとした。ガレス・ジョーンズは、ヒトラーとスターリンが支配力を強めつつあった一九三三年前半に、両方の政治体制を目にした数少ない証人のひとりだ。一九三三年二月二十五日、彼はアドルフ・ヒトラーとともにベルリンからフランクフルトに飛んだ。ジャーナリストとしてはじめて、このドイツの新首相から空の旅への同行を許されたのだ。「もしこの飛行機が墜落したら」と、彼は書いた。「ヨーロッパの歴史はすっかり変わってしまうだろう」。ジョーンズは『わが闘争』を読んで、ヒトラーがドイツの支配と東欧の植民地化、ユダヤ人の排除をもくろんでいることを知っていた。すでに首相の座についていたヒトラーは満足をもって国会の解散を見届け、自分への支持を広げて国会内でナチス党の存在感を高めようと、選挙戦を闘っている最中だった。ジョーンズはまずベルリンで、次にフランクフルトの集会で、新首相に対するドイツの人々の反応を目の当たりにした。それはまさに「純粋なまでに素朴な崇拝」だったという(1)。

ジョーンズはその後モスクワへ発った。彼の言葉によれば、「独裁制がはじまったばかりの国家」から「プロレタリア独裁国家」へと移動する旅だった。ジョーンズはこのふたつの政治体制の重要なちがいを理解していた。ヒトラーの台頭は、ドイツに新たな政権が誕生したことを意味した。一方のスターリンは、広範にわたって組織的な暴力を行使できる強力な警察機構を使って、一党独裁国家の支配強化に力を注いでいるところだった。ジョーンズがやがて目撃して報告したように、スターリンの集団化政策のために数万人の国民が銃殺され、数十万人が収容所に送られたほか、数百万人が飢饉によって死に瀕することとなった。一九三〇年代後半に入ると、スターリンは特定の社会階級と民族集団を標的にした作戦を断行し、さらに数十万人のソヴィエト国民の銃殺を命じた。当時のヒトラーにはとうていそんな真似はできなかったし、おそらく意図もしなかったことだろう(2)。

ヒトラーとその意欲的な姿勢に好感を持ったドイツ人やほかのヨーロッパ人には、ソ連の政策の冷酷さが、国民社会主義を支持する理由になるように思えた。ヒトラーは扇動的な選挙演説をおこない、共産主義者とソ連を、ドイツとヨーロッパの巨大な敵として描き出してみせた。共産主義への恐怖を利用して自分と政権の影響力を高め、首相就任直後に迎えた初の危機を乗り切ろうとしたのだ。ヒトラーがジョーンズを伴ってフランクフルトを訪れた二日後の一九三三年二月二十七日、ひとりのオランダ人がドイツ国会議事堂に火を放った。犯人はその場で逮捕されて犯行を自供したが、ヒトラーは即座にこの機会をとらえて、新政権の敵対勢力を悪玉に仕立てあげた。おおげさに憤りを表現してみせ、「われわれの行く手に立ちふさがる者はすべて抹殺する！」と叫び、この事件はさらなるテロ攻撃を画策するドイツ共産主義者の仕業であると決めつけた(3)。

国会議事堂放火事件は、ヒトラーにとってまさに絶妙のタイミングで起きたのだった。政権のリーダーとしては、敵を追い詰めることができ、選挙の立候補者としては人々の恐怖を自分の都合のいいように利用することができた。一九三三年二月二十八日には緊急命令を出して、すべてのドイツ国民のありとあらゆる権利を停止し、「反逆防止のための拘禁」も許可した。不穏な空気のなか、ナチスは三月五日、選挙で得票率四三・九パーセントという圧倒的な勝利をおさめて二八八議席を獲得した。その後数カ月のあいだに、ヒトラーはドイツ警察とナチスの準軍事組織を使い、彼がひっくるめて「マルキスト」と呼んだふたつの政党、共産党と社会民主党をつぶしにかかった。三月二十日には、彼の側近ハインリヒ・ヒムラーがダッハウにナチス初の強制収容所を開設した。ヒムラーが指揮していた親衛隊（SS）――元はヒトラーの護衛部隊として誕生した準軍事組織――の隊員が管理運営にあたった。強制収容所自体は目新しいものではなかったが、ヒムラーの親衛隊はそれを脅迫とテロの道具として使うことを考えた。親衛隊のある将校はダッハウの警備官らにこう言った。「血を見ることに耐えられない者はさっさと辞めてしまえ。ここに収容されたくそ野郎どもがひとりでも多くくたばれば、それだけ養う口が減るんだ(4)」

選挙戦で勝利したあと、首相ヒトラーはすぐに独裁者ヒトラーとなった。すでにダッハウに最初の囚人たちが収容されていた一九三三年三月二十三日、新しい議会が授権法を可決し、これにより、ヒトラーは大統領にも議会にも諮ることなく、ドイツを統治できるようになった。この法律は有効期限が来るたびに更新され、ヒトラーが死ぬまで効力を保った。一九三三年三月二十九日、ガレス・ジョーンズが一カ月ぶりにソ連からベルリンに戻り、記者会見を開いてソヴィエト・ウクライナの飢饉について報告した。しかし史上最悪の政治的飢饉も、ドイツの首都に新たな独裁政権が誕生したことに比べれば、取るに足りないニュースと受けとめられたようだ。それどころかジョーンズがドイツを離れていたあいだに、ソ連で起きたこの悲劇は、ヒトラーの全権掌握にいたるシナリオの一部としてすでに取り込まれていたのだった。[5]

ヒトラーはまだウクライナ飢饉が歴史的事実であると確認されていないうちから、この事件をイデオロギー上の重要な争点として選挙戦で積極的に利用した。「マルキスト」を激しく非難し、マルクス主義体制の欠陥を表す証拠としてウクライナ飢饉をあげたのだ。一九三三年三月二日、ヒトラーはベルリンの多目的スポーツ施設、スポルトパラストに集まった聴衆の前で「世界のパン籠ともなれる国で何百万人もの人々が飢えている」と明言した。そして「マルキスト」というひとことで、ソ連の大量死をヴァイマル共和国の砦とも言うべきドイツ社会民主党に結びつけた。たいていの人にとっては、真偽を見極めるより彼の見方を全面的に拒否する（あるいは肯定する）ほうが楽だった。ソ連の政情に詳しくない人たち――つまり大半のドイツ人――は、飢饉に関するヒトラーの分析を受け入れることにより、彼の左派非難をも受け入れる方向へ進んだ。しかし彼の論法では、それは民主主義そのものの拒絶にもつながっていたのだ。[6]

スターリンの政策には、ヒトラーがこのような主張をしやすくなるような要素があった。彼もやはり同じように、政治の世界を二元的にとらえていたからだ。スターリンは集団化と飢饉に力を注ぐ一方、はからずもヒトラーが権力の座につくのを助けるようなイデオロギー活動をしていた。スターリンが農業の集団化に着手したころ、コミンテルンは各国共産党に対し「階級対階級」戦略を推進せよと指示していた。共産党はイデオロギーの純粋性を維持すべきであり、社会民主党と手を結ぶことは避けなければならない。人類の進歩において正統な役割を果たすのは共産党だけであり、抑圧された者の代弁者を騙る者がいるとすれば、それは詐欺師であり「社会ファシスト」である。ナチスをふくむ右派政党と同類と見るべきだ、というのだ。そこでドイツでは、共産党がナチスではなく社会民主党を主要な敵と見なすことになった。

スターリンが長期にわたり悪夢を出現させていた一九三二年前半から三三年後半の時期には、「階級対階級」という国際戦略を放棄することはむずかしかっただろう。つまるところ、ソ連国内で起きた目を覆うばかりの悲劇と大量死は、クラークに対する階級闘争の結果だというのが、政府の公式見解だったからだ。この戦略のせいでドイツ共産党はほかの政党と一致協力してヒトラーに対抗できなかったのだが、飢饉にとって決定的であった数カ月間は、ドイツにとっても将来を左右する重要な時期だったのだ。ドイツ共産党が階級革命を急げと執拗に訴えたがために、中流層の票がナチスに集まる結果となり、聖職者と自営業者のあいだでも、社会民主党ではなくナチスに票を投ずる者の割合が高くなった。それでも共産党と社会民主党を合わせれば、まだナチスより多くの支持が集まっていた。だがスターリンの路線が両者の協力を阻んだ。つまり、スターリンが集団化と飢饉の時代に外交政策で強硬路線を貫いたおかげで、ヒトラーは一九三二年七月と三三年三月の両方の選挙戦で勝利をおさめることができたのである(7)。

ユダヤ人敵視の発端

スターリンは、自身の経済政策が何をもたらしたか、ほんとうのところを外国人記者に知られないようにしたが、ヒトラーの場合は、独裁者として最初に打ち出した政策のひとつである再配分策に注意を引きつけようとした。ソ連の飢饉がピークに達していたころ、ドイツは国内のユダヤ人から盗みを働きはじめた。ナチスは一九三三年三月五日に選挙戦に勝利したあと、ユダヤ人が経営する商店や会社を全国で一斉にボイコットすることを決めた。集団化政策と同様、こうしたボイコットは、来るべき社会的・経済的変革でどの社会集団がもっとも多くを失うことになるかを明らかにした。ドイツではソ連の場合とちがって、それは農民ではなくユダヤ人だったのだ。この作戦は実際はナチスの指導者や準軍事組織によって慎重に進められたものだが、ユダヤ人が利益を独占していることに対する民衆の「自発的な怒り」の発露であったとする認識が示された[8]。

この点に関しては、ヒトラーとスターリンの政策はよく似ている。スターリンは、ソ連農村部の混乱、そしてクラーク絶滅政策を、まぎれもない階級闘争の結果であるかのように見せかけた。モスクワとベルリンは、同じ政治的結論を出した。それは、必要な再配分を比較的穏便におこないたければ、国家が介入するほかはない、ということだ。スターリンは一九三三年までに権力を掌握して、圧倒的な力を結集させ、膨大な規模で集団化を推し進めたが、ヒトラーはもっとゆっくり進めなければならなかった。ボイコットの効果は限定的なものにとどまった。主たる成果は、ドイツ国内で暮らしていたユダヤ人のうち約三万七〇〇〇人が一九三三年中に国外へ移住していったことだった。ユダヤ人の資産が実質的に非ユダヤ人の手に渡るのは――ナチスが言うところの「アーリア化」は――それから五年後のことだった[9]。

ソ連は国際的に孤立した立場を利用し、国外に多くの支持者を得て、自国のイメージをある程度調整することに成功した。スターリンの政策は銃殺から流刑へ、飢饉へと向かったものの、疑わしきは罰せずということで多くの人が彼を好意的に評価したのだ。これに反してヒトラーは、批判や憤りの声もふくめた国際世論への対応を迫られた。一九三三年のドイツには各国のジャーナリストや旅行者があふれ返っていたし、ヒトラーはこの先数年を乗り切るために平和と貿易を必要としていたからだ。そこで彼はボイコットの中止を命じる一方で、外国報道機関の好意的ではない態度を利用して、さらに徹底的な政策を実行する論理的根拠をひねり出した。すなわち、欧米の新聞社はユダヤ人によって支配されていると主張し、外国からの批判はすべてドイツ人に対するユダヤ人の国際陰謀計画の一環だと言いがかりをつけたのである[10]。

一九三三年春のボイコット事件が残した重要な遺産は、この詭弁だった。ヒトラーはその後もずっと同じ主張を続け、彼の軍隊がヨーロッパの大半を征服して、指揮下の組織が何百万人ものユダヤ人を殺害するようになってもやめなかった。ドイツやその国民がすることは、すべて国際的支配をもくろむユダヤ人から自分たちを守るためだというわけだ。ユダヤ人はつねに侵略者であり、ドイツ人はつねに犠牲者なのだった。

ヒトラーの反共政策

当初、ヒトラーの反共主義は、反ユダヤ主義ではなく、もっと強く国政に結びついていた。彼はドイツという国を治めるため、共産党と社会民主党を叩きつぶさなければならないと考えていた。一九三三年には、およそ二〇万人のドイツ人が拘禁された。そのほとんどが反体制派の左派と見なされていた。ヒトラーがこの年におこなったテロルの目的は、相手を排除することではなく、脅すことだった。逮捕された人のほとんどは、ナチスが遠回しに「保護」と呼んだ短期の拘留を経て釈放された。

共産党員は選挙で勝ち取った八一の議席に座ることを許されず、ほどなく国に全部を取りあげられてしまった。一九三三年七月にはすでに、ドイツでナチス以外の政党に所属することが法律で禁じられていた。十一月になると、ナチスは自党のメンバーだけが立候補して当選できる議会選挙を実施した。ヒトラーはまたたくまにドイツを一党独裁国家に――しかもスターリンが思いも寄らなかったような形の国家に――仕立てあげてしまった。長年、ソ連国外でもっとも力のあったドイツ共産党がわずか数カ月で解散に追い込まれてしまったのだ。その敗北は、国際的な共産主義活動に深刻な打撃を与えた(11)。

はじめのうちスターリンは、ヒトラーが政権を手にしても独ソ間の特別な関係は維持できると期待していたようだ。一九二二年以来、両国はポーランドを犠牲にして東ヨーロッパ再編をめざすという暗黙の了解のもとに、軍事、経済面で協力を進めてきた。一九二二年にラパッロで合意した内容は、一九二六年ベルリンで締結された独ソ友好中立条約で確認され、さらに一九三一年まで五年間延長されることになった。両国が良好な関係にあり、同じ目的を共有していたことをもっとも明確に示していたのは、ソ連国内でおこなわれたドイツ軍との合同軍事演習だった。しかしこうした連携は一九三三年九月には終結を迎えた。一九三四年一月、ナチス・ドイツはポーランドとのあいだに不可侵条約を結んだ。この唐突な動きは、ドイツの外交政策が根本的に方向転換したことを示しているように見えた。ドイツにとって好ましい東欧のパートナーがモスクワからワルシャワに替わったのか。今後ドイツとポーランドは手を携えてソ連に対抗するつもりなのか(12)。

スターリンにとってドイツとポーランドの新しい関係は、ドイツ共産党への弾圧よりも大きな意味を持っていたようだ。スターリン自身はつねに外交、イデオロギーというふたつのレベルで対外政策を進めていた。ひとつは国を、もうひとつは社会集団を——彼自身が所属するグループもふくめ——対象とする。外交は外務人民委員のマクシム・リトヴィノフ、イデオロギーはコミンテルンの領分だった。おそらくスターリンは、ヒトラーも自分と同じような方法をとっているものと思っていたのだろう。だから公然と反共主義政策がおこなわれても、ベルリンとモスクワの関係は損なわれないはずだと考えていたのだ。しかしポーランドへの接近は、反共政策に反ソ政策が加わったことを意味した。

スターリンの推測どおり、ヒトラーは反ソ路線を進めるために、ポーランドを格下の同盟国としようと考えていたのだった。ドイツとポーランドとの交渉がおこなわれていた一九三三年後半、ソ連の指導者たちは当然ながら、ドイツがポーランド西部の領土を買い取ろうとしているのではないか、その交換条件として、いずれポーランドにソヴィエト・ウクライナの一部を併合させてやると約束したのではないかと心配した。しかしポーランドはそうした形で協定内容を広げようとするドイツ側の提案には、いっさい関心を示さなかった。それどころかドイツ・ポーランド不可侵条約には、ソ連の諜報機関やプロパガンダが主張していたような、対ソ軍事協力を取り決めた秘密条項は存在しなかったのである。だが確かにヒトラーは条約締結を機にワルシャワとの友好を深め、いずれは軍事面でも同盟を結んでソ連に対抗したいと考えていた。どうすればポーランドをその気にさせられるのかと、一九三四年春には言葉に出して言っている[13]。

反ファシズムへの転換

一九三四年一月のソ連は深刻な状況に陥ったように見えた。国内政策では何百万人という自国民を餓死させ、対外政策では、脅威的な反共独裁者ヒトラーの台頭を助ける結果となった。しかもそのヒトラーはかつて独ソ共通の敵であったポーランドと和睦を結んだのだ。

だがスターリンはレトリック上の、そしてイデオロギー上の抜け道を見いだした。「勝利者の大会」と銘打った一九三四年一月から二月にかけてのソ連共産党大会で、彼はソ連において第二の革命が達成されたと宣言した。国民にとってもっとも忘れがたい経験であったはずの飢饉についてはひとことも触れなかった。それは、スターリンとその忠実な廷臣たちがいかに敵の抵抗を退けて五カ年計画を完遂したかという物語の中に埋没させてしまった。ラーザリ・カガノーヴィチは主人であるスターリンを「人類史上もっとも偉大な革命」を成し遂げた英雄と讃えた。彼は、ヒトラーの台頭はその印象とはちがってソ連の政治体制がやがて世界で成功を見る兆しにほかならないと言った。ナチスの暴虐ぶりは、ほどなく資本主義が内部の矛盾のために崩壊すること、ヨーロッパ革命がすぐそこまでやってきていることを明らかにしたのだ、と[14]。

これを筋の通った考え方だと思えるのは、自分は革命家だと思い込んでいる者、すでに信頼と恐怖にもとづく強い絆で指導者と結ばれた共産主義者だけだ。よほど変わった神経の持ち主でなければ、ものごとが悪く見えれば見えるほど、実際はよい兆候なのだとは思えないだろう。このような論法は弁証法と呼ばれるのだが、当時はもう、この用語は（ギリシャ人からヘーゲルやマルクスを経て後世に伝わったという誇るべき由来があるにもかかわらず）めまぐるしく変わるスターリンの意向にその都度合わせていく精神力を表しているにすぎなかった[15]。

スターリンのほうは、このような詭弁を弄しただけでは不十分であることがわかっていた。ヒトラーの革命は社会主義の勝利が近づいた証だと公言しつつも、国内政策の転換を急いだ。何年も何年も、ウクライナ農民には報復しなかった。農民はおびえてびくびくしながら、国が必要とする食糧を生産していかなければならなかった。すべての農民は、家の庭程度の小さな農地を耕して個人的に利用することを許された。徴発割当高や目標輸出量が不条理なまでに増やされることはなくなった。ソ連の飢饉は一九三四年に終息したのである[16]。

ヒトラーの台頭は、むしろソ連をヨーロッパ文明の守護者のように見せる好機でもあった。スターリンは一年以上たった一九三四年六月になって、ようやくそのチャンスを生かすことにした。コミンテルンは「階級対階級」闘争に区切りをつけ、新しい路線へ転換する、というプロパガンダが流された。ソ連と世界各地の共産党は「反ファシスト」の旗印のもとに左派勢力を結集する。これからの共産党は、階級闘争に完全勝利することより、勢いを増すファシズムの波から文明を救うことに力を注ぐのだ、と。

戦間期のヨーロッパ
1933年ごろ

ファシズムという言葉はイタリアのムッソリーニによって一般に広く知られるようになった〔一九二一年に国家ファシスト党を結成した。ファッショとはイタリア語で結束、集団の意〕。ソ連は、ファシズムは末期を迎えて腐敗した資本主義の落とし子であるとの解釈を打ち出した。ファシズムの広まりは古い資本主義体制の終焉を象徴しているが、彼らが激しい反ソ感情をむき出しにしている以上（と議論は進む）、わが国と共産党は（ソ連を守るため）資本主義諸国と手を結ばざるをえない。ヨーロッパの共産党は「反ファシズム」へと舵を切り、社会民主党をはじめとする左派政党と一致協力していかなければならない。ファシズムに対抗する「人民戦線」に参加し、選挙では社会民主党などの左派政党と手を組んで当選を勝ち取るべきである。当面、共産党は民主政体の破壊へと向かうのではなく、こうした政体の中で活動するものとする。(17)

もちろん、ドイツの共産党と社民党にとってはすでに手遅れだった。しかしヨーロッパの西部と南部では、ヒトラーとファシズムの広がりを食い止めたいと思っていた人々がソ連の新しい方針を歓迎した。スターリンはソ連を反ファシズムの拠点のように見せかけることで、自分が非の打ちどころのない正しい道を歩んでいると思わせようとしたのだ。道理をわきまえた者なら誰でも、ファシズムより反ファシズムの側に立ちたがるだろう。スターリンは、ソ連に反対する者はファシストか、少なくともその賛同者にちがいないとほのめかしたのだった。一九三四年六月から三九年八月までの「人民戦線期」に、ソ連では約七五万人の国民がスターリンの指示によって銃殺され、それよりも多くの人々がグラーグに送られることとなった。弾圧の対象となったのは、大半が本来はソ連の社会体制に支えられるべきであった農民と労働者であり、そのほかはほとんどが民族的少数派の人々だった。ヒトラーの台頭がソ連の飢饉を目立たなくしたように、スターリンの対応は、大粛清《テロル》から世界の関心をそらしてしまうことになる。[18]

人民戦線は、ソ連からはるか遠く離れたヨーロッパ西部の民主主義国家、フランスとスペインで成功の兆しを見ていた。最大の勝利の場となったのはパリだ。ここでは一九三六年五月、ほんとうに人民戦線の政権が誕生した。エリオの率いる急進社会党をふくむ左派政党が選挙に勝ち、社会党の党首レオン・ブルムが首相となったのだ。左派連合に加わってともに勝利をおさめたフランス共産党は、正式には政権に入らなかったものの、議会の多数派となって政策に影響を与えた。票決により次々と改革案を通していく体制が整ったわけだが、共産党の主たる関心は、フランスの外交政策がソ連に友好的なものとなることにあった。パリでは、人民戦線は左派に受け継がれてきた伝統の勝利と見なされていたが、多くの人――とくにナチス・ドイツからの政治亡命者――はソ連の勝利と受けとめ、ソ連が民主主義と自由を支援した証でさえあると見ていた。フランスに人民戦線政権が誕生したせいで、ヨーロッパのすぐれた知識人の中には、ソ連を批判しにくくなった者もいた。[19]

スペインでは複数の政党が連合して人民戦線を結成し、一九三六年二月の選挙に勝利した。だがここではフランスとは少しちがった展開になった。七月に、極右グループの支援を受けた陸軍士官の一団がクーデターを起こし、選挙で選ばれた共和国政府の転覆をはかったのだ。政府は抵抗し、スペイン内戦がはじまった。スペインの国民にとっては本質的には内乱だったのだが、相対立していたイデオロギー陣営は、それぞれに共和国側、反乱軍側を支持した。一九三六年十月、ソ連は危機に直面した共和国政府に武器を送りはじめ、ナチス・ドイツとファシストのイタリアはフランシスコ・フランコ将軍に率いられた右派勢力を支援した。スペイン内戦は、ベルリンとローマが関係を深めるきっかけとなり、ソ連のヨーロッパ政策における最大の関心事となった。ソ連の主要な新聞は何カ月ものあいだ、連日一面でスペインを取りあげた[20]。

共和国政府の窮地を救おうと、ヨーロッパの社会主義者たちが続々とスペインにやってきた［共産党員を中心とする国際旅団が編成された］。彼らの多くは当然、ソ連が民主主義を擁護するものと思っていた。たぐいまれな洞察力で知られる社会主義者のひとり、イギリス人作家のジョージ・オーウェルは、スペイン国内でスターリン主義者が躍起となって左派を支配しようとしているのを知って失望した。彼の見たところ、ソ連は武器といっしょに政治的慣習まで輸出していた。スターリンは支援の見返りとして、派閥抗争をスペインに持ち込む権利を手に入れてしまったのだ。彼の最大の敵であったトロツキーは（遠いメキシコで亡命生活を送っていたとはいえ）まだ生きており、共和国政府の支持者にはスターリンのソ連よりトロツキーの人柄を慕う者のほうが多かった。ほどなく、共産主義のプロパガンダがスペインのトロツキー派をファシストと呼びはじめ、ソ連は彼らを「反逆罪」のかどで銃殺するため、ＮＫＶＤの工作員を送り込んできた[21]。

日本という脅威

人民戦線は、世界征服を狙うコミンテルンの陰謀だと、敵側から非難された。人民戦線運動は、日本とドイツが関係を強化するのに都合のよい口実を与えた。一九三六年十一月二十五日、日独防共協定が締結され、一方が攻撃を受けた場合には両国間で協議することが取り決められた。一九三七年五月十一日には、日独の諜報機関のあいだで協定が結ばれ、ソ連に関する情報交換をおこなうことになったほか、ソ連国境地帯における民族運動を利用してソ連に対抗させる計画も内容に盛り込まれた[22]。

ソ連側としては、ドイツよりも日本のほうに差し迫った危機を感じていた。一九三七年前半のドイツは、日本の脅威の添え物にしか見えなかった。日本の政策は、帝国領土を南と北のどちらに拡大すべきか、ふたつのビジョンのあいだで揺れていた。日本軍の主要グループは、将来シベリアの天然資源が日本の経済成長の鍵になると信じていた。日本の衛星国であった満州国は、シベリアと長い国境を接しており、侵略の起点となる可能性が大いにあった。日本では、シベリア東部のソ連領内に流刑者や入植者として暮らすおよそ一〇〇万人のウクライナ人を束ねて傀儡政権を樹立させてはどうかとする案も出ていた。東京が推測していたように、グラーグへ送られていたウクライナ人は、外国の支援が保証されれば、ソ連政府に刃向かっていたことだろう。このプランのことを知っていたポーランド人工作員は、これを「第二の満州国」と呼んでいた[23]。

日本は確かに、長期にわたってシベリアに関心を持ってきたようだ。満州国のハルビン市に設立された日本の専門学校「ハルビン学院。のちに大学に昇格」では、すでにロシア語を話せる第一世代の若い帝国主義者を教育していた。卒業生には、杉原千畝がいる。彼は一九三五年に

戦間期の東アジア
1933年12月

日本がソ連から満州鉄道の権利を買収した際の交渉役のひとりだった。ロシア正教会の洗礼を受け、ロシア人女性を妻としていた杉原は、みずからセルゲイと名乗り、大半の時間をハルビンのロシア人居住区内で過ごした。そこで彼は亡命ロシア人と親しくなり、彼らをソ連国内で暗躍する諜報員として雇った。東アジアで展開する日ソの駆け引きは、その年に満州国を訪れたガレス・ジョーンズの目を引いた。ニュースの種を嗅ぎつける超人的な勘を持っていたジョーンズは、この地域を、ファシズムと反ファシズムが地球規模で対峙する、きわめて重要な舞台と見ていた。やがて彼はいくらか不可解な状況下で盗賊団に拉致され、殺害された(24)。

スターリンは、日本によるシベリア直撃だけではなく、東アジアにおける日本の帝国支配拡大をも恐れていたはずだ。満州国は、太古の昔から中国が支配してきた領土の一部を日本が奪い取って建設した植民地だった。今後はそうした植民地がもっとできるにちがいない。中国はソ連ともっとも長い国境を共有しているうえ、政情が安定していなかった。当時進行中の内戦では国民党政府が中国共産党より優勢に立っていた。毛沢東が率いる共産党軍は西部へ、それから北部へと、「長征」と呼ばれる行軍を続けて退却せざるをえなくなった。しかしどちらの側も、多少なりとも全国制覇に似たものを達成することはできなかった。国民党は優勢であった地域でさえ、地元の軍政長官に頼った。おそらくスターリンにとってもっとも大きな問題は、国民党と共産党が一致協力して日本に対抗できなかったことだろう。

ソ連の外交政策では、(重要度が低い)各国共産党に対する支援と、(重要度の高い)ソ連の安全保障とのバランスをとらなければならなかった。コミンテルンは原則として中国共産党を支持していたが、スターリンは国境地帯の安全を守るため、国民党政府に武器と資金を援助していた。ソヴィエト・カザフスタンと長い国境を接し、ムスリム住民が多数を占める中国新疆省に対しても、同じようにイデオロギーとは無関係なアプローチをかけた。スターリンは当時新疆省の軍政長官であった盛世才《せいせいさい》［一九三四年に省政府主席に就任］を支援し、天然資源開発に必要な技術者と採鉱機を送り、治安維持を確実にするためNKVD職員を派遣した(25)。

世界的規模の観点に立てば、日独関係が修復されたことは、日本、ドイツ、ポーランドによるソ連包囲網の完成と見ることもできた。この三カ国はソ連にとってきわめて重要な隣国だった。いずれもスターリンがそれまで経験した戦争でソ連（あるいはロシア帝国）に勝っていたからだ。ドイツは第一次世界大戦では敗戦国となったが、一九一七年の東部戦線ではソ連軍を破っている。日本は一九〇四年から〇五年にかけての日露戦争でロシア軍を屈服させた。ポーランドにいたっては、一九二〇年に赤軍を撃退したばかりだった。ドイツがポーランド、さらに日本と手を結んだことで、三国が揃って対ソ敵視政策をとりはじめたかに見えた。もしほんとうにドイツ・ポーランド不可侵条約と日独防共協定に、ソ連への攻撃に関する秘密条項があったなら、包囲網が完成したのではないかというスターリンの推測が当たっていたことになる。しかし実際は、どちらにもそんなものはふくまれていなかった。東京、ワルシャワ、ベルリンが攻撃を目的とした同盟を結ぶ可能性は、ゼロではないにしても、まずありえなかった。ポーランドと日本の関係は良好だったが、ワルシャワにはソ連への敵対行為と受け取られかねない行動をとるつもりはいっさいなかったのだ。ドイツから反共協定への参加を打診されたときもことわっている(26)。

国家警察という暴力装置

スターリンの政治的手腕のひとつに、外国からの脅威と国内政策の失敗とを結びつけてしまえる能力がある。実際はふたつが同じものであるかのように見せかけ、自分はどちらにも責任がないかのようにふるまう。政策失敗の責めを負うことなく、自分が選んだ国内の敵を外国のスパイと決めつけることができたのだ。集団化政策の問題が表面化した一九三〇年にはすでに、トロツキーの支持者とさまざまな外国勢力が結託して国際的な陰謀を企てていると言いはじめていた。「資本主義諸国による包囲網が存在するかぎり、わが国で破壊分子、スパイ、妨害分子、殺人者が暗躍を続ける」ことは火を見るよりも明らかだと主張した。ソ連の政策に何か問題があるとすれば、それはあるべき歴史の流れを鈍らせようとする反動国家のせいであり、五カ年計画に欠陥があるように見えたとすれば、それは外国による内政干渉の結果である。それゆえ、裏切り者は当然、厳罰に処せられるべきであり、責任はつねにワルシャワ、東京、ベルリン、ロンドン、パリにある[27]。

当時のスターリニズムでは、このように裏の裏をかくような術策がおこなわれた。人民戦線の成功は、社会主義に向かう進歩の証拠をいかに固めるか――おもにプロパガンダの成否――にかかっていた。一方、国内の飢饉と苦難については、結局はなんの効果もなかった外国の破壊工作のせいにする必要があった。ソ連共産党とコミンテルンの頂点にあったスターリンは、このふたつを同時にやってのけた。どのように結論づければよいかはわかっていた。ある国家が狡猾にも彼の政策のもとで苦しんでいたソ連の国民を味方に引き入れ、軍事介入をもくろんだのだ、と。国外の敵対勢力と国内の反政府勢力が手を結べばどういうことになるか、ソ連はすでにその黎明期に学んでいた。第一次世界大戦中は、レーニン自身がドイツの秘密兵器となった。一九一七年のボリシェヴィキ革命自体がドイツの外交政策の副産物だったのである。それから二〇年後、スターリンは国内の反対勢力が次の戦争を利用して彼の政権を倒すのではないかと恐れずにはいられなかった。トロツキーは一九一七年当時のレーニンと同様、海外にいた。だが戦争がはじまれば、二〇年前のレーニンと同じように、帰国してふたたび支持者を結集しようとするかもしれない。[28]

一九三七年にはもうソ連共産党内にスターリンと事を構えようとする反対勢力は見あたらなかったが、それが却って彼には、敵が潜行する術を身につけた証拠と見えたようだ。その年、またもやスターリンは、飢饉が最悪の状況を迎えていたころと同様、国家のもっとも危険な敵は無害で忠実に見える者だと言いだした。すべての敵は、たとえ姿が見えなくとも、仮面を剝いで撲滅しなければならない、と。ボリシェヴィキ革命二〇周年記念日（そして自殺した妻の五年目の命日の前日）にあたる一九三七年十一月七日、スターリンは乾杯の音頭をとった。「行動により思想によりーーそう、思想によりだ！ーーこの社会主義国家の結束を脅かそうとする者は、誰であろうと容赦なく抹殺する。あらゆる敵とその同類の完全なる破壊に、乾杯！」[29]

ヒトラーとちがってスターリンには、このような政策の実行にあたって思いどおりに使える道具があった。かつてはチェーカー、その後はＯＧＰＵ、やがて［一九三四年七月以降］ＮＫＶＤと呼ばれた国家警察だ。チェーカーはボリシェヴィキ革命のさなかに誕生した。当初の任務は、治安維持より、反革命勢力の排除という政治的な目的に重点が置かれていた。ソヴィエト連邦樹立後は、国の法執行を司る巨大な国家警察となり、ＯＧＰＵ、ＮＫＶＤとして知られるようになった。一九三〇年の集団化政策など、例外と見なされる状況では、通常の法手続きが一時停止され、〈トロイカを指揮する〉OGPUの職員が事実上の裁判官と陪審員、死刑執行人を務めた。革命期のチェーカーの習わしが復活したわけだ。これは社会主義に対する攻撃または脅威という革命的な状況が存在するとの理由で正当化された。一九三〇年代後半、スターリンが自分の選んだ敵を打ちのめせる立場にいるためには、NKVDに対し、こうした特別措置を必要とする危機が進行中であることを認識させる必要があった(30)。

スターリンにNKVDを掌握する好機を与えたのは、ある衝撃的な殺人事件だった。一九三四年十二月、スターリンの側近のひとり、セルゲイ・キーロフがレニングラードで暗殺された。前年、ヒトラーが国会議事堂放火事件に乗じたように、スターリンもこの殺人事件を利用した。これは国内の政敵が仕組んだ陰謀だと非難し、彼らがソ連の指導者に対してさらなるテロ攻撃をもくろんでいると決めつけたのだ。暗殺者のレオニード・ニコラエフが犯行当日に逮捕されたが、スターリンは単なる刑事手続きだけでは満足せず、「テロリスト」の即時処刑を許可する特別法案を強引に可決させた。テロの脅威を強調し、政治局内の左派反体制勢力が、ソ連指導者の殺害と政権の転覆を企図していると主張した(31)。

スターリンの解釈は、国家警察への挑戦状といってもよかった。NKVDとしては、証拠もないのにこのような推測を受け入れることはできない。長官のゲンリフ・ヤゴーダが思いきってスターリンに質問をすると、「叱責」を受けないよう気をつけろという返答が返ってきた。やがてスターリンは、自分のシナリオをすすんで喧伝しようという共謀者、ニコライ・エジョフを見いだす。彼はポーランドとリトアニアの国境地方で生まれ育った小柄な男で、反体制すなわちテロリズムと考えていることで知られていた。一九三五年二月、彼は中央委員会の委員にまつわる不名誉な情報を収集して政治局に提供する統制委員会の議長になった。スターリンとエジョフは、いたるところに陰謀ありというそれぞれの思い込みをたがいに強め合ったようだ。スターリンは次第にエジョフを頼るようになり、彼にしてはめずらしく親密な情を見せて、エジョフの健康を気遣いさえしたという。エジョフは最初はヤゴーダの副官を務め、やがて後任におさまり、一九三六年九月に内務人民委員——つまりNKVD長官——に就任した。ヤゴーダはいったんほかのポストに移され、二年後に処刑された[32]。

一九三六年八月から、エジョフはかつてスターリンの政敵であった人々に突拍子もない濡れ衣を着せ、見せしめ裁判にかけた。これら著名人の自白は、世界の注目を集めた。かつてトロツキーの同志で反スターリン派であったレフ・カーメネフとグリゴリー・ジノヴィエフの裁判は八月十九日から二十四日にかけておこなわれた。彼らはスターリン暗殺計画に参加したと自白し、ほかの一四人とともに死刑判決を受けて処刑された。こうしたボリシェヴィキの古参活動家たちは脅迫されて殴られ、あらかじめ用意された台本を読みあげたにすぎなかった。しかし彼らの自白は広く信じられ、それまでとはちがった新たなソ連史を描き出した。そこではつねにスターリンが正しかったことになっていた。

以後の見せしめ裁判では、スターリンは一九二〇年代のリズムに従いさえした。左派のカーメネフ、ジノヴィエフという旧反対派を始末したのち、今度は右派の旧敵ニコライ・ブハーリンに攻撃の矛先を向けたのだ。まだ議論することが可能だった一九二八年、ブハーリンは、飢饉を演出した張本人としてスターリンを名指しすると脅したことがあった。実行はしなかったが、どのみち彼は死ぬことになった。トロツキーは海外にいたため見せしめ裁判にかけられなかったが、反スターリン派のリーダーと見られていた。一九三六年八月二十二日付の共産党機関紙プラウダは、「トロツキー‐ジノヴィエフ‐カーメネフ‐ゲシュタポ」という大見出しで、疑われている関係を明らかにした。しかしソヴィエト連邦樹立に力を尽くしたボリシェヴィキ活動家たちを、資本主義国がスパイとして雇うはずはない。それに、三人ともユダヤ人の血を引く共産主義者なのだから、ナチス・ドイツの秘密警察のスパイになれるわけがない。とうてい考えられなかったが、国外でもこの告発内容は真実と受けとめられた。[33]

多くのヨーロッパ人、アメリカ人にとって、見せしめ裁判は一般の裁判と変わりはなく、自白は信頼に足る犯罪の証拠にほかならなかった。親ソ的な立場をとっていた人々はこれを有望な展開と見た。たとえばイギリス人の社会主義者、ベアトリス・ウェッブ〔一八五八―一九四三〕は「スターリンが枯れ枝を切り落とした」と喜んだ。ほかの親ソ派は、ソ連がナチス・ドイツの敵であること、それゆえ文明諸国の期待の星であることを根拠に、自分の疑惑を抑え込んでしまったようだ。ヨーロッパの世論は一九三六年ごろには真っ二つに分かれていたので、ソ連政権を批判すれば、ファシズムとヒトラーを支持していると見られる恐れがあった。もちろん、これは国民社会主義と人民戦線に共通する二元論である。ヒトラーは自分の敵を「マルキスト」と呼び、スターリンは「ファシスト」と呼んだ。[34]どちらの見方も、中間がないという点で一致していた。

スターリンがエジョフをNKVD長官に任命したのは、スペインへの介入を決めたころだ。スターリンにとっては見せしめ裁判も人民戦線も、政策としては同じだった。人民戦線のことも、当然、モスクワの路線変更に応じて敵とも味方とも自在に決められる存在と見ていた。非共産主義政治勢力に接近する際の常として、人民戦線に対しては、国内でも国外でも十分に警戒する必要があった。スターリンにとってスペイン内戦とは、スペインの武装ファシズムと彼らを国外から支援する勢力の双方を相手にした戦いであり、左派と内なる敵に対する闘争でもあった。スターリンは、スペイン政府が力不足のため十分な数のスパイや裏切り者をさがし出して殺すことができていないと考えた。ソ連は国家であると同時にビジョンであり、一国の政治体制であるとともに国際主義的なイデオロギーでもあった。その国外政策と国内政策はつねに一本の線でつながっていて、分かたれることはなかった。それがソ連の強みであり、弱みでもあった。[35]

オーウェルが見たように、ヨーロッパ・ファシズムとの衝突をめぐるソ連側の公式見解が発表された時期は、スターリンが過去の政敵や今後反体制派に転ずる可能性のある人物を対象に血の粛清をおこなった時期と一致する。見せしめ裁判がはじまったのは、ちょうどソ連の顧問団がバルセロナとマドリードに派遣されたころだったのだ。スペインでファシズムと戦う以上、国内でも敵を警戒するのは当然であり、国内で粛清を進める以上、スペインでも敵を警戒するのは当然だという理屈である。スターリンが社会的多元主義を謳う人民戦線への支持を表明しつつも、自分の考える社会主義に反対する者は徹底的に排除するつもりでいることが、スペイン内戦によってはっきりしたのである。オーウェルが見たように、一九三七年五月にバルセロナで共産主義政党同士の衝突事件が起きると、モスクワに借りのあるスペイン政府はトロツキー主義政党〔マルクス主義統一労働者党〕を非合法化した。バルセロナで起きたこの小競り合いについて、オーウェルは「遠い町で繰り広げられたこのあさましい抗争は、当初はさほど重要には見えなかったかもしれないが、じつはもっと大きな意味を持っている」と書いた。彼の見方は正しかった。スターリンはバルセロナ事件により、ファシストの第五列〔内部攪乱をはかる分子〕の存在が明らかになったと考えた。つまりこの事件により、地理的な距離も現地の政治的現実も無視するスターリニズムの唯一強大な論理がはっきりと姿を見せたのである。オーウェルはその著書、『カタロニア讃歌』の心を揺さぶる一章に、このことを書き記している。西欧の共産主義者や民主主義者の中には、彼のスペイン内戦回顧録を読んでファシズムだけが敵とはかぎらないことを教えられた者が少なからずいたのである[36]。

ソ連国内では、見せしめ裁判で次々に自白がおこなわれ、組織的な陰謀の存在が裏付けられていくかのように見えていた。エジョフはこうした組織を外国諜報機関の支援を受けた「センター」と呼んでいた。一九三七年六月下旬、エジョフはモスクワで自分が導き出した結論を共産党中央委員会で発表した。彼は党幹部に、すべての政敵、軍、そしてNKVDにさえ浸透する指導的陰謀組織、「センター中のセンター」の存在が確認されたと報告した。彼らの狙いは、ソ連を破壊し、その領土に資本主義を復活させることにほかならない。「センター中のセンター」のスパイは、品評会で賞をとったヒツジの去勢でも――と、破壊工作の一例をあげ――なんでもためらわずにやってのけるのだと言い立てた。エジョフの報告により、党、軍、NKVD内部の粛清が正当化された。月末までに軍の最高幹部八名が見せしめ裁判にかけられた。それから数カ月のうちに、赤軍の将官の約半数が処刑された。一九三四年の党大会（勝利者の大会）に参加した中央委員会のメンバー一三九名のうち、九八名が銃殺された。軍、国家機関、共産党の粛清により、総計約五万人が処刑される結果となった[37]。

ヒトラーの血の粛清

一九三四年から三七年にかけての同じころ、ヒトラーもまた暴力によって、力の行使に必要な機関――党、警察、軍――の支配を進めていった。スターリンと同様、彼もまた、さらなる権力掌握をめざし、かつて自分を支えてくれた人々に死をもたらした。殺した人数ははるかに少なかったが、ヒトラーの粛清は、ドイツで法の支配が機能するかどうかは、指導者の気分次第であることを明確にした。

スターリンはＮＫＶＤをみずからの直属機関にする必要があったが、ヒトラーはお気に入りの準軍事組織であった親衛隊を発展させて、さまざまな国家警察機関の上位に置くためにテロルを指示した。スターリンが粛清によってソ連軍を恫喝しようとしたのに対し、ヒトラーは実際に軍の最高司令部が脅威と感じていたあるナチス党員を殺すことにより、将軍たちを手なずけたのである。

ヒトラーの粛清の犠牲者のうち、もっとも有名なのはエルンスト・レームだ。彼はナチスの準軍事組織のひとつ、突撃隊の指導者だった。突撃隊は、ヒトラー個人の権威を高め、反対派（と投票者）を震えあがらせ、一九三三年に権力の座につくのを助けてきた。突撃隊がおこなった市街戦は、政治家としてのヒトラーには役立ったが、首相としての彼にとってはあまり有益ではなかった。一九三三年から三四年にかけ、レームは第二革命の必要性を説いたが、ヒトラーはこの提案を却下した。レームはまた、ヒトラーのドイツ軍再建計画にそぐわない野心をもいだいていた。彼はみずからが組織した突撃隊のほうが軍よりもナチスの精神をよく反映していると考え、ドイツ軍を自分の指揮下に置きたいと思っていたのだ。突撃隊の成員は三〇〇万人で、ヴェルサイユ条約がドイツ軍に許した兵力一〇万をはるかに超えていた。ヒトラーは確かに、ドイツ軍を再建して条約の取り決めを破るつもりではいたが、準軍事組織を軍に代わるものとしたり軍と合併させたりしようとは考えていなかった。[38]

一九三四年六月、ヒトラーは親衛隊に、レームとその部下数十人、党内のほかのライバル、政治家数名の殺害を命じた。親衛隊の指導者はハインリヒ・ヒムラーだった。ヒムラーは人種の純潔性と思想訓練、そしてヒトラー個人への忠誠を重視していた。ヒトラーは、のちに「長いナイフの夜」と名づけられたこの作戦で、ナチスのべつの準軍事組織であった親衛隊を使い、突撃隊を抑え込もうとした。ヒムラーの働きを評価していた彼は、レームほか数十名の抹殺を託した。一九三四年七月十四日に開かれた国会では、七四名が殺害されたことが明らかにされた。ほんとうは八五人以上で、その中には、（ナチスの）国会議員もふくまれていた。当然ヒトラーは、レームらが合法的な政府にするクーデターを画策していたため、それを未然に阻止する必要があったと主張した。ヒトラーの血の粛清は、突撃隊幹部にとどまらず、保守派や元政府指導者にまでおよんだ。前首相三名のうち、ひとり［クルト・フォン・シュライヒャー］が殺され、ひとり［フランツ・フォン・パーペン］が身柄を拘束され、もうひとり［ハインリヒ・ブリューニング］は国外へ逃亡した。(39)

殺人作戦の道具として親衛隊が選ばれたため、ヒムラーはさらに権力中枢に近づく結果となった。組織上、突撃隊と切り離された親衛隊は、国民社会主義党内で最強の機関となり、長いナイフの夜事件のあとは、多くのドイツ警察機関をナチスのイデオロギーに従わせる役目を担うことになる。ヒムラーは親衛隊とドイツ警察の人員をローテーション制で交替させることによって、彼のもとに組織の機能を集中させ、ふたつの機関を統合していった。一九三六年、ヒトラーはヒムラーをドイツ警察長官に任命した。ヒムラーはこれにより、秩序警察の制服警察官と、刑事警察の私服刑事、秘密警察（ゲシュタポ）の工作員を束ねる立場に立った。警察は国家機関であり（というより、いくつかの異なる国家機関の集合であり）、親衛隊はナチス党の機関だったが、ヒムラーはこれらをひとつにまとめようとしたのだ。一九三七年、彼は各地域の親衛隊と警察を統轄する「親衛隊・警察高級指導者」という警察長官の職を創設し、司令系統を統一した。(40)

親衛隊を突撃隊の上位に据えたことと同等に重要だったのは、ヒトラーと将軍たちの関係が改善したことだ。レームの処刑により、軍最高司令部はヒトラーに借りができた。一九三四年まで、軍はヒトラーが完全支配できていない唯一の重要国家機関だった。ヒトラーが突撃隊を使って軍を支配するつもりはなく、軍そのものの再建を計画しているのだとわかったとたん、事態は急速に変化した。数週間後にヒンデンブルク大統領が死去すると、軍はヒトラーの国家元首昇格を支持した。ヒトラーは「大統領」の職を求めようとせず、「指導者」となることを望んだ。一九三四年八月、ドイツの将兵はヒトラー個人に無条件の忠誠を誓い、それ以降は彼を「わが指導者」と呼ぶことになった。その月のうちに国民投票がおこなわれ、ヒトラーを「指導者兼ドイツ国首相」とすることが確認された。彼は一九三五年三月、ドイツがヴェルサイユ条約を破棄することを公に宣言し、徴兵制を再開して、軍の再建に乗り出した。(41)

ヒトラーもスターリンと同じく、自分が権力機関の支配者であることをはっきりさせ、自分が陰謀の犠牲となったかのように見せかけて、実在する敵、仮想の敵を排除していった。しかし彼は同時に、スターリンがレーニンとボリシェヴィキ革命から受け継いだような抑圧機関も作りあげようとしていた。親衛隊とドイツ警察には、ソ連のNKVDほど大規模なテロルを組織する力はなかった。長いナイフの夜事件では数十人が犠牲になったが、ソ連の共産党、軍、NKVDを対象とした粛清では、これとは桁違いの数万人が処刑された。第二次世界大戦以前にナチス政権が殺害した人数を全部合わせても遠くおよばない。親衛隊がNKVDと肩を並べるようになるまでには、十分な時間と訓練を必要とした。ヒムラーは隊員たちを「イデオロギー兵」と見ていたが、彼らは表舞台には姿を見せず、ほんものの兵士の背後で——一九三九年のポーランド戦線や一九四一年のソ連戦線の裏で——人種的征服・支配という使命を果たすことになった。(42)

ヒトラーが国内でおこなった粛清の原則は、そのまま将来の侵略戦争にも適用された。彼に忠実なドイツ国防軍が戦闘に従事し、親衛隊と警察がこれを破壊戦争へと変容させる。この一点に着目すれば、スターリンが戦争を恐れたのは無理もないと言える。しかしドイツはその来るべき戦争でソヴィエト国民から支持を得ようとは思っていなかった。その意味では、スターリンが恐れたシナリオ――国外の敵と国内の反対派が手を結ぶという推測――はまったくの杞憂にすぎなかったのだ。スターリンは一九三七年から三八年にかけて自国民を対象にさらに大規模な粛清を決行したが、これはなんの実も結ばなかっただけではなく逆効果だったのである。

「反ソ分子」三八万人の虐殺

ソ連軍、共産党、NKVD内の粛清は、一九三七年から三八年にかけて、階級や民族を理由に数十万の命を奪ったスターリンの大テロルへの序章にすぎなかった。数万人が尋問され、その過程で多くの「組織」や「陰謀」「団体」が捏造されて、人々は片っ端からこうしたカテゴリーに放り込まれていった。共産党員の処刑は、党内に恐怖を引き起こしたにちがいない。だが党員が一九三七年夏のスターリンの方針に従って一般大衆にまぎれた真の敵をさがすことに同意すれば、党はおおむね対象外とされるはずだった。粛清ではNKVDの忠誠も試された。スターリンの気分次第で指導部が更迭され、幹部職員たちは、同僚が粛清されていくのを見ているほかはなかった。だが一九三七年夏、追い詰められたNKVDは、多くの幹部職員が敵と断定する準備を進めていたある社会集団に攻撃の矛先を向けた。ソ連の指導者たちも数カ月前から、おそらく彼らが非常に恐れていたあるグループに打撃を与えようとひそかに策を練っていた。その集団とは、クラークである。(43)

クラークは、スターリンの革命を生き延びた気骨のある農民たちだった。彼らは集団化にも飢饉にも、そして多くが強制収容所にも耐え抜いた。実際は、クラーク（富裕な農民）などという社会階級は存在したことがない。この言葉は、ひとりでに政治的な生命を持つにいたったソ連独自の用語である。第一次五カ年計画のさなかに実施された「クラーク消滅」作戦では膨大な数の人々が命を奪われたが、最終的にはひとつの階級が破壊されたのではなく、誕生する結果となった。汚名を着せられて迫害されながらも、生き残った者というカテゴリーだ。流刑にされたり集団化の進行中に逃亡したりした数百万人は、のちのちまでもクラークと見なされるようになり、しばしばそのように区分されることを受け入れた。ソ連の指導者たちは、革命によって反対派を作り出してしまった可能性を考えざるをえなかった。一九三七年二月から三月にかけて開かれた共産党中央委員会総会では、数名の出席者が論理的な結論を導き出した。「異質な分子」が都市部の純粋なプロレタリアートを堕落させようとしている。クラークはソ連の政治体制を「激しく憎悪している敵」である、というのだ(44)。

クラークは苦難を味わっただけではなく、膨大な距離の移動に耐えて生き延びた人々だ。集団化は何百万人ものクラークを強制収容所や都市へと追いやった。つまり彼らは、何百キロ、何千キロと旅をしたわけだ。第一次五カ年計画のときには、少なくとも三〇〇〇万人ほどの農民が賃金労働者になった。だが結局はそういう計画だったのだ。ソ連は農業国から工業国に変わろうとしていたのだから。クラークと断定された者のうち、およそ二〇万人が処刑や流刑の判決を受ける前に都市部へ逃げ出したと推定される。約四〇万人が特別居留区を脱走して、一部は都市へ、多くは農村地帯へ逃れた。刑期を終えて強制収容所や特別居留区を出た者も数万人いた。一九三〇年、三一年、三二年に五年間のグラーグ行きを宣告されたわけなので、その間に死ななかった者が一九三五年、三六年、三七年にいっせいに解放されたことになる(45)。

こうした強制移住と処罰によってクラークから社会的に有害な部分が取りのぞかれ、よきソヴィエト国民に変容させることができたとする楽観的な見方もあった。しかし一九三〇年後半に入ったころには、スターリニズムがこのような進歩への期待をことごとく打ち砕いてしまった。スターリンは、工業化政策の本質であった社会的流動性が揺らいでいると見ていた。クラークが集団農場に再加入しつつあったからだ。彼らはそこで一九三〇年の農民蜂起のような反乱を起こすにちがいない。多くの意味で伝統的な社会秩序を取り戻そうとしているのだ。スターリンは、彼が公表を禁じた一九三七年の国勢調査から、成人の大多数がいまだにソ連国家の無神論を受け入れず、神を信じていることを知った。ボリシェヴィキ革命から二〇年を経てもなお、信仰は困惑といらだちの種となっていた。クラークが以前のような社会を再建する可能性もあるだろう(46)。

クラークの中でも、収容所送りにされた時期が遅かった者、刑期が長かった者はまだソ連東部のシベリアや中央アジアのカザフスタンで流刑生活を送っていた。彼らが日本の侵攻に手を貸す恐れはないだろうか。一九三七年六月、ＮＫＶＤはシベリアに流されたクラークが「反乱を起こすべく、広い基盤を」築いていると報告した。彼らが他国政権の支援を受け、戦争という形に助けられれば、まちがいなくソ連政権に手向かうことだろう。ほどなく、クラークは内なる敵に仕立てあげられた。ひとつの抑圧政策がさらなる抑圧政策の口実となった。流刑に処せられたクラークはソ連の体制を愛していない。しかも、いま彼らが故郷を遠く離れて暮らしている地域は、国外の脅威――つまり、拡大を続けている大日本帝国――に近い位置にある(47)。

ＮＫＶＤ極東支局からの報告は、国内反対勢力と外国政権が手を結ぶというシナリオに根拠を与えた。一九三七年四月、中国の新疆省でソ連の影響力に抗議する反乱が起きた。日本の傀儡国家であった満州国では、日本が白系ロシア人亡命者を雇い、シベリアで流刑生活を送るクラークとの連絡にあたらせていた。NKVDによれば、「ロシア全軍連合」なる組織〔世界各地に亡命したロシア白軍軍人の反ソ組織〕が日本の支援を受け、日本がソ連に侵攻した場合に、流刑地のクラークを扇動して蜂起させることをもくろんでいるという。一九三七年六月、NKVD極東支局は「ロシア全軍連合」に協力している疑いのある者を大量に逮捕・処刑する許可を与えられた。この作戦の標的とされたのは、流刑の身であったクラークと、彼らを指揮していると見られた旧ロシア帝国軍将校たちだった。対象となった人数は、当然、前者のほうが後者よりはるかに多かった。まもなくシベリアの流刑地でクラークの殺害がはじまった(48)。

ソ連の指導者たちは、日本がポーランドやナチス・ドイツと連携して東の資本主義包囲網を形成し、ソ連を封じ込める気ではないかと、つねに恐れていた。アジアで対日戦争の準備を進めることは、同時にヨーロッパでの戦争準備を整えることを意味した。この時期、多くのクラークがソ連領内のアジア地域からヨーロッパ地域へ帰郷しつつあったので、敵のネットワークが国土の端から端まで張りめぐらされたという想定に無理はなかった。農民の銃殺はシベリアではじまったが、スターリンは東の流刑地だけではなく、ソ連全土でクラークを処罰しようと決めたようだ。

一九三七年七月二日、スターリンとソ連共産党政治局は、「反ソ分子について」と題した電報を送り、ソ連のすべての地域で大量弾圧をおこなうよう指示した。ソ連の指導部は最近頻発している破壊工作、犯罪行為はクラークの仕業であると断定した。国内のありとあらゆる問題をクラークのせいにしたも同然だった。政治局は各地域のNKVD支局に、所轄区域に住むすべてのクラークの登録を命じ、処刑や流刑の割当件数を示した。すると、ほとんどのNKVD支局が、さまざまな「反ソ分子」をリストに加える許可を求めてきた。七月十一日には、第一回弾圧対象者のリストがすでに政治局に提出されていた。スターリンの命令で、こうした候補者に加え「さらに一〇〇〇〇人」が検挙された。これによって作戦自体のハードルがあがり、国家警察には、単に名簿に載った者を全員処刑するだけでは不十分であるという明確なシグナルが送られることとなった。ＮＫＶＤの職員は、脅迫と粛清に彩られた環境で自分の勤勉さをアピールするため、さらに多くの犠牲者をさがす必要に迫られたのだった。[49]

スターリンとエジョフは、「すべての反革命運動を直接、物理的に一掃する」ことを望んだ。これはつまり、敵を「きれいさっぱり」取りのぞくことを意味した。『元クラーク、犯罪者、その他の反ソ分子鎮圧作戦について』と題した一九三七年七月三十日付の命令第〇〇四四七号により、モスクワから各地域に改訂された割当人数が通達された。七万九九五〇人のソヴィエト国民を銃殺刑に処し、一九万三〇〇〇人を八年から一〇年間のグラーグ行きとすることが求められた。政治局やモスクワのＮＫＶＤ本部が誰か特定の二七万二九五〇人を弾圧の対象としようと考えたわけではない。誰がこの割当人数に入るかはわからなかった。ＮＫＶＤ各支局が決めることになったのである。[50]

殺害・投獄の割当数は、公式には「限界値」と呼ばれたが、関係者はみな、それを超えることを期待されているのを知っていた。ＮＫＶＤ職員なら誰でも「反革命主義」に立ち向かう熱意が不足しているとは思われたくない。エジョフの示した目安を「十分に超えていないよりは、超えすぎたほうがよい」ことがわかっていたので、なおさらだった。今回のクラーク作戦では、七万九九五〇名ではなく、その五倍の人数が銃殺される結果となった。ＮＫＶＤは命令第〇〇四四七号の要件を満たすため、一九三八年末までに三八万六七九八人のソヴィエト国民を処刑した。[51]

迅速かつ無差別の処刑

命令第〇〇四四七号は、一九三〇年代はじめにソ連農村部に恐怖をもたらしたのと同じ制度、「トロイカ」によって実行される手はずになっていた。各地域ごとのＮＫＶＤ支局長、地方共産党指導者、地方検察官によって構成されるこの三人委員会の任務は、割当数を処刑件数にし、人の数を遺体の数に変えることだった。ソ連全体の目標値が六四の地域――つまり六四のトロイカ――に割り振られた。こうしたトロイカではＮＫＶＤ支局長が実権を握り、会議の議長を務めた。検察官たちは法手続きを無視するよう命じられた。共産党指導者たちにはべつの任務が与えられた。彼らは治安維持の専門家ではなかったし、自分たちが標的になるかもしれないと恐れていた。ＮＫＶＤ支局長が本領を発揮した。[52]

命令第〇〇四四七号の実行は、ファイルキャビネットを空にすることからはじまった。クラークに関しては、国が作った区分だったので、ＮＫＶＤがある程度の資料を持っていた。この命令で二つ目のグループに指定された「犯罪者」は、「ひそかに司法制度にそむいた者」と定義されていた。三つ目の「反ソ分子」とは、単に地元のＮＫＶＤ支局のファイルになんらかの記録がある者だった。ＮＫＶＤ支局では、警察の力を借りて六四の各地域に置かれた「作戦本部」で調査をおこなった。「作戦部隊」が取り調べ候補者のリストを作成した。こうした標的となった人々は逮捕され、自白を強要され、共犯者をでっちあげるよう誘導された。[53]

自白は拷問によって引き出された。ＮＫＶＤなどの警察機関では、昼も夜も途切れることなく質問攻めにする「コンベヤー方式」を採用していた。容疑者を壁際に横一列に立たせ、壁に触れたり眠り込んだりしたら殴る「直立方式」も補助手段として使った。期日までにノルマを達成しようという焦りから、担当官はしばしば、自白が得られるまでただ拘留者を殴り続けた。スターリンはそれを一九三七年七月二十一日に許可している。ソヴィエト・ベラルーシでは、尋問官が容疑者の頭を便器に突っ込んで押さえつけ、首をあげようとするたびに殴ったという。あらかじめ供述書の原稿を作っておいて、個人の情報を書き入れ、手書きで内容に修正を加えていた尋問官もいる。無理やり白紙に署名させ、あとからゆっくり書類を作成する者もいた。このようにしてソ連の機関は「敵」の「仮面を剝ぎ」、その「思想」を記録に残していった。[54]

割当人数は中央から通達されたが、遺体は各地域で作られた。判決を下すのは、命令第〇〇四四七号を実行したトロイカだ。モスクワの承認をとる必要はなく、控訴も許さなかった。トロイカのメンバー三人は、夜間に尋問官と面会した。容疑者ひとりひとりについてごく短い報告を受け、死刑とグラーグ行きのどちらが妥当か、尋問官の意見を聞く（無罪とされた者はほんのひと握りだった）。そしてほぼ必ず、尋問官の言うとおりにした。トロイカは一度に何百件もの事案を扱い、一時間に六〇件以上のペースで判決を下した。人ひとりの生死を一分足らずで決めていたのだ。たとえばレニングラードのトロイカは、たった一夜のうちにソロフキの強制収容所に囚われていた六五八人に死刑判決を出してしまった。[55]

テロルはほかのあらゆる地域と同様、グラーグでも横行した。強制収容所にいる者がどうしてソヴィエト国家の脅威になりうるのか理解しにくいかもしれないが、グラーグにも各地域と同じように、達成または超過すべき目標値が割り当てられた。クラークと見なされた者が危険なら、クラークとして投獄された者もまた危険である、という論法だった。当初はグラーグ全体で処刑一万名との目標値が示されたが、最終的には三万〇一七八人が銃殺された。シベリア南西部のオムスクは、もっとも苛烈な作戦の実行地点のひとつとなった。この都市の近郊には、集団化政策の折に送られてきた特別居留者が多く暮らしていた。現地のNKVD支局長は、命令第〇〇四四七号がまだ発効していなかった一九三七年八月一日に、早くも割当数に加えて八〇〇〇人を処刑する許可を求めていた。彼の部下たちは一夜のうちに一三〇一人を処刑したこともあった。[56]

クラークを対象としたこの作戦は秘密裡に進められた。罪に問われた本人をふくめ、誰も判決内容を知らされなかった。刑が決まればただ連れ去られるだけだ。最初は監獄のような施設に入れられ、次には、貨物列車に乗せられるか、処刑場へ送られる。処刑用の施設が建設されたり、慎重に選定されたりした。処刑は必ず夜間にひそかに、防音処理が施された地下室や、騒音で銃声がかき消される自動車整備工場のような大きな建物や、人里離れた森の中でおこなわれた。処刑人はNKVDの職員で、たいていナガンの軍用拳銃を使用した。ふたりが囚人の両腕をつかみ、背後から処刑人が頭部の付け根に弾を一発撃ち込む。そのあと、こめかみに「とどめの一発」を見舞うこともあった。ある指示書には、「処刑後は、前もって掘っておいた穴に死体を寝かせ、ていねいに埋葬してから、その穴をカムフラージュすること」と具体的に手順が示されていた。一九三七年の冬が来て地面が凍結すると、爆発物を使って穴を準備した。この任務に参加した者は秘密保持を誓った。直接携わった者はごく少数だ。モスクワの郊外地区、ブトヴォでは一九三七年から三八年にかけて、わずか一二名のNKVD職員から成るチームが二万〇七六一名を銃殺した。[57]

クラーク作戦には、最初から終わりまで銃殺が関わった。エジョフは一九三七年九月七日までに三万五四五四人が銃殺されたと、いかにも誇らしげにスターリンに報告している。しかし一九三七年度中に下された判決件数では、流刑が死刑を上まわっていた。時間がたつにつれ、新たに通達されてくる割当数は、流刑より死刑のほうが多くなり、最終的には、この作戦で殺害された人数とグラーグに送られた人数がほぼ等しくなった（それぞれ、三七万八三二六名と三八万九〇七〇名である）全体として流刑から死刑へと移行した背景には、現実的な理由があった。強制移住させるより殺したほうが簡単だったし、収容所がすぐに満員になり、流刑囚の多くを収容できなかったからだ。レニングラードでは、ある捜査の結果、聴覚障害者三五名が銃殺刑（流刑ではなく）に処せられた。ソヴィエト・ウクライナではNKVD支局長のイズライル・レプレフスキーが、高齢者は流刑ではなく銃殺刑にせよと命令した。このようなケースではどういう人間であるかを理由にソヴィエト国民が殺されたのである。[58]

集団化時代に広く「クラークの抵抗」があったソヴィエト・ウクライナは、とくに多くの犠牲者が出た地域だ。レプレフスキーは、命令第〇〇四四七号の枠組みを広げて、ウクライナの民族主義者と思われる者もふくめた。大飢饉以来、彼らはソ連の領土保全に対する脅威として扱われてきた。ソヴィエト・ウクライナでは約四万〇五三〇人が民族主義者であることを理由に逮捕された。一九三三年にドイツに食糧支援を要請したかどで逮捕された者もいた。一九三七年十二月にこの地域の（すでに二倍に増加された）目標値が達成されると、レプレフスキーはさらなる追加を要請した。一九三八年二月、エジョフはウクライナに対し、二万三六五〇人の処刑割当を追加した。一九三七年と三八年の二年間にNKVDに殺されたソヴィエト・ウクライナの住民の数は、合計七万〇八六八名にのぼった。一九三八年のソヴィエト・ウクライナでは、銃殺刑の比率がほかの刑よりもとくに高かった。一月から八月までのあいだに、三万五五六三人が銃殺されたのに対し、強制収容所に送られたのはわずか八三〇人だった。たとえばスターリノのトロイカは、七月から九月のあいだに会議を七回開き、一一〇二人の容疑者をひとり残らず死刑にした。ヴォロシーロフグラードのトロイカも、一九三八年九月に審理した一二二六人全員に死刑判決を下した。[59]

これらの膨大な数は、定期的に大量の処刑がおこなわれ、数多くの巨大な「死の穴」に遺体が埋められたことを意味する。ソヴィエト・ウクライナの工業都市では、クラーク出身の労働者、あるいはそうであると疑われた者が、なんらかの破壊活動をしたかどで死刑を宣告され、たいていがその日のうちに殺害された。ヴィーンヌィツャでは、死刑判決を受けた者は縛られて猿ぐつわを嚙まされたうえ、洗車場へ連れていかれた。そこではトラックが待っていて、銃声を隠すためにエンジンを吹かしていた。遺体はそのトラックに積まれて市内のある場所へ――おそらくは果樹園や公園や墓地などに――運ばれた。処刑に先立ち、ＮＫＶＤの職員たちがヴィーンヌィツャ市の内外八七カ所に合同墓地を用意していた。[60]

クラーク作戦は、見せしめ裁判と同様、一九二〇年代末から三〇年代はじめにかけての、スターリンの政治的基盤がまだ危うかった時代の再来とも言えたが、今度は期待どおりの結果が出せた。集団化をめぐって政治議論がおこなわれた時代を象徴するかつての政敵とともに、集団化への組織的な抵抗の象徴であったクラークを物理的に排除することができたのだ。党幹部の殺害によってスターリンがレーニンの後継者となることが確認されたように、クラークの抹殺は、スターリンがレーニンの政策をどのように解釈していたかを改めて明確にした。集団化政策が大飢饉につながったとすれば、それは飢えた者と、なんらかの方法ですべてを引き起こした外国諜報機関の責任である。もし集団化政策が人々のあいだに不満を産んだとすれば、それは苦しみを味わった本人と彼らを支援した外国勢力のせいである……。根本的に、スターリンの政策自体があまりに常軌を逸していたので、正当化するためには、このようなこじつけと大量処刑が必要になったのだろう。一度こうした方法をとってしまえば、それを歴史の審判として示すこともできた[61]。

だがスターリンは、自分の政策がやむをえない措置であったかのように見せかける一方、指導者たちが未来を語り、未来がわかっているふりをすることを許すマルクス主義を捨て去ろうともしていた（そのつもりだなどと言ったことはなかったが）。マルクス主義が歴史の科学であるかぎり、その本来の領域は経済であり、その研究対象は社会階級だった。マルクス主義をもっとも厳しくレーニン主義的に解釈する者でさえ、人々が革命に抵抗するのは、それぞれの出身階級のせいだと考えていた。だがスターリニズムでは、何かが変わろうとしていた。国家の安全保障に対するふつうの懸念が、マルクス主義の言葉に染み込んで、それを決定的に変えてしまったのだ。見せしめ裁判の被告たちは、ソ連を外国勢力に売ったとされた。起訴状によれば、彼らは階級闘争をわざと弱く間接的な形で展開し、この社会主義体制生誕の地を包囲する帝国主義国家群を代表する国々を支援したのだという。

クラーク作戦は一見、階級テロルのようだったが、ソヴィエト・ウクライナの場合のように「民族主義者」を標的にすることもあった。ここでもスターリニズムは新しいものを導入しつつあったのだ。レーニンがマルクス主義を修正したときには、各民族集団がソヴィエト国家の建設とともに社会的進歩を遂げ、ソヴィエトの政策を受け入れるものとされていた。つまり当初は農民問題がよい意味で民族問題に結びつけられていたのである。人々は農民階級から労働者か事務職か専門職へと階級をのぼっていく過程で忠実なソヴィエト国民として民族意識に目覚めていくと考えられたのだ。しかしスターリンのもとでは、農民問題は悪い意味で民族問題に関連づけられた。ウクライナ人が民族意識を獲得するのは危険と見なされ、ほかの民族的少数派はさらなる脅威であるとされた。ソヴィエト・ウクライナで命令第〇〇四四七号の犠牲となった人々の大半はウクライナ人だったが、ポーランド人も不自然に高い比率を占めていた。おそらく階級と民族との関連づけがもっとも顕著だったのはそこだ。NKVD職員のあいだでは「ポーランド系ならクラークだ」とささやかれていた。(62)

ナチス・ドイツ大量虐殺への道

一九三六年から三八年にかけてのナチスのテロルもおおむね似たような形で進められた。たいていは、個人をなんらかの具体的な罪に問うのではなく、政治的に分類された社会集団の成員を、そうしたグループに属しているからという理由で処罰した。ナチスにとってもっとも重要なカテゴリーは、自分たちの世界観に抵抗を示していると思われる（そして現に抵抗している）「反社会的な」集団だった。同性愛者、路上生活者、アルコールや薬物の依存症と考えられる者、働く意欲のない者などが対象となった。エホバの証人は、ドイツ国内のどのクリスチャンよりもはるかにきっぱりとナチスの世界観の前提条件を拒否し［ヒトラーへの敬礼を拒み、人種差別に反対の立場をとるなどした］、そのために迫害を受けることとなった。ナチスの指導部は、このような者は人種としてはドイツ人だが堕落していると見なし、拘禁と懲罰によって矯正しなければならないとした。ソ連のNKVDのように、ドイツの警察も一九三七年から翌年にかけて各地区で組織的に一斉捜査をおこない、指定されたグループについて、割り当てられた検挙件数の達成に務めた。ドイツの捜査官たちもまた、忠誠を証明して上司の心証をよくしたいがために、ノルマを超えてみせることが多かった。しかし逮捕後の措置は、ソ連の場合とはちがっていた。ほとんどが拘禁であり、処刑はめったにおこなわれなかった[63]。

ナチスがこうした望ましくない社会集団を弾圧するには、強制収容所網の建設が必要だった。一九三三年に建てられたダッハウ、リヒテンベルクの施設に加え、ザクセンハウゼン（一九三六年）、ブーヘンヴァルト（一九三七年）、フロッセンビュルク（一九三八年）にも収容所が設置された。これら五つの収容所は、ソ連のグラーグよりも規模が小さかった。一九三八年末、ソ連の強制収容所や特別居留区では一〇〇万人以上が苛酷な労働を強いられていたが、ドイツの強制収容所で働かされていたのは二万人程度だった。人口差を考慮しても、当時のソ連強制収容所システムの規模はドイツの約二五倍にもおよんでいた[64]。

この時点でのソ連のテロルは、ドイツよりはるかに広範だっただけではなく、比較にならないほど致死率が高かった。ソ連では命令第〇〇四四七号を受けて一八カ月のあいだに四〇万人近い人々が処刑された。ヒトラーのドイツではそのような事態は一度も起きていない。一九三七年、三八年の二年間で死刑判決を受けた人の数は、ドイツで二六七名だったのに対し、ソ連ではクラーク作戦だけでも三七万八三二六名にのぼった。人口差を勘案しても、ソヴィエト国民がクラーク作戦で処刑される確率は、ナチス・ドイツでなんらかの罪に問われた人が処刑される確率の七〇〇倍だったのである[65]。

スターリンもヒトラーも指導部を粛清し、主要な機関を掌握したのち、一九三七年から翌年にかけて社会浄化を決行した。だがソ連のクラーク作戦は大テロルのほんの一部にすぎなかった。これは階級闘争と見ることもできるし、そのように見せることもできた。だがソ連は特定の階級だけではなく、民族集団の抹殺も図ろうとしていたのだ。

　一九三〇年代の終わりごろには、ヒトラーの国民社会主義体制が民族主義と反ユダヤ主義によって広く知られるようになっていた。だが国内のある民族を敵と見なして大量に銃殺する作戦を世界ではじめて実行したのは、スターリンのソ連だったのである。

第3章　民族テロル

民族的少数派に属する者は「ひざまずかせ、狂犬のように撃ち殺せ」。これはナチスの親衛隊員ではなく、スターリンによる大テロルの際に共産党指導者が民族浄化作戦の基本方針を述べた言葉だ。一九三七年から翌年にかけて、約二五万人のソヴィエト国民が民族的背景をおもな理由として銃殺された。ソ連では五カ年計画により、社会主義のもとで多様な民族文化が花開くはずだった。だが一九三〇年代後半のソ連は、類を見ない民族迫害の国と化していた。人民戦線がソ連は寛容の国だとしていたさなかでさえ、スターリンは国内でいくつかの民族の大量処刑を命じていた。この時代にもっとも激しい弾圧を受けたヨーロッパ系の民族的少数派は、約四〇万人の（移民により減少していた）ドイツ・ユダヤ人ではなく、およそ六〇万人の（処刑により減少しつつあった）ポーランド人だったのである。[1]

スターリンは民族大量殺害のパイオニアだった。ソ連国内の民族の中でもポーランド人はもっとも目立つ犠牲者だった。民族的少数派であった彼らは、クラークと同様、集団化政策失敗の責めを負わされるはめになった。一九三三年の飢饉のころにその根拠が考え出され、一九三七年、一九三八年の大テロルの際に適用された。一九三三年、NKVDウクライナ支局長であったフセヴォロド・バリツキーが、大飢饉は「ポーランド軍事組織」なるスパイ団が仕組んだ陰謀であると言い出した。この組織が共産党ウクライナ支部に浸透し、ウクライナ人、ポーランド人の民族主義者を支援した。彼らは収穫を妨害し、餓死したウクライナ農民の遺体を、反ソ連プロパガンダとして利用した。これに刺激され、今度は「ウクライナ軍事組織」なる民族主義陰謀団がまったく同じような破壊活動をはじめ、ポーランド軍事組織とともに飢饉を引き起こしたというのだ。(2)

これは歴史にヒントを得た作り話だ。一九三〇年代には、ソヴィエト・ウクライナにも世界中のどこにも、ポーランド軍事組織なるものはなかった。確かにかつては存在した。一九一九年から二〇年にかけてのポーランド・ボリシェヴィキ戦争のころには、この名前を持つ組織がポーランド軍の諜報部隊として活動していた。しかしやがてチェーカーに押さえられ、一九二一年に解体された。バリツキーは当時、組織の壊滅作戦に加わっていたので、その歴史を知っていたのだ。だが一九三〇年代にポーランドのスパイがソヴィエト・ウクライナでなんらかの政治的役割を果たした事実はない。ソ連がもっとも脆弱だった一九三〇年、三一年でさえ、そのようなことをする能力はなく、当時もまだ、せいぜい工作員を国境地帯に送り込むのが関の山だった。一九三二年一月にソ連・ポーランド不可侵条約が締結されてからは介入する意思を失った。飢饉のあとにはもはやソ連の政治体制を変えるどころか、理解できる自信すら残っていなかった。ポーランドのスパイたちは大飢饉にショックを受け、組織的に対応することができなかったのだ。一九三三年には、ポーランドの脅威は消失したも同然だった。だからこそバリツキーは、ポーランドのスパイ活動の象徴を好きなように使うことができたのだ。存在しない「組織」の活動をでっちあげ、それを利用したほうが何かと手っ取り早いという考え方は、まさにスターリニズムの典型だった[3]。

一九三三年の夏、バリツキーは「ポーランド軍事組織」が、祖国での刑事訴追を逃れてきた共産主義者と称して、数え切れないほど多くの工作員をソ連に入国させたと主張した。実際、ポーランドでは共産主義が違法とされ、社会の片隅で細々と生き延びているにすぎなかったので、彼らはソ連を当然の亡命先と考えていた。ポーランド軍の諜報機関が自国の共産主義者を工作員として使おうとしたこともあったにちがいないが、ソ連に移住したこれらの人々の大半は、純粋な政治亡命者でしかなかったのだ。一九三三年七月、ソ連でポーランド人亡命者の逮捕がはじまった。ポーランド人共産主義者の脚本家、ヴィトルド・ヴァンドゥルスキは一九三三年八月に拘留され、「ポーランド軍事組織」に加担したと自白させられた。これに基づき、尋問手続きの過程でポーランドの共産主義と工作活動との関連が書類に記録され、さらに多くのポーランド人共産主義者が身柄を拘束された。そのひとり、イェジー・ソハツキは、一九三三年、自分の血で「わたしは最後まで党に忠実だった」というメッセージを書き、モスクワの拘置所の窓から飛びおりて命を絶った[4]。

「ポーランド軍事組織」陰謀説は、失政の責任をポーランド人になすりつける論拠となった。一九三四年一月にドイツ・ポーランド不可侵条約が締結されると、ポーランド人は飢饉だけではなく、ソ連の国際的評価が下がったことにも責任があると言われるようになった。バリツキーは、条約が調印されたその月に「ポーランド軍事組織」がウクライナ民族主義の継続を助けていると非難した。一九三四年三月、ソヴィエト・ウクライナでは、ポーランド人、ドイツ人の住民が約一万〇八〇〇人逮捕された。一九三五年には、ソ連全体としてはＮＫＶＤの活動レベルが下がっていたにもかかわらず、ウクライナでは逆にあがり続け、ソヴィエト・ポーランド人に対する監視が強化された。一九三五年二月、三月には、四万一六五〇人ほどのポーランド人、ドイツ人、そしてクラークがウクライナの西部から東部へ移された。一九三六年六月から九月にかけては、約六万九二八三人がウクライナからカザフスタンへと移送された。その大半はポーランド人だった。ポーランドの外交官はこの展開にとまどいをおぼえた。ポーランドはソ連ともナチス・ドイツとも同じくらいの距離をとっており、どちらとも不可侵条約を結んでいるが、どちらとも同盟関係にはなかった(5)。

一九三三年の大飢饉の際にでっちあげられた「ポーランド軍事組織」陰謀説は、まさに官僚主義が産んだ絵空事としてソヴィエト・ウクライナで生き残り、やがてソ連全土でポーランド人に対する民族テロルを正当化するために利用された。スターリンが一九三四年十二月に最初のキューを出し、ＮＫＶＤからポーランド人職員のイェジー・ソスノフスキを排除せよと要請した。ソスノフスキは以前ポーランド軍事組織のメンバーだったが、やがてチェーカーに取り込まれ、一〇年以上にわたってソ連に貢献してきた。ソ連の国家警察がポーランド人共産主義者のフェリクス・ジェルジンスキーによって創設されたことから、主要ポストの多くは初期に採用されたポーランド人に占められていた。一九三六年九月にＮＫＶＤ長官に就任したエジョフは、こうした古参ポーランド人職員を脅威に感じていたようだ。少なくともポーランド人のことを過剰に気にしていた。外国諜報機関が陰謀を仕組んだという手の込んだ筋書きを信じたがった彼は、ポーランドをもっとも疑わしい国と考えた。なぜなら、彼の見たかぎりではポーランド人が「何もかも知っている」からだった。一九三六年十二月に逮捕したソスノフスキの取り調べを通じ、かつて実在したポーランド軍事組織のことを知って関心を持ったのかもしれない。[6]

エジョフは、バリツキーがソヴィエト・ウクライナで進めていたポーランド人弾圧作戦の経緯を追い、それを自分なりに解釈し直してみた。一九三六年にモスクワで見せしめ裁判がはじまると、エジョフはバリツキーを罠にかけた。モスクワで共産党幹部が自白をしているさなか、バリツキーはキエフから「ポーランド軍事組織」がソヴィエト・ウクライナで再結成されたと報告した。国の安全保障が脅かされていたこの時期に、自分と地元支局に注意を引きつけ、捜査に必要な資源をせしめようとしたにちがいない。だが事態は思いもよらない展開を見せた。バリツキーもびっくりしたことだろう。エジョフがその「ポーランド軍事組織」はバリツキーが主張するよりはるかに危険であると断言したのだ。キエフのNKVD支局だけではなく、モスクワの本部にもかかわる問題である、と。バリツキーが創作した陰謀説は彼の手を離れ、ほどなく、ポーランド人共産主義者のトマシュ・ドンバルが捕まって、「ポーランド軍事組織」の活動をソ連全土に広げたと無理やり自白させられた。[7]

エジョフの主導により、「ポーランド軍事組織」の歴史的・地域的起源は完全に無視され、単にソ連に対する脅威そのものと見なされることとなった。一九三七年一月十六日、エジョフは自分なりのポーランド人陰謀説を発表し、中央委員会総会でスターリンの承認を受け、三月にはNKVDのポーランド人職員を粛清した。バリツキーはポーランド人ではなくウクライナ人だったが、やがて自分の身も危うくなったことに気がついた。エジョフから、「ポーランド軍事組織」がそんなに重要だったのなら、なぜもっと警戒しなかったのかときかれたのである。「ポーランド軍事組織」という過去の亡霊をよみがえらせたバリツキー自身が今度はその犠牲になった。彼は五月にウクライナ支局長の座を追われ、その後任に、副支局長であったイズライル・レプレフスキー――こののち、ソヴィエト・

ウクライナで精力的にクラーク作戦を実行することになる男——がおさまった。七月七日、バリツキーはポーランドのためにスパイ活動をした容疑で逮捕された。一週間後、プロサッカーチームのディナモ・キエフが試合をしていたスタジアムから彼の名が消え、代わってエジョフの名が掲げられた。その年の十一月、バリツキーは処刑された。(8)

一九三七年六月、エジョフはクラーク作戦と見せしめ裁判を継続する根拠として、「センター中のセンター」の存在をでっちあげると同時に、やはり架空の「ポーランド軍事組織」の脅威を公にした。おそらくこのふたつは関連しているのだ、と。クラーク作戦を正当化したときと同様、ポーランド人弾圧作戦を正当化したことにより、ソ連の歴史はすっかり書き改められることになった。政策上の問題をすべて敵のせいにして、敵を明確に定義する必要が出てきたからだ。エジョフの説明では、ソ連の成立当時から「ポーランド軍事組織」が活動しており、共産党だけではなく赤軍やNKVDにも浸透したことになっていた。存在が明らかにならなかったのは、この組織があまりに重要であったからにほかならない。スパイたちは自分の正体や任務を隠すことのできる高い地位についているのだ。(9)

一九三七年八月十一日、エジョフはNKVDに対して命令〇〇四八五号を出し、「ポーランド軍事組織のスパイ網を完全に排除すること」を指示した。クラーク作戦がはじまってすぐの発令だったが、命令〇〇四八五号をきっかけとして、大粛清はいっそう激化した。クラーク殲滅を命じた命令第〇〇四四七号は、とりあえず論理的には、階級という括りでおなじみの敵を規定しているが、命令第〇〇四八五号は、ひとつの民族集団を国家の敵と扱っていたようだ。確かに、クラーク殲滅命令でも犯罪者をも対象にあげていたし、民族主義者やさまざまな政敵も標的にされた。だが多少の揺らぎはあったにせよ、少なくとも階級論を基盤としていた。集団としてのクラークは、マルクス主義の枠内で語ることができたのである。国内の民族がソ連の政策に敵意を持っている、などという考え方は、何かまったくべつのものだ。民族間の友愛という社会主義の大前提が放棄されたようだった[10]。

「アルバム方式」による逮捕と処刑

人民戦線時代の世界におけるソ連の影響力は、どれだけ寛容なイメージを与えられるかにかかっていた。ファシズムと国民社会主義が台頭しつつあったヨーロッパの人々や、人種差別と黒人へのリンチが当然とされるアメリカ南部から旅してきた人々にとって、モスクワがモラル的にすぐれていると ころは、アファーマティヴ・アクション［女性や民族的少数派への差別を積極的に是正する措置］を進める多文化国家であった点だ。たとえば一九三六年に制作された人気のソヴィエト映画『サーカス』では、ヒロインのアメリカ女性のサーカス芸人が黒人男性の子を産み、人種差別から逃れてソ連に安住の地を見いだすまでを描いた作品だった[11]。

国際主義《インターナショナリズム》の標榜はうそではなかった。だからソ連の体制にとって民族の虐殺はショックだったのだ。NKVDも、さまざまな民族出身の職員がいたことから、一種のインターナショナリズムを象徴していた。一九三六年に見せしめ裁判がはじまったころには、NKVD幹部の大半が国内の民族的少数派で占められていた。とりわけ多かったのはユダヤ人だ。上級職員の約四〇パーセント、将官にいたっては半数以上がユダヤ人であることを記載した身分証明書を持っていた。この時代の空気を考えれば、ユダヤ人には民族集団の破壊に抵抗する理由がほかの民族よりたくさんあったことだろう。エジョフはNKVD職員の国際主義的感覚（あるいは自衛本能）への対抗策として特別な回覧をまわし、われわれの任務は民族性ではなくスパイ行為を罰することだと伝えて納得させようとした。「ソ連におけるポーランド諜報機関のファシスト的造反、破壊活動、敗北主義、テロ活動について」と題したこの文書には、すでにエジョフが中央委員会とスターリンに示した結論——ポーランド軍事組織が複数のスパイ・センターと連携し、ソ連のありとあらゆる主要機関に浸透しているという見解——が三〇ページにわたって詳しく書かれていた[12]。

エジョフとスターリンには妥当な見方に思えたとしても、これを個々の逮捕の根拠とするには無理があった。国内のどこをさがしても、ポーランド人による壮大な陰謀計画らしきものが見つからなかったからだ。手がかりはほとんどなく、捜査のしようがなかった。どんなに工夫してみても、ソ連国内の事件に対するポーランドの関与を証拠書類によって立証するのは困難だった。もっとも目を引くポーランド人集団は、外交官と共産主義者だったが、明らかにどちらも大量殺人作戦の対象には適さなかった。ポーランドがソ連で盛んに諜報活動を展開していた時期はとうに過ぎ去り、NKVDのほうでも、ポーランドが一九二〇年代後半から一九三〇年代はじめにかけて何をしようとしていたか、知るべきことはすべて把握していた。確かに、ポーランドの外交官たちはいまでも情報を集めようとしている。だが彼らは外交官免責特権に守られているうえ、人数が多くないし、すでに継続的な監視下に置かれていた。一九三七年にはもう、ソヴィエト国民に接触してみずからの命を危険にさらすようなばかな真似はしていなかった。逮捕されたときにどうふるまうべきか、あらかじめ指示を受けておく時代になっていたのだ。エジョフはスターリンに、ポーランドからの政治亡命者たちが「ソ連国内で暗躍するスパイや扇動工作員のおもな供給源となっている」と報告した。有能なポーランド人共産主義者の多くはソ連に来ており、すでに死亡した者もいた。ポーランド共産党中央委員会のメンバー一〇〇人のうち、六九人がソ連で処刑された。その他は大半がポーランドで投獄されていたので、処刑するわけにはいかなかったが、どのみち、それではいくらなんでも人数が少なすぎた[13]。

ポーランド人による陰謀などなかったので、NKVDの職員たちはとにかくソヴィエト・ポーランド人か、彼らの祖国や文化やローマカトリックとなんらかのつながりを持つソヴィエト国民を標的とするしかなくなった。作戦がポーランド民族弾圧の様相を帯び、これが一気に現場に広まった。おそらくはじめからそうなる運命にあったのだろう。エジョフの書簡により、民族主義分子と、まだ発見されていない「ポーランド軍事組織」のメンバーを逮捕することが許可された。こうしたカテゴリーは定義があいまいだったので、ポーランド系住民や、ポーランドとなんらかの関わりのある者なら誰もがあてはまった。NKVD職員がそこそこの熱意を持って作戦実行にあたっていることをアピールするには、個々の容疑を明言せずにおく必要があっただろう。バリツキーが以前におこなったポーランド人弾圧作戦により、粛清の対象になりうる容疑者のリストは残っていたが、十分というにはほど遠い人数だった。NKVD各支局の職員たちは、率先して――クラーク作戦のときのようにカードファイルを確認するのではなく――新たな証拠書類を作成せざるをえなくなった。モスクワのNKVD幹部のひとりは「ポーランド人を全滅」させることが命令の骨子であると理解した。彼の部下たちは市の記録簿の中からポーランド系の名前をさがした[14]。

ソヴィエト国民はみずから「仮面を剝ぎ取り」、ポーランドのスパイであることを明かすはめになった。実体のないポーランド人陰謀説のシナリオや、これに関わったとするグループを無から作り出さなければならなかったので、取り調べでは拷問が重要な役割を担った。従来のコンベヤー方式や直立方式のほか、多くのポーランド人には「会議方式」と呼ばれる拷問が加えられた。ソヴィエト・ウクライナやソヴィエト・ベラルーシでは、町や村の公共施設の地下室など、ひとつの場所におおぜいのポーランド人容疑者が集められ、警官がそのうちのひとりをみんなの前で拷問した。その容疑者が自白すると、警官はほかの者に、同じ目に遭いたくなかったら自白しろとうながすのだ。苦痛や怪我を免れるためには、自分だけではなく人も巻き添えにする必要も出てくる。そうした状況に置かれれば、誰もができるだけ早く自白しようとする。どうせみんないつかは巻き添えになるのなら、さっさと自白してしまったほうが、少なくとも肉体的な苦痛を味わわずにすむ。結果として、グループ全体を巻き込むような証言をいち早く引き出すことができるわけだ[15]。

法律上の手続きは、クラーク作戦のときとはいくらかちがっていたが、ないに等しいことには変わりなかった。ポーランド作戦では、捜査にあたる職員がひとりひとりの収監者について短い報告書を作成する。まず、想定される罪状——たいていは破壊工作、テロ、あるいはスパイ行為——を記入し、処刑か流刑のどちらかの刑を提案する。こうした報告書は一〇日おきに各地域のＮＫＶＤ支局と検察官に提出される。クラーク作戦のトロイカとはちがって、この作戦では二人委員会（ドヴォイカ）が判決を下すことができたが、上層部の承認を受ける必要があった。ドヴォイカは報告書を綴じて一冊のアルバムにまとめ、個々のケースについて推奨する刑を書き留めてから、モスクワに送った。このアルバムは原則として中央のドヴォイカが審査することになっていた。エジョフが国家保安人民委員として、アンドレイ・ヴィシンスキーが国家検察官としてこの任にあたった。しかし実際は、彼らの部下がざっと目を通したあと、エジョフとヴィシンスキーが署名だけをしてすませていた。たった一日で二〇〇〇件もの死刑判決を出したこともあった。「アルバム方式」は、一見、ソ連最高指導部によって正式な審査がおこなわれている印象を与えたが、現実には、犠牲者の運命が取り調べ係官によって決められ、ほぼ自動的に承認されていたのだった[16]。

経歴がそのまま死刑判決につながり、ポーランド文化への愛着やローマカトリックの信仰が国際的スパイ活動への関与を示す証拠となった。どうみても取るに足りない軽微な罪で実刑判決が申し渡された。ロザリオを所持していただけで一〇年のグラーグ送りとなり、砂糖の生産量が不十分だという理由で死刑が宣告された。日常生活上のちょっとした情報から報告書が作成され、アルバムに綴じられ、署名、判決、銃撃、死へといたった。二〇日後――つまりアルバム方式のサイクルが二回繰り返されたころ――エジョフはスターリンに、ポーランド作戦の逮捕者がすでに二万三二一六人にのぼったことを報告した。スターリンは喜んだ。「よくやった！　ポーランド人のくずを掘り起こして片づける活動を続けろ。ソ連の利益のためにやつらを皆殺しにするんだ」[17]

レニングラードでは

ポーランド作戦の初期段階には、レニングラードで多くが逮捕された。NKVDの大きな支局があり、手近なところに数千人のポーランド人が暮らしていたからだ。この都市には、ロシア帝国時代からポーランド人が多く住み着いていた。

当時レニングラードに住んでいたポーランド人少女、ヤニナ・ユーリエヴィチは、こうした初期の逮捕によって人生が一変するのを目のあたりにした。三人姉妹の末っ子だった彼女は、長姉のマリアが大好きだった。マリアがスタニスワフ・ヴィガノフスキという若者と恋に落ちると、ヤニナは小さなお目付役として、よくふたりといっしょに散歩を楽しんだ。マリアとスタニスワフは一九三六年に結婚し、幸せに暮らしていた。一九三七年八月にマリアが逮捕されたとき、スタニスワフはそれがどういうことか、わかっていたようだった。「ぼくは地面の下で彼女と再会するだろう」と、彼は言った。そして当局へ問い合わせに出向いていき、そのまま逮捕されてしまった。九月になると、ＮＫＶＤ職員がユーリエヴィチ家を訪ねて、ポーランド語で書かれた本をすべて押収し、ヤニナのもうひとりの姉、エルズビエタを逮捕した。彼女とマリアとスタニスワフは首の後ろを撃たれて殺害され、墓碑を建てられることもなく、集団墓地に埋葬された。ヤニナの母親が、三人はどうなったのかと警察に尋ねると、典型的な嘘を告げられた。娘たちと義理の息子は、「文通する権利のない十年の刑」に処せられたと。これもまたありうる刑だったので、人々はそれを信じて希望をつないだ。多くの者が何十年も希望を持ち続けた[18]。

　ユーリエヴィチ姉妹のように、ポーランドのスパイ行為にまったく無関係な人々を、スターリンは「くず」と呼んだ。レニングラードの若い学生、イェジー・マコフスキの家族も同じような運命に見舞われた。イェジーとそのきょうだいはみんな大望をいだき、それぞれにソ連での成功を夢見ていた。手に職をつけたいと言っていた亡き父の願いをかなえたいと思っていたのだ。末っ子のイェジーは造船技師になりたかった。彼は兄のスタニスワフといっしょに毎日勉強に励んでいた。ある朝、ふたりは三人のＮＫＶＤ職員に起こされた。彼らはスタニスワフを逮捕しにきたのだ。スタニスワフは弟を安心させようとしたが、動揺のあまり靴紐がきちんと結べなかった。それがイェジーにとって最後に見た兄の姿となった。二日後、二番目の兄、ヴワディスワフも逮捕された。スタニスワフもヴワディスワフも殺害された。こうしてポーランド作戦によりレニングラード地区で銃殺刑に処せられた民間人の数は六五九七人にのぼった。ふたりの母親もまた、お決まりの嘘を教えられた。息子たちは文通する権利を剥奪されたうえ、グラーグに送られたと。三番目の兄、エウゲニウシュは歌手になるのが夢だったが、家族を支えるため工場で働く道を選んだ。だが彼は肺結核に罹って死んでしまった[19]。

ロシア人の詩人、アンナ・アフマートヴァは当時レニングラードに暮らしていて、大テロルのさなかに息子をグラーグで亡くした。彼女は「無垢なロシア」が、「死刑執行人の血にまみれたブーツに踏まれ、囚人護送車の車輪に轢かれて」身もだえするさまを思いおこしている。無垢なロシアは多民族国家であり、レニングラードは国際都市だった。そこで暮らす民族的少数派の人々はもっとも高い危険にさらされていた。一九三七年から三八年にかけてのレニングラードでは、ポーランド人が逮捕される確率は、ほかのソヴィエト国民の三四倍だった。そして逮捕されれば、ほとんどが銃殺された。ポーランド作戦により、判決を受けた者のうち八九パーセントが逮捕後一〇日以内に処刑されている。しかしこれでも、ほかの地域のポーランド人の状況に比べてほんの少し悪い程度だった。全国的に見れば、逮捕されたポーランド人の平均七八パーセントが命を奪われている。残りの二二パーセントは、もちろん釈放されたわけではなく、ほとんどが八年から一〇年のグラーグ行きを宣告されたのである。[20]

レニングラードの市民もポーランド人も、当時はこのような比率のことを知らなかった。知っていたのは、早朝に扉を叩く音や囚人護送車の姿に対する恐怖だけだ。護送車は、黒いマリア、魂の破壊者、あるいは「黒いカラス（二度とごめん）」と呼ばれていた。ポーランド人は毎晩、あしたの朝は太陽と黒いカラスのどちらに起こされるのだろうと思いながらベッドについていたという。工業化と集団化により、彼らは広大なソ連の全土に散らばっていた。それが今度は、工場やバラックや自宅から突如として姿を消すことになったのだ。何千もの事例からひとつをあげよう。モスクワの西、クンツェヴォという町にあった粗末な木造の小屋で、たくさんの熟練労働者が寝起きしていた。その中にポーランド人の機械工と冶金師がいた。ふたりはそれぞれ、一九三八年一月十八日と二月二日に逮捕され、銃殺された。三人目の犠牲者、エフゲニア・バブシュキナは、ポーランド人ですらなかった。彼女は有望な、そして誰もが認める誠実な有機化学者だった。だが母親がポーランドの外交官のもとで洗濯係をしていたというので銃殺刑に処せられてしまったのだ。[21]

ベラルーシの大テロル

ソ連の国籍を持つポーランド人の大半は、レニングラードやクンツェヴォといったソヴィエト・ロシアの町ではなく、何百年も前から先祖が暮らしてきた西部のソヴィエト・ベラルーシやソヴィエト・ウクライナに住んでいた。これらの地域は、十七世紀から十八世紀にかけて、ポーランド・リトアニア共和国の一部だった。ロシア帝国の西部領土となっていた十九世紀のあいだに、ポーランド人の地位は非常に低くなり、多くが周囲に暮らすウクライナ人やベラルーシ人に同化しはじめた。しかしこうした同化が逆方向へ向かうこともあった。ベラルーシ語やウクライナ語を話す人々がポーランド語を洗練された言語と見なし、みずからポーランド人であると名乗りだしたのだ。一九二〇年代にソ連が実施した本来の民族政策では、こうした人々を正式にポーランド人と認め、ポーランド語学校で彼らにポーランド語の読み書きを教えることをめざしていた。だが大テロル期には、ポーランド人を死刑か流刑に処することにより、ふたたび彼らをはっきりと――否定的な形で――ほかの民族と区別した。この時期のナチス・ドイツによるユダヤ人の迫害と同様、民族的背景を理由に個人を標的にするのは、必ずしも本人がその民族集団に強い帰属意識を示したからとはかぎらなかった。[22]

ソヴィエト・ベラルーシで大テロルが断行された時期は、NKVD指揮官ボリス・ベルマンがミンスクの共産党指導部を粛清した時期と一致する。彼はベラルーシの共産党員らがソ連のアファーマティヴ・アクション政策を悪用して、ベラルーシの民族主義を醸成しようともくろんだと非難した。そして、ウクライナよりもあとの時期に、しかし同じような論拠を使い、ベラルーシ人の背信行為の裏でポーランド軍事組織が暗躍していると決めつけた。ベラルーシに住むソヴィエト国民は「ベラルーシの民族主義ファシスト」か「ポーランドのスパイ」か、あるいはその両方であるというのだ。ウクライナと同様ベラルーシも、ソ連とポーランドによって分割されていたので、簡単にこのような主張ができた。ベラルーシやウクライナの文化に関心を持つということは、国境の向こう側に心を寄せている証拠にほかならない。ソヴィエト・ベラルーシでの大量殺人には、ベラルーシの民族文化を代表する教養人層を故意に破壊する目的もあった。後年、ベルマンの同僚のひとりは「ベラルーシ知識階級の精髄を破壊した」と告白している。この国のすぐれた著作家二一八人が命を奪われた。ベルマンは部下たちに、命令第〇〇四八五号のすみやかな遂行が昇進の鍵となると告げた。「個々のリーダーを評価する際には、ポーランド人工作員の発見、逮捕をいかに迅速に首尾よく成し遂げたかが考慮されるだろう」[23]

ベルマンと彼の部下は命令を経済的に実行するため、ソ連国内で最大級の殺戮場、ミンスクから北へ一二キロのところにあるクロパティの森で処刑をおこなった。クロパティというのは、森に咲く地元の白い花の名にちなむ。この白い花の咲き乱れるなかを、黒いカラスが昼となく夜となく突っ走った。あまりに多くの車が行き交ったので、地元の人々が「死への道」と呼んでいた細い砂利道はぺしゃんこになったという。森の奥では、一五ヘクタールにわたってマツの木が伐採され、穴が何百個も掘られた。有罪判決を受けた人々はゲートを通って中へ運ばれたあと、ふたりの男に穴のへりまで連れていかれた。そこで背後から撃たれて、穴の中に突き落とされた。銃弾が足りなくなってくると、NKVDの職員は囚人たちを横一列に、頭がきちんと並ぶようにして座らせ、一発で数人分の頭を撃ち抜けるようにした。死体は何層にも積みあげ、上から砂をかけた[24]。

ポーランド作戦により、ソヴィエト・ベラルーシで逮捕された一万九九三一人のうち、一万七七七二人が死刑判決を受けた。これらの中にはベラルーシ人やユダヤ人もいた。だがほとんどは、クラーク作戦やほかの粛清でも逮捕される運命にあったポーランド人だった。大テロル期にソヴィエト・ベラルーシで処刑されたポーランド人の総数は六万人以上にのぼったのである[25]。

苛烈を極めたウクライナのポーランド作戦

ポーランド作戦がもっとも広範に実施されたのは、ソ連在住ポーランド人六〇万人のうち、七〇パーセントが暮らすソヴィエト・ウクライナだった。そこでは五万五九二八人が逮捕され、そのうち四万七三二七人が銃殺された。一九三七年からの二年間、ソヴィエト・ウクライナでポーランド人が逮捕される確率は、ほかの住民の一二倍だった。そこは飢饉からポーランド軍事組織陰謀説がひねり出された地域であり、バリツキーが何年にもわたってポーランド人を迫害し、彼が地位を追われたあとはその元部下、イズライル・レプレフスキーが後任について自分の警戒心の強さを証明しなければならなかった地域であった。レプレフスキーにはなんの得にもならなかった。彼もまた一九三八年四月に逮捕され、ウクライナでポーランド作戦が終了する前に処刑された（彼の後任、A・I・ウスペンスキーは賢明にも一九三八年九月に姿を消したが、やがて発見されて殺害された[26]）。

レプレフスキーの部下のひとり、レフ・ライフマンはソヴィエト・ウクライナに住む多くのポーランド人に適用できる逮捕条件のカテゴリーをいくつか考えついた。興味深いことに、そのような容疑者グループのひとつとして、ソヴィエト・ポーランド人に紛れて暗躍していた警察のスパイがあげられていた。ここに、バリツキー、レプレフスキーをはじめとするNKVD職員が直面してきたジレンマがふたたび頭をもたげることとなった。「ポーランド軍事組織」が以前から、そして当時もソヴィエト・ウクライナで活動を続けており、ソ連全土に強い影響力をおよぼしてきたことが「立証」されたとなれば、NKVDは、警官や情報提供者がもっと早い段階から警戒しているべきだったと非難することができる。こうしたスパイの多くはポーランド人だったが、ウクライナ人やユダヤ人、ロシア人もまじっていた[27]。

ヤドヴィガ・モシンスカはこの罠にはまった。ポーランド語新聞のポーランド人記者であった彼女は、同僚を警察に密告した。その同僚が逮捕され、ポーランドのスパイとして起訴されると、モシンスカは窮地に立たされた。なぜおまえは、ポーランド人コミュニティ全体が外国諜報員の根城であったことを当局に黙っていたのかというわけだ。ポーランド・ユダヤ人のNKVD職員、チェスワヴァ・アンギエルチクも、ポーランド語の教師たちについて報告したがために同じ憂き目に遭った。ポーランド作戦がピークに達し、教師たちが次々に逮捕されていくと、彼女もまた、以前から仕事に熱意が足りなかったと非難されるはめになった。モシンスカもアンギエルチクも処刑され、遺体はキエフの北西の町、ブィキウニャに用意された集団墓地に埋められた。大テロル期にこの地で殺害されたソヴィエト国民はゆうに一万人を超えた[28]。

ウクライナの農村部で進められたポーランド作戦は、キエフなどの都市部よりも恣意的で残忍だった。生き延びたポーランド人たちの証言によれば、町から町へ、村から村へと「黒いカラスが飛ぶように走り」、ポーランド人に悲しみを与えていった。NKVDは都市部にも特別作業部隊をいくつも送り込み、数週間、いや数日以内にポーランド人を逮捕・処刑する任務を終わらせようとした。重要な鉄道分岐点のある都市、ジュメールィンカにＮＫＶＤが現れたのは、一九三八年三月のことだった。彼らは数百人のポーランド人を駆り集め、拷問を加えて自白を強要した。ポロンネではＮＫＶＤ支局長と検察官――ドヴォイカ――がローマカトリック教会の建物を接収した。ポロンネとその周辺の村で暮らしていたポーランド人が逮捕され、この教会の地下室に閉じ込められた。そして一六八名が殺害された。(29)

ごく小さな集落では、法的手続きがほとんどなくても、それを見抜くのがむずかしかった。ＮＫＶＤの特別作業部隊は、指定の人数を逮捕・処刑せよとの命令文書を携え、突然姿を見せた。彼らはまず、村や工場、あるいは集団農場の全員が有罪であると決めつけ、夜までにその場所を取り囲んでしまう。そして自分たちの望む結果が得られるまで、男たちを拷問した。それから処刑を実行し、次の場所へと移っていった。多くの場合、個々のケースに関する報告書がアルバムに綴じられ、モスクワで審査されたころには、犠牲者はとうに処刑されていた。農村部に送り込まれたＮＫＶＤ特別作業部隊は、事実上は暗殺団だった。彼らはチェルニーウカでは、一九三七年十二月二十五日（ローマカトリック信徒のポーランド人にとってはクリスマスだったが、正教信徒のウクライナ人にはちがった）まで待ってから、教会へやってきた者を片っ端から捕らえていった。ある女性は当時を振り返り、逮捕された人々は「水に投げ込まれた石」のようにあっけなく姿を消してしまったと述べている。(30)

逮捕されるのはたいてい男性だった。残された家族は悲嘆に暮れた。ゼフィナ・コシェヴィチが最後に父の姿を見たのは、彼が工場で逮捕されて尋問のためにポロンヌへ連行されるときだった。父が彼女に残した言葉は、「母さんの言うことを聞くんだぞ！」のひとことだけだ。しかしほとんどの母

ソ連西部における大テロル
1937年−1938年
● ソ連のおもな殺戮場・埋葬地
フィンランド
ヘルシンキ
レヴァショヴォ墓地
レニングラード
タリン
エストニア
ノヴゴロド
バルト海
カリーニン
リガ
ラトヴィア
クンツェヴォ
モスクワ
ブトヴォ
ロシアSFSR
リトアニア
ヴィーツェプスク
カウナス
スモレンスク
ケーニヒスベルク
ヴィルノ
東プロイセン
（ドイツ）
ソ連
クロパティ
ミンスク
マヒリョウ
ブリャンスク
ビャウィストク
ベラルーシ
SSR
ワルシャワ
クルスク
ヴォロネジ
ウッチ
ポーランド
ドン川
ルブリン
ルーツィク
ブィキウニャ
キエフ
ヴィスワ川
ハルキウ
ルヴーフ
ドニプロ川
ヴィーンヌイツャ
チェコスロヴァキア
ウクライナ
SSR
ドニプロペトローウシク
ドニエストル川
スターリノ
ハンガリー
キシナウ
オデッサ
アゾフ海
ルーマニア
クリミア
（ロシアSFSR）
黒海
ブカレスト

親にはどうすることもできなかった。ソ連のどの地域とも同じくウクライナの農村部でも、妻たちは毎日拘置所を訪ねては食べ物や清潔な下着を届けた。職員は引き換えに汚れた下着を渡した。それは夫がまだ生きている証拠だと思い、妻は喜んで受け取った。ときたま、こっそりメッセージを伝えることに成功する者もいた。ある夫は妻に返してもらう洗濯物の中にメモを忍ばせた。「おれは苦しんでいる。無実なのに」。ある日、こうした下着に血がついて戻されてくる。すると次の日には、返される下着がなくなる。そうなればもう、夫もいなくなっているのだ[31]。

まだ強制収容所や特別居留区が満員ではなかった一九三七年十月から十一月にかけて、夫を銃殺された妻たちはカザフスタンへ強制移住させられた。その数週間のあいだに、NKVDはしばしば十歳以上のポーランド人の子を拉致して児童養護施設に入れた。そうすれば、その子たちがポーランド人として育てられることはなかったからだ。グラーグの収容スペースに余裕がなくなってきた一九三七年十二月以降は、女性はたいがい流刑にはならず、子供たちといっしょに残されるようになった。たとえばルドヴィク・ピヴィンスキは、妻が息子を出産しようとしているさなかに逮捕された。彼は自分がどんな刑を宣告されたかを妻に伝えることができなかった。妻に会うことを許されなかったし、彼自身、列車に乗せられてからそれを知らされたのだ。シベリアで一〇年間、伐採の仕事をするのだと。ピヴィンスキは幸運なほうだった。逮捕されて生き延びたポーランド人は比較的少なかったのだ。エレアノラ・パシュキェヴィチは、一九三七年十二月に目の前で父親が逮捕されるのを見ていた。そしてクリスマスの日には、母親の出産に立ち合った[32]。

ポーランド作戦がもっとも苛烈に進められたソヴィエト・ウクライナでは、ほんの数年前、故意に引き起こされた飢饉で数百万人が命を落としたばかりだった。父や男きょうだいを大テロルで失ったポーランド人家族の中には、すでに飢饉で深刻な被害を受けていた人々もいた。たとえばハンナ・ソボレフスカは、一九三三年に五人のきょうだいと親が飢えて亡くなるのを看取った。弟ユゼフは餓死する前、「これで生きていける！」と言ってみるのが好きだった。一九三八年、ハンナはただひとり生き残っていたきょうだいと夫を黒いカラスに奪われた。彼女によれば、ウクライナのポーランド人村では「子供たちが泣き叫び、女たちは取り残されていた」という[33]。

一九三八年九月には、ポーランド作戦の手順が次第にクラーク作戦のそれに似てきた。ＮＫＶＤが上層部の許可なく刑を決定し、処刑や流刑をおこなう権限を手にしたのだ。アルバム方式は簡単ではあったが、次第に面倒になってきた。モスクワではアルバムにざっと目を通すだけだったが、それでも、あとからあとから送られてくるので対応し切れない。一九三八年九月には、未処理件数が一〇万を超えた。その結果、各支局でファイルを読む「特別トロイカ」が編成された。地元の共産党指導者と、ＮＫＶＤ支局長、検察官がこの任にあたった。クラーク作戦の実行メンバーが兼務することもあった。彼らの任務は、地元に蓄積されたアルバムを審査し、すべてのケースについて判断を下すことだった。新しいトロイカはたいてい、元のドヴォイカに共産党員がひとり加わったにすぎなかったため、最初の提案がそのまま承認されることになった[34]。

この特別なトロイカは、未処理の案件を一日に数百件ずつこなして六週間ほどで片付け、およそ七万二〇〇〇人を死刑にした。ウクライナ農村部では、トロイカがクラーク作戦のときと同様、ごく短期間のうちに非常に多くの人を処刑した。ポーランドに近いソヴィエト・ウクライナ西部のジトームィル地方では、一九三八年九月二十二日にきっかり一〇〇人が死刑判決を受け、その翌日にも一三八

人、九月二十八日にはさらに四〇八人が同じ運命をたどった。(35)

他民族への波及

ポーランド人の迫害は、ソ連の大テロルのうち、ある意味でもっとも凄惨な作戦だった。規模は最大ではなかったが、クラーク作戦に次いで二番目に大きかった。逮捕者に占める被処刑者の比率も最高ではないものの、それに近く、比較できるような類似の殺戮作戦はいずれもこれに比べてずっとスケールが小さかった。

ポーランドのスパイと断定され、逮捕された者は一四万三八一〇人、そのうち一一万一〇九一人が処刑された。全員がポーランド人だったわけではないが、多くがそうだった。ポーランド人は、クラーク作戦でも他民族に比べて標的にされた者が多く、とりわけソヴィエト・ウクライナではその傾向が強かった。大テロル期の死者数や、逮捕者の死亡率、逮捕されるリスクの高さを考慮すると、ポーランド人は、ソ連国内のどの民族集団より苛酷な体験をしたと言える。控え目に見積もっても、一九三七年から三八年にかけて八万五〇〇〇人が殺害されている。つまり、大テロルにより死亡した犠牲者六八万一六九二人のうち、ポーランド人が八分の一以上を占めていた計算になるのだ。彼らが全人口の〇・四パーセントに満たない民族的少数派であったことを考えれば、これは驚くべき比率である。大テロル期のソ連でポーランド人が死亡する確率は、一般国民のおよそ四〇倍にも達していた。(36)

ポーランド作戦はほかの民族を対象とした作戦を進めるうえの参考事例となった。こうした作戦では、離散民族や、スターリニズムの新しい用語で言うところの「敵性民族」、他国とコネクションがあるか、その疑いを持たれた民族集団が標的となった。ラトヴィア作戦では一万六五七三人がラトヴィアのスパイと見なされ、銃殺された。さらに、エストニアのスパイとして七九九八人、フィンランドのスパイとして九〇七八人が処刑された。民族作戦全体では、ポーランド人もふくめて総計二四万七一五七人が殺害された。標的にされた民族集団の人口は、全部合わせてもソ連全体の一・六パーセントにすぎなかったが、大テロル期の死亡者総数に占める割合は三六パーセントにも達した。この時期に彼らが殺される確率は、平均的なソヴィエト国民の二〇倍以上にもおよんだ。逮捕された者が死ぬ確率も高かった。ポーランド人の場合は逮捕者の七八パーセントが、民族作戦全体では七四パーセントが処刑されている。クラーク作戦で逮捕されたソヴィエト国民の場合は処刑と流刑の比率がほぼ半々だったが、民族作戦の場合はおよそ四分の三が殺された。これはとりわけ強い殺意があった証拠というより、タイミングの問題だったようだ。つまり大量の逮捕者の出た時期が、クラーク作戦よりも民族作戦のほうが遅かったのだ。全体的な傾向として、逮捕された時期があとになればなるほど銃殺される確率が高くなった。グラーグの収容スペースが足りなくなったからである[37]。

スターリン、エジョフ、バリツキー、レプレフスキー、ベルマンらはポーランド人が国の安全を脅かすと見ていたが、彼らを殺害したことは、ソ連の国際的な立場の向上には役立たなかった。大テロル期には、ドイツや日本のスパイとして逮捕された者より、ポーランドのスパイとして捕まった者のほうが多かったが、実際にポーランドのためにスパイ活動をしていた者はほとんど（いや、おそらくまったく）いなかったのだ。一九三七年とその翌年には、ポーランド政府はナチス・ドイツともソ連とも、等しく距離を置くよう気を遣っていた。ソ連に戦争を仕掛けようなどとは夢にも思っていなかったのだ[38]。

しかしスターリンはポーランド人を殺しても害はないだろうと考えていた。ドイツと開戦することになったとしても、ポーランドがソ連と同盟して戦うとは思えなかったからだ。その推測は正しかった。ポーランドはナチス・ドイツとソ連とのあいだに位置しているので、どのようにしたところで東ヨーロッパで中立を保つことは不可能だったのだ。ドイツと敵対して敗れるか、ドイツと同盟を結んでソ連に侵攻するか、ふたつにひとつだった。いずれにせよ、ソヴィエト・ポーランド人を大量に殺しても、ソ連の国益が損なわれる気遣いはなかった。この国の国益は、国民の生活と幸福を守ることとは無関係だったのだから。しかしこのようにシニカルな推測でさえ、誤っているように見える。当時の外交官やスパイも首をひねったように、大テロルに注がれた膨大なエネルギーをほかのことに向けていれば、もっと有効に使うことができただろう。スターリンはソ連が安全保障上、どのような立場に置かれているのかを見誤っていた。一九三〇年代後半の情報戦については、もっと伝統的な方法で対応したほうがよかったかもしれない。

一九三七年には日本が直接的な脅威に見えていた。東アジアにおける日本の活動ぶりがクラーク作戦推進の口実となり、やがてソ連国内に暮らす少数の中国人や満州から帰国したソヴィエト人鉄道労働者への弾圧の引き金にもなった。日本のスパイ活動を理由に、国内の極東地域で暮らしていた約一七万人の朝鮮人全員がカザフスタンに強制移住させられた。当時は朝鮮が日本の占領下にあったため、ソ連在住の朝鮮人は、日本に連座する形で一種の離散民族となった。中国西部の新疆省では、スターリンの息がかかっていた軍政長官、盛世才が独自の判断でテロルを実行し、数千人を殺害した。中国の北にあるモンゴル人民共和国は一九二四年の建国以来、ソ連の衛星国だった。一九三七年にはソ連軍が進駐し、翌年にかけてモンゴル当局も独自にテロルを実施して、二万〇四七四人を殺害した。どれもこれも、日本に向けた行動だった。[39]

こうした大量殺人はどれひとつとして、たいした戦略上の成果を見なかった。日本の指導部は中国、太平洋をめざす南進政策をとる決定を下したからだ。ちょうど大テロルがはじまった時期にあたる一九三七年七月、日本は中国に干渉した。それ以後はさらに南へと進むことになる。つまり、クラーク作戦と極東の民族作戦を正当化した理論的根拠は、いずれも薄弱きわまるものだったのだ。スターリンが日本を恐れていた可能性はあるし、彼が心配したのも無理はない。一九三〇年代の日本は確かに侵略を企図しており、問題はそれが北と南のどちらに向かうかという点だけだったのだ。日本の政権はいずれも不安定で、政策がくるくる変わる傾向にあった。しかし結局は、大量殺人をもってしても、来るべき攻撃からソ連を守ることはできなかった。

　ポーランド人の場合と同様、おそらくスターリンは、大量殺人を犯しても損はしないと判断していたのだろう。日本が攻撃をもくろんでいたとしても、これでソ連国内の支援者は激減したわけだ。また、攻撃する気

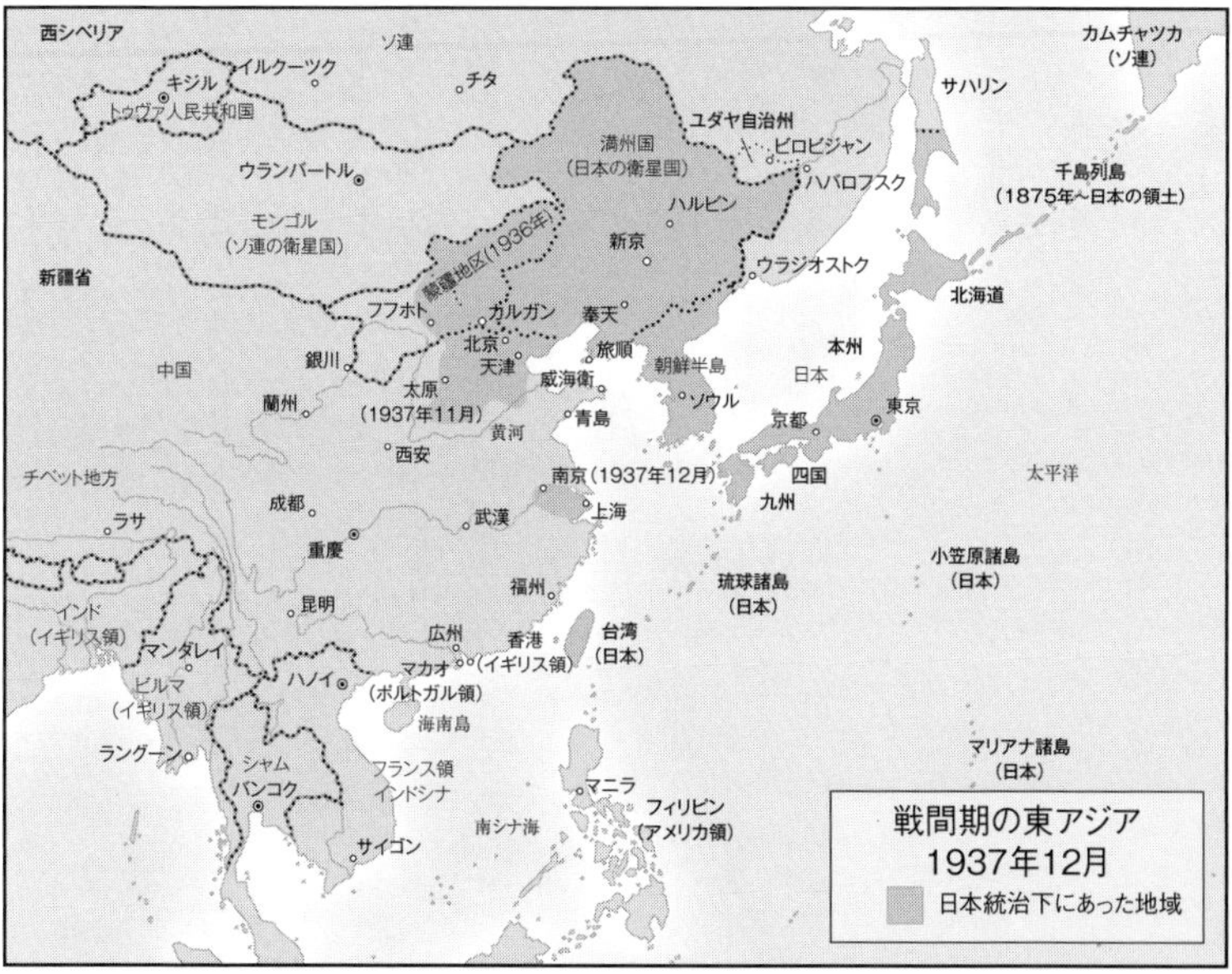

がなかったとしても、大量殺人や強制移住によってソ連の国益が損なわれることはない。やはりここでも、国家は国民の生活や幸福とは無関係だと見なされていなければ、このようなこじつけは筋が通らない。そしてやはりここでも、NKVDを内なる敵（と彼ら自身）の粛清に使っていなければ、真の脅威にもっと秩序立てた対応ができていたかもしれないのである。ほかならぬドイツが、日本やポーランドの支援もソ連国内の反体制派の協力も得ずに攻撃の機会をうかがっていたのだ。

ドイツは日本やポーランドとちがって、ほんとうにソ連に戦争を仕掛けることを考えていた。一九三六年九月、ヒトラーは閣僚たちに、外交政策の主たる目標はソ連の破壊だと告げ、「ボリシェヴィズムの本質、その目的は、これまで指導者を輩出してきた階層を排除し、代わりに世界中のユダヤ人をその地位につけることだ」と主張した。そしてドイツは四年のうちに戦争準備を整えなければならないと述べた。そこでこの年、ヘルマン・ゲーリングが四カ年計画庁の長官に就任し、官民一体となって戦争準備を進めることになった。ヒトラーはソ連にとって真の脅威だったが、スターリンは独ソ関係改善への望みを捨てていなかったようだ。おそらくそのため、ソヴィエト・ドイツ人への弾圧がソヴィエト・ポーランド人に比べて緩やかだったのだろう。彼らを対象とした「ドイツ作戦」では、およそ四万一九八九人が銃殺されたが、そのほとんどはドイツ人ではなかった[40]。

大テロル実行者の粛清

人民戦線時代のヨーロッパ人は、こうした殺害や強制移住がソ連で起きていることに気づかなかった。大テロルがおこなわれているという認識があったとしても、それは単に見せしめ裁判や、党と軍の粛清と考えていた。大テロルの本質は、当時の専門家やジャーナリストが知っていたこうしたできごとではなく、クラーク作戦と民族作戦だったのだ。政治犯として処刑された六八万一六九二人のうち、両作戦の犠牲者は六二万五四八三人にのぼる。処刑の九割、流刑の四分の三が両作戦によるものだったのだ[41]。

クラーク作戦はソヴィエト・ウクライナに甚大な被害をもたらした。ポーランド人の弾圧にもっとも重点が置かれた一連の民族作戦も、やはりソヴィエト・ウクライナに最大の傷痕を残した。記録を見るかぎりでは、大テロル期の全処刑件数六八万一六九二件のうち、一二万三四二一件がソヴィエト・ウクライナで執行されている。だがこの数値には、グラーグにおけるソヴィエト・ウクライナ出身者の処刑はふくまれていない。ソ連の共和国としてはウクライナの犠牲が、ウクライナにおいてはポーランド人の犠牲が、それぞれ大きな比率を占めている[42]。

大テロルはソ連における第三の革命だった。ボリシェヴィキ革命は一九一七年以降の政治体制に変革をもたらし、集団化政策は一九三〇年以降の新しい経済システムを産み出した。そして一九三七年から三八年にかけての大テロルは、心の変革を引き起こした。スターリンは、敵の正体は尋問によってのみ暴くことができるという自説を実行に移した。彼が考えついた外国諜報員説や国内陰謀説は、拷問室で自白され、尋問調書に記録された。ソヴィエト国民が一九三〇年代後半の高度な政治活動に参加したと言えるとすれば、それは筋書き作りの方便にほかならない。スターリンのさらに大きな物語が語られていくためには、人々の物語がしばしば終わりを迎えなければならなかったのである。

だが農民と労働者を数値化したことで、スターリンの気分は高揚したようだ。大テロルの進行は、確かに権力を握ったスターリンの地位を確固たるものにした。一九三八年十一月に大量作戦の停止を命じた彼は、またもやＮＫＶＤ長官を更迭した。エジョフの後任としてラヴレンチー・ベリヤが選ばれ、エジョフはのちに処刑された。NKVD幹部の多くも、現実にはスターリン政策の本質であったはずの過剰な粛清を非難されて同じ運命をたどった。ヤゴーダを解任してエジョフを後任につけ、今度はエジョフを退けてベリヤを登用できたことで、スターリンが公安機関のトップであることが証明された。NKVDを共産党に対して使い、共産党をNKVDに対して使うこともできたので、彼がソ連の揺るぎない指導者であることも実証された。ソ連の社会主義体制は独裁政治に姿を変えてしまったのだ。そこでは、独裁者が宮殿で繰り広げられる政治的な駆け引きを支配していた(43)。

多民族国家であったソ連は、民族虐殺作戦の実施にあたっても多民族から成る抑圧機関を使った。NKVDが民族的少数派の人々を虐殺していたときには、指導的地位にあった職員もまた、ほとんどがそうした民族の出身者だったのだ。一九三七年から三八年にかけて、ユダヤ人、ラトヴィア人、ポーランド人、あるいはドイツ人が多数を占めるNKVD職員が、ヒトラーと彼の親衛隊も（いまだ）企図していなかった規模の民族殺害政策を実行していた。もちろん、自分の地位と命を守りたければやるほかはなかったが、こうした民族大虐殺を実行したことで、彼らは国際主義の精神を汚《けが》してしまった。中には、そうしたモラルを重んじる者もいたにちがいない。だがテロルが続くうち、結局彼らも殺されて、たいていはロシア人に取って代わられたのである。

ウクライナやベラルーシにポーランド作戦を持ち込んだイズライル・レプレフスキーやレフ・ライフマン、ボリス・ベルマンといったユダヤ人職員も逮捕され、処刑された。これはもっと大きな流れの一部だった。大テロルの大量殺人がはじまったころのNKVDでは、上級職員のおよそ三分の一がユダヤ人だった。スターリンが一九三八年十一月十七日にこの政策に終止符を打ったころには、この比率が二〇パーセントに減っていた。その一年後には四パーセント以下にまで落ちた。大テロルはユダヤ人のせいにすることができ、後年は多くの人がそうした。それこそがスターリニズムの罠だった。スターリンは、ＮＫＶＤのユダヤ人職員に民族虐殺の責任をなすりつけて都合のよいスケープゴートにできることをしかと心得ていた。ユダヤ人の秘密警察捜査官と該当民族のエリート層を殺してしまえば、死人に口なしとなる。いずれにせよ、大テロルによって各機関で得をしたのはユダヤ人でもなく、ほかの民族的少数派出身者でもなく、昇進を手にしたロシア人だったのだ。一九三九年には、ＮＫＶＤ幹部がことごとくユダヤ人から、（上級職員の三分の二を占めていた）ロシア人に替わった。やがてこの状態が恒常的に続くこととなった。ロシア人が民族的多数派となった。ＮＫＶＤ上層部のロシア人の割合は、ソ連の人口全体に占める割合よりも高かった。大テロルが終息したころのＮＫＶＤで高い比率を保っていた唯一の民族的少数派は、スターリンと同じグルジア人だった。[44]

この第三の革命は、ほんとうはマルクス主義もレーニン主義も失敗であったことをはっきりと認めた反革命にほかならなかった。ソ連は誕生して一五年ほどのあいだに、まだ生きている国民のためには多くのことを成し遂げた。たとえば大テロルがピークに達したころには、公的年金制度が導入されていた。だが革命主義の根本的な前提は、ある程度捨てさられてしまった。かつてマルクス主義者が言ったように、もはや実存は本質に優先しなくなったのだ。人々は社会経済的地位のせいではなく、明瞭な個人的特徴や文化的なつながりのために有罪とされたのだから。政治を階級闘争の観点から理解することはもう不可能だった。ソ連国内の離散民族が忠誠心に欠けるとすれば、それは以前の経済秩序に固執しているからではなく、民族意識によって他国と結びついているからだと決めつけられたのである。[45]

水晶の夜とマダガスカル計画

一九三八年のヨーロッパでは、国家への忠誠と民族意識は当然結びついているものと考えられていた。ヒトラーもまさにこのころ、同じ論拠を用いて、チェコスロヴァキアのドイツ人三〇〇万人と彼らが暮らす地域をドイツに併合すべきだと主張していた。一九三八年九月、ミュンヘンで会談が開かれ、イギリス、フランス、イタリアが、こうしたドイツ人の大半が暮らしているチェコスロヴァキア西端地域をドイツに割譲することに同意した。イギリスのネヴィル・チェンバレン首相は、この取り決めは「われわれの時代に平和を」もたらしたと宣言した。フランスのエドゥアール・ダラディエ首相はこのような幻想は持っていなかったが、自国民にはそう思わせておくことにした。チェコスロヴァキアの人々は、会談に招かれもせず、ただ黙って結果を受け入れるものとされていた。ミュンヘン協定は、チェコスロヴァキアから山脈という天然の防壁と要塞を奪い、のちのドイツからの攻撃を容易にしてしまった。スターリンは、西側の大国がヒトラーに譲歩することで、ドイツの関心を東へ向けようとしたのだと解釈した(46)。

一九三八年、ソ連の指導部は自分たちの民族政策を、ナチス・ドイツの人種差別主義とは大きく異なるものに見せかけようと腐心していた。その年におこなわれたあるキャンペーンはこれを目的とし、その一環として『数のお話』と題した物語など、児童書の出版まで手がけた。ソ連の子供たちはナチスが「ありとあらゆる古い書類をひっかきまわして」ドイツに住む人々の出身民族を調べていると習った。もちろん、それはほんとうだった。一九三五年に制定されたドイツのニュルンベルク法は、ユダヤ人から参政権を奪い、血統によってユダヤ人の度合いを決めた。ドイツの役人たちは実際にシナゴーグの記録を利用して、ユダヤ人を祖父母に持つ者を調べた。だがソ連の実状もさほど変わりはなかった。国内用パスポートに民族の記載欄があったので、ソ連在住のユダヤ人、ポーランド人はもちろん、すべての国民の出身民族の公式記録がとられていた。原則として、ソヴィエト国民は自分の民族を選ぶことを許されていたが、現実には必ずしもそうではなかった。一九三八年四月、NKVDは、場合によっては両親の民族も記入することを求めた。この命令書は、ポーランド人などの離散民族が民族を変更することを厳しく禁じていた。NKVDはこうしてすでに記録を持っていたため、「古い書類をひっかきまわして」調べる必要がなかったのである。(47)

一九三八年当時のドイツのユダヤ人迫害は、ソ連の民族作戦よりはるかに規模は小さかったが、やり方はずっと露骨だった。ナチス政権はユダヤ人の財産を没収する目的で「アーリア化」政策を開始した。しかしこの政策は、オーストリア併合後、さらに公然と自発的におこなわれた窃盗・暴力行為のために影が薄くなった。二月、ヒトラーはオーストリア首相、クルト・フォン・シュシュニックに最後通牒を突きつけ、オーストリアをドイツの衛星国とするよう強く要求した。シュシュニックは当初は条件を受け入れたが、会談を終えて帰国すると、自主独立の道を選ぶか否かを問う国民投票の実施を宣言してヒトラーに刃向かった。三月十二日、ドイツ軍がオーストリアに侵入し、翌日にはオーストリアが消滅した。その年の夏から秋にかけ、オーストリアのユダヤ人およそ一万人がウィーンに強制移住させられた。ナチス親衛隊少佐であったアドルフ・アイヒマンが精力的に働き、それから数カ月のうちに多くのオーストリア・ユダヤ人が出国した。(48)

一九三八年十月、ドイツは国内に住むポーランド・ユダヤ人一万七〇〇〇人をポーランドへ追放した。これらのユダヤ人は夜間に逮捕されて貨車に乗せられ、ポーランドとの国境を越えたところで無造作に放り出された。このようにして追放されたあるユダヤ人夫婦の息子がフランスで暮らしていた。彼は復讐を決意し、ドイツ人外交官を暗殺した。そのこと自体も不運だったが、タイミングも悪かった。その日はボリシェヴィキ革命の記念日にあたる十一月七日だったが、撃たれた外交官が息を引き取ったのは、その翌日、ヒトラーが関与した一九二三年のミュンヘン一揆の記念日だったのだ。この殺人事件を口実として、ドイツ当局は水晶の夜《クリスタルナハト》事件を起こし、ナチス・ドイツではじめて公然と多数のユダヤ人が殺害されることとなった。とくにウィーンでは以前から圧力が高まっていた。事件の何週間も前から、一日に一度はユダヤ人の地所が攻撃を受けていた。一九三八年十一月九日から十一日までのあいだに、ユダヤ人数百人（公式記録では九一人）が殺され、数千軒の商店、数百カ所のシナゴーグが破壊された。ナチスの支持者をのぞき、おおかたのヨーロッパ人はこれを野蛮さの表れと見ていた(49)。

このナチス・ドイツの公然たる暴力行為はソ連を利する結果となった。こうした空気のなか、人民戦線支持勢力はソ連がヨーロッパを民族虐待から守ってくれるものと期待したのだ。しかしソ連ではもっと大規模な民族虐殺作戦を展開していた。国外では誰ひとり、それを知る者がいなかったと言っておくのがフェアだろう。水晶の夜事件から一週間後、ソ連の大テロルは終息した。民族作戦により二四万七一五七人のソヴィエト国民が銃殺された。一九三八年末の時点では、ソ連で民族的背景を理由に殺害された人の数は、ナチス・ドイツの約一〇〇〇倍にも達していた。さらに言えば、このときにはソ連のほうがはるかに多くのユダヤ人を殺していたのだ。ユダヤ人は民族作戦の標的ではなかったのに、大テロル期に何千人もの死者が出た。ソヴィエト・ウクライナでも飢饉の犠牲になった。彼らが死ぬはめになったのは、ユダヤ人だったからではなく、平気で人を殺す、当時もっとも残忍な政権下の国民であったからだ。

大テロルで殺害されたソヴィエト国民の数は、同時期にドイツで暮らしていたユダヤ人の二倍にもおよぶ。しかしソ連国外では、ヒトラーでさえこのような大量銃殺が起きている可能性があることをつかんでいなかった。確かに、戦前のドイツにはこのような前例はなかった。水晶の夜事件のあと、はじめて多くのユダヤ人がドイツの強制収容所に送られた。ヒトラーはこの時点では、ユダヤ人が恐れをなして国外へ脱出することを期待していた。強制収容所に入れられた二万六〇〇〇人のユダヤ人の多くは、ほどなく解放された。一九三八年後半から三九年にかけて、一〇万人以上のユダヤ人が出国した[50]。

このような暴力と行動は確かに、ヨーロッパ全土のユダヤ人の運命に対するナチスの想像力を刺激した。水晶の夜事件から数日たった一九三八年十一月十二日、ヒトラーは側近のヘルマン・ゲーリングに、ヨーロッパのユダヤ人を排除する計画を発表させた。彼らを船に乗せ、アフリカ南東海岸沖の、南インド洋に浮かぶマダガスカル島へ送るというのだ。島に親衛隊が管理する保留地のようなものを作り、そこでユダヤ人を死ぬまで働かせたかったようだが、こうした荒唐無稽な計画は、ドイツがなんらかの形で膨大な人数のユダヤ人を支配するというシナリオと、やがては実際につながっていくのである。マダガスカル計画は、将来ドイツが多数のユダヤ人を征服した場合にもっとも有効な構想だった。当時のユダヤ人の人口は、ドイツ全体のわずか〇・五パーセントにすぎなかったうえ、移民によってさらに減少しつつあった。ドイツにはさほど多くのユダヤ人が暮らしていなかったのだ。しかし彼らが「問題」と見なされたことで、「解決策」がすでに考えられていた。それは、没収、脅迫、移住である（もしイギリスがドイツ・ユダヤ人をパレスチナに移住させることを認めるか、アメリカが移民定員を増やす――または制限ぎりぎりまで受け入れる――決定を下していれば、彼らはもっと早く出国していただろう。一九三八年七月にユダヤ人難民問題を協議するためフランスのエヴィアンで開かれた会議では、ドミニカ共和国だけがドイツからの難民受け入れを増やすことに同意した[51]。

マダガスカル計画は、言い換えれば、まだ現実には起きてもいないユダヤ人「問題」に対する「解決策」だった。大量強制移住計画は、一九三八年にはある程度理にかなっていた。ナチスの幹部がまだ、ポーランドがドイツの衛星国となって、ソ連侵攻に加わってくれるものと思い違いをしていられた時期だったからだ。ポーランドには、三〇〇万人を超えるユダヤ人が暮らしており、ポーランド政府もまた、彼らの移住候補地としてマダガスカル島を調査していた。ポーランドの指導者たちは、人口の多い民族的少数派（五〇〇万人のウクライナ人、三〇〇万人のユダヤ人、一〇〇万人のベラルーシ人）に対し、ソ連の実状やナチスの計画とわずかでも共通点のある政策は考えていなかったが、ユダヤ人を自主的に出国させて彼らの人口を減らしたいとは思っていた。独裁者ユゼフ・ピウスツキが一九三五年に死亡したあと、彼の後継者たちはこの問題についてポーランド民族主義の立場をとり、純粋なポーランド人だけに開かれた多数派政党を組織していた。一九三〇年代には国として、国内の右派ないし修正シオニストのもくろみを支持するようになっていた。彼らはイギリスの統治領であったパレスチナに、イスラエルという大きな国を――必要とあらば暴力的手段によって――建設しようと考えていたのだ[52]。

ワルシャワとベルリンがユダヤ人問題をどこか遠隔地で解決しようと考えているかぎり、そしてドイツがポーランドを東の同盟国になるよう説得できると信じているかぎり、ドイツはポーランドの支援とインフラストラクチャーを利用して東欧ユダヤ人を強制移住させる方策を思い描くことができた。

しかし同盟を結べる見込みも、ユダヤ人に関して共通のプランを持てる可能性もなかったのである。この件に関して、ピウスツキの後継者たちが彼の路線を踏襲したからだ。つまり、ベルリンともモスクワとも同じだけの距離をとり、両者と不可侵条約を締結するが、どちらとも同盟は結ばない、と決めたのだ。一九三九年一月二十六日、ポーランドはワルシャワで、ドイツの外相ヨアヒム・フォン・リッベントロップの要求を最終的に拒否した。ドイツはそれまで五年にわたり、ポーランドに領土を割譲するよう働きかけてきた。ドイツの衛星国となってともにソ連に侵攻することがポーランドの利益になると説得を続けてきたが、ここに来て失敗したのである。これはつまり、ドイツがポーランドと手を携えて戦争をするのではなく、ポーランド——そしてポーランド・ユダヤ人——と戦争すること

を意味した[53]。

マダガスカル計画を断念したわけではなかったが、ここにいたってヒトラーの胸の内には、ポーランドを征服し、そこにユダヤ人居留地を建設する構想が浮かんだようだ。ポーランドが戦争にも強制移住にも協力しないのなら、ポーランド自体を植民地とし、ヨーロッパのほかの地域のユダヤ人をそこに集めて、最終的な移住地へ送るまで留め置く場所として利用するのだ。リッベントロップがワルシャワから戻り、最初の戦争相手国がポーランドになったことがわかると、ヒトラーはユダヤ人問題について重要な演説をした。一九三九年一月三十日、ヒトラーは国会で、もしユダヤ人がドイツをふたたび世界戦争に巻き込めば、必ず彼らを抹殺すると誓った。「きょうわたしはいま一度、預言者となりたい。もしヨーロッパと海の向こうのユダヤ人国際資本家が、またもや世界大戦を引き起こすことに成功したならば、その結果は、全地球のボリシェヴィキ化でもユダヤ人の勝利でもない。ヨーロッパ・ユダヤ人の絶滅である」。ヒトラーがこのように述べていたころ、ヨーロッパ・ユダヤ人の約九八パーセントはドイツ国外で暮らし、その大半がポーランドとソ連西部に住んでいた。彼らを絶滅させる方法は明らかにされなかったが、戦争がその第一歩であったことはまちがいない[54]。

一九三九年のはじめごろ、ヒトラーは転機を迎えた。チェコスロヴァキアとオーストリアのドイツ人を取り込む政策は成功したが、東方へ戦争を仕掛けるにあたってポーランドを同盟国とすることには失敗した。彼はドイツの再軍備を進め、戦争をすることなく、可能なかぎり国境を拡げた。オーストリア併合では六〇〇万人の国民と多額の国際決済通貨《ハードカレンシー》を獲得し、外貨準備高を大幅に増加させることができた。ミュンヘン協定ではチェコスロヴァキアの国民三〇〇万人に加え、当時世界のトップレベルであったこの国の兵器産業を手に入れた。一九三九年三月、ヒトラーは国としてのチェコスロヴァキアを破壊し、彼の狙いがドイツ民族だけではなかったことを明確にしてみせた。チェコはドイツの「保護領」となり、スロヴァキアもナチスの保護下で名ばかりの独立国家となった。三月二十一日、ドイツはポーランドを脅して同盟に持ち込もうとしたが、またもや拒否された。三月二十五日、ヒトラーはドイツ国防軍にポーランド侵攻の準備を整えるよう指示した。(55)

ヒトラーとスターリンの接近

ヒトラーの権力が強まるにつれて、スターリンの外交の質が変わっていった。人民戦線がファシズムに対抗できる力を持たないことは明らかだった。ミュンヘン協定により、親ソ派のチェコスロヴァキアの民主主義政権が倒れ、一九三九年三月にはチェコスロヴァキアという国家そのものが消滅した。一九三九年四月には、フランシスコ・フランコら反動主義者がスペイン内戦に勝利した。フランスの人民戦線政府はすでに陥落していた。モスクワとヨーロッパ列強との関係では、おもに軍事・外交面に重点が置かれることとなった。なぜならスターリンには、こうした国々に内側から影響を与える政治的な手段がなかったからだ。

一九三九年春、スターリンはイデオロギー上最大の敵であったヒトラーに対し、驚くべき姿勢を見せた。ヒトラーはユダヤ人共産主義者とは絶対に和解しないと誓っていた。ナチスのプロパガンダは、ソ連の外務人民委員マクシム・リトヴィノフをフィンケルシュテインというユダヤ名で呼んだ。彼はほんとうにユダヤ人で、兄がラビだった。一九三九年三月三日、スターリンはリトヴィノフを解任することでヒトラーに譲歩した。リトヴィノフの後任には、スターリンの側近でロシア人のモロトフが就任した。ヒトラーの機嫌をとろうとするのは奇妙なことに見えるかもしれないが、じつはさほどではない。スターリニズムの本質は、それ自身が内包するありとあらゆる問題に解決策を見いだすことだからだ。一九三四年六月、ソ連はたった一夜のうちに人民戦線支持へと路線を変更し、「社会ファシスト」呼ばわりをしていた社会民主党と手を結んだ。「社会ファシスト」と盟友になれたのだから、ファシストと友人になってもよいではないか。つまるところ、ファシズムとは（ソ連の分析によれば）資本主義がいびつに形を変えたものにすぎない。一九二二年から三三年にかけて、ソ連は資本主義のドイツとよい関係にあったではないか(56)。

純粋に政治的な観点から見れば、ドイツとの条約締結はある程度理にかなっていた。ほかの選択肢――つまりイギリス、フランスとの同盟――からはほとんど得るところがないように思えた。一九三九年三月、英仏はポーランドに対し、領土の安全とドイツの攻撃阻止に努める保証をし、その後もソ連を引き入れて防衛連合のようなものを作ろうとした。だがスターリンは、ドイツがポーランドやソ連を攻撃しても、英仏が東欧に介入する可能性が薄いことを見抜いていた。ここはドイツと手を結び、西欧で資本主義大国がたがいに戦うようすを静観するのが賢明だと思ったのだ。「敵を自滅させ、戦争の終結まで戦力を温存する」というのがスターリンの戦略だった(57)。

のちにスターリン自身が述べたように、彼には、自分とヒトラーが「旧来の勢力均衡を排除したいという共通の願い」を持っていることがわかっていた。一九三九年八月、ヒトラーはスターリンの働きかけに応じた。彼はその年のうちに戦争を開始したいと思っており、時機を変更するつもりはなかったが、同盟候補国については柔軟に考えていた。ポーランドがソ連侵攻に加わらないのなら、ソ連と共同でポーランドを攻めてやればよい。ヒトラーの目から見れば、モスクワと手を組んでおけば、ポーランド侵攻後に英仏が宣戦布告してきた場合も、ドイツが完全に包囲されるのを防ぐことができる。一九三九年八月二十日、ヒトラーはスターリンに親書を送り、遅くとも二十三日までにリッベントロップの訪問を認めてほしいと頼んだ。リッベントロップはモスクワに向かった。オーウェルとケストラーが記録しているように、社会主義の故国であるソ連は、なんと首都の空港に鉤十字を飾って彼を迎えた。ケストラーが共産主義と決別するきっかけとなったイデオロギー上ありえないこの決定的な出来事は、ソ連がもはやイデオロギー国家ではなくなったことを意味していた(58)。

ふたつの政権は即座に、双方がポーランドの抹殺をもくろんでいるという共通項を見いだした。ヒトラーがポーランドを従えてソ連と戦う望みを捨てたいま、ポーランドをめぐるナチスとソ連のレトリックにほとんど相違がなくなったことがわかった。ヒトラーはポーランドをヴェルサイユ条約の「非現実的な産物」と見なし、モロトフは「醜悪な所産」と考えていた。一九三九年八月二十三日に署名された条約は、公式にはただの不可侵条約にすぎなかった。だが実際はリッベントロップとモロトフが秘密議定書を取り交わし、東ヨーロッパ――当時はまだ独立国家であったフィンランド、エストニア、ラトヴィア、リトアニア、ポーランド、ルーマニア――におけるナチス・ドイツとソ連の勢力圏を明確に決めていたのだ。皮肉にもスターリンはごく最近、ポーランドがドイツと不可侵条約を結んだ裏でこのような秘密の追加条項に署名したと言いがかりをつけ、自分が一〇万人以上の国民を［ポーランドのスパイと断定して］殺害したことを正当化したばかりだった。ポーランド作戦はドイツとポーランドによる攻撃に備えておこなわれた。だがいまやソ連は、ドイツとともにポーランドに侵攻することに同意したのだった(59)。

一九三九年九月一日、ドイツ国防軍は併合したオーストリアとチェコスロヴァキアの人員と兵器を使い、北、西、南からポーランドに侵攻した。ヒトラーが彼の戦争をはじめたのである。

日本とポーランド

一九三九年八月から九月にかけて、スターリンは東ヨーロッパだけではなく、東アジアの地図をも読んでいた。すでに極東におけるソ連の地位を向上させる機会は得ていた。ドイツがポーランドとともに西から攻めてくる心配はなくなった。東アジアで日本に対してなんらかの行動をとったとしても、べつの戦線が開く気遣いはなかった。一九三九年八月二十日、ソ連（と同盟国のモンゴル人民共和国）は、満蒙国境紛争地域で日本（とその傀儡国家、満州国）の軍隊を攻撃した。八月二十三日にベルリンと手を組んだスターリンの政策が東京にも向けられたのだ。ドイツとソ連のあいだに結ばれたモロトフ＝リッベントロップ協定［独ソ不可侵条約のこと］はソ連の攻撃から三日後に調印されて、日独防共協定を無効にした。日本にとって独ソの結託は、戦場での敗北以上に大きな政治的打撃となり、内閣は総辞職した。こののち何カ月にもわたり、日本ではさらに何度も内閣総辞職がおこなわれることになる(60)。

ドイツが日本よりもソ連を同盟国に選んだことにより、日本政府は、思いもよらなかった混乱に陥った。日本の指導者のあいだでは、ソ連シベリア地方に向かう北進策ではなく、中国、太平洋をめざす南進策をとることで意見の一致を見ていた。だがもしモスクワとベルリンの同盟関係が続くなら、赤軍はヨーロッパではなくアジアに兵力を集中することができるだろう。そうなれば、日本は防衛のためだけに精鋭部隊を北の満州国に残しておかざるをえない。南への進軍がさらにむずかしくなるだろう。ヒトラーはスターリンに東アジアで自由に行動できる余地を与えた。日本はただ、ヒトラーがほどなくこの新しい盟友を裏切るときが来ることを祈るしかなかった。日本は独ソの戦争準備の監視地点として、リトアニアに領事館を開設した。領事には、ロシア語が話せるスパイ、杉原千畝が就任した[61]。

一九三九年九月十五日に赤軍が日本軍に勝利したとき、スターリンはまさに望みどおりの成果をあげることができた。大テロルの民族作戦は、日本、ポーランド、ドイツをこの順に重視し、これら三国が協力してソ連を囲い込めないようにすることを目的としていたからだ。大テロルで六八万一六九二人を殺害しても、そうした包囲網が形成される可能性は低くならなかったが、外交と軍事力ではそれが達成できたのである。九月十五日には、ドイツがポーランド軍の戦闘能力をほぼ完全に破壊していた。ドイツがポーランドとともにソ連を攻撃することは論外となった。日本と組んで侵攻してくることもとうていありえないと思われた。スターリンは、ドイツ、ポーランド、日本がソ連を包囲するのではないかという強迫観念から解放されたうえ、独ソで協力してポーランドを囲い込み、日本を孤立させるというきわめて現実的な結果を手にすることができたのである。日本に勝利してから二日後の一九三九年九月十七日、赤軍は東からポーランドに侵攻した。そしてポーランドの中央部でドイツ国防軍と落ち合い、合同で戦勝行進をおこなった。九月二十八日、ベルリンとモスクワはふたたびポーランドをめぐる合意に達し、境界友好条約に調印した。

こうして流血地帯の歴史の新しい一ページがめくられた。ヒトラーがポーランドの半分をソ連に開放したことにより、ポーランド作戦でおこなわれた凄惨きわまるスターリンのテロルが、ポーランド国内でまたもや繰り返されることになった。スターリンのおかげで、ヒトラーは占領下のポーランドではじめて大量殺人政策に着手することができた。合同侵攻から二一カ月のあいだに、ドイツとソ連は、それぞれの占領地域で似たような口実を設けて、ほぼ同数の民間人を殺害することになる。

これ以後、それぞれの国の殺戮機関は第三国の領土で集中的に活動する。ヒトラーもスターリンと同様、ポーランド人を最初の民族大量銃殺作戦の標的に選ぶこととなったのである。

第4章　モロトフ＝リッベントロップのヨーロッパ

　ドイツのテロルは空からはじまった。一九三九年九月一日午前四時二十分、ポーランド中央部の都市ヴィエルニに、警告もなく爆弾が投下された。ドイツは軍事的に重要ではない地域を最初の殺戮実験地点に選んだ。近代的な空軍が意図的な空爆によって民間人を恐怖に陥れられるかどうかが試されたのだ。教会もシナゴーグも病院もすべて焼失した。あとからあとから弾薬が降り注ぎ、合計七〇トンの爆弾が投下されて、大半の建物が破壊され、何百人もの一般市民が命を奪われた。そのほとんどは女性と子供だった。人々は市外へ逃げ出した。ドイツ人の行政官が到着したときには、生きた人間よりも死体のほうが多かった。ポーランド西部全域で多くの町や村が同じような運命に見舞われた。一五八もの集落が爆撃を受けたのだった(1)。

　首都ワルシャワの人々は、真っ青な空を何機もの飛行機が飛ぶのを見て、「わが国のだ」と、希望を胸につぶやいた。しかしそれはまちがっていた。一九三九年九月十日、ワルシャワはヨーロッパの大都市としてはじめて、敵の空軍の組織的な爆撃にさらされた。攻撃はその日だけで一七回におよんだ。九月中旬には、ポーランド軍がほぼ壊滅状態に追い込まれていたが、ワルシャワはまだ持ちこたえていた。九月二十五日、ヒトラーがワルシャワに降伏を要求した。その日はおよそ五六〇トンの爆弾と七二トンの焼夷弾が落とされた。宣戦布告なしの戦争が開始されてまもなくのうちに、ヨーロッパ有数の人口密集地であった歴史都市の一般市民が約二万五〇〇〇人（そして将兵が六〇〇〇人）殺害されたのである。その一カ月のあいだに、すでに避難民が次から次へと列を作って東へ逃れはじめていた。ドイツ人の戦闘機パイロットはそんな彼らに機銃掃射を浴びせて楽しんだ(2)。

ポーランドは単独で戦っていた。イギリスとフランスが約束どおりドイツに宣戦布告したが、爆撃作戦のあいだはなんら有効な軍事行動は起こさなかった（フランスはザール地方に数キロ侵入したが、すぐにまた撤退した）。ポーランド軍は急いで防衛態勢をとった。彼らは東の赤軍、西のドイツ国防軍、いずれの攻撃にも備えて訓練をしており、一九二〇年代、三〇年代には、両方の場合を念頭に置いて戦争計画を立て、図上演習をおこなってきた。そして動員できるかぎりの兵力、三九個師団（約九〇万人）をもって、ドイツ軍五〇個師団（一五〇万人）を迎え撃った。人員も武器の数もドイツ軍のほうがまさり、ポーランド軍は北、西、南から戦車の攻勢を浴びるはめになった。それでも地域によっては頑強に抵抗した。

ドイツ国防軍は、オーストリアやチェコスロヴァキアのように、すでに反撃をあきらめた国にのんびり進軍することに慣れていた。だが今度は敵意に満ちた砲火に迎えられた。必ずしもすべてが思いどおりにいくとはかぎらなかった。ヒトラーが手に入れたがっていたバルト海沿岸の自由都市ダンツィヒでポーランド郵便局［ポーランドの資産として治外法権が認められ、戦時に備えて職員が戦闘訓練を受けていた」を攻撃した際にも抵抗に遭った。ドイツ軍の火炎放射手が地下室にガソリンを撒いて火を放ち、彼らを追い出しにかかると、郵便局長が白いハンカチを振りながら建物を出てきた。彼は即座に射殺された。一一人の職員が火傷のために死亡した。ドイツ軍が治療を受けさせなかったのだ。三八人が郵便局を違法に防衛したかどで死刑を言い渡され、銃殺された。そのひとり、フランチシェク・クラウジェは、ギュンター・グラスという少年のおじだった。ギュンターはのちに西ドイツでもっとも偉大な作家になった。彼の小説『ブリキの太鼓』のおかげで、この戦争犯罪が広く知られるようになった。しかしこれは多くのうちのひとつにすぎない[3]。

ドイツ兵は、ポーランドはほんものの国ではなく、その軍隊もほんものではないと教えられていた。だから侵攻に抵抗する男たちはほんとうの軍人ではありえないというのだ。ドイツ人将校は兵士たちに、ドイツ人の戦死は「殺人」であると教え込んだ。ヒトラーに言わせれば、ドイツの支配者民族に抵抗することは「傲慢」であった。ポーランド兵には戦争捕虜の扱いを受ける権利はない。ウリツという村では、ポーランド人捕虜が納屋に集められ、そこで一夜を過ごすのだと告げられた。その後ドイツ軍がこの建物を焼き払った。南部のシラドゥフという村の近くでは、ドイツ軍が戦争捕虜を人間の盾として使い、騎兵隊の残存兵と交戦した。騎兵たちは同胞のポーランド人を撃つわけにいかず、殺されてしまった。ドイツ軍はその死体を捕虜たちに埋めさせたあと、ヴィスワ川河畔の土手の前に彼らを並ばせ、銃殺した。唯一の生還者によれば、川に飛び込んで逃げようとした者はアヒルのように撃ち殺されたという。ここではおよそ三〇〇人が死亡した[4]。

一九三九年八月二十二日、ヒトラーは侵攻に先立ち、司令官たちに「哀れみに心を閉ざせ」と命令していた。彼らは捕虜を殺害した。ポーランド南部のチェピエルフという村では、会戦のあと、ポーランド軍将兵三〇〇人が捕虜となった。ドイツ人司令官はこれらの捕虜がゲリラであると断定し、そうではないことを示す証拠がいくらでもあったのに、戦争法上の保護の対象とならない非正規戦闘員と決めつけた。きちんとした軍服を身につけていたポーランド軍将兵は仰天した。ドイツ軍は彼らの服を脱がせた。これでさらにゲリラらしく見えるようになった。全員が銃殺され、溝に投げこまれた。この短期のポーランド作戦では、似たような事件が少なくとも六三件起き、三〇〇〇人以上のポーランド人捕虜が殺害された。ドイツ軍は負傷兵も殺した。あるケースでは、ドイツ軍の戦車がわざわざ旋回して赤十字のマークが描かれた納屋を攻撃した。そこはポーランド軍の救護所だったのだ。印がついていなければ、戦車の指揮官も無視したかもしれない。納屋は砲撃されて炎上した。逃げようとした人々は機銃掃射にさらされた。最後に戦車が納屋の残骸を踏みつぶし、生き残っていた者をひとり残らず轢き殺した[5]。

ドイツ国防軍の将兵は、ポーランドの民間人を襲った恐怖は、彼ら自身が引き寄せたものだと考えていた。「ドイツ人は主人で、ポーランド人は奴隷だ」と言い放った将官もいる。軍指導部はヒトラーがこの作戦で尋常ならざる目標を持っていることを知っていた。国防軍最高司令部総長〔ヴィルヘルム・カイテル〕が説明したように、「ポーランド人の破壊と絶滅が総統の狙い」だったのである。兵士たちは、民間ポーランド人を人間以下の狡猾な生き物と見なすよう訓練されていた。ある兵士は、ポーランド人が敵意を持っていると確信するあまり、ポーランド人が顔をしかめているのを見て、ドイツ人に対する不合理な憎しみの表れだと解釈した。兵士たちはほどなく、たまたま見かけた者にいらだちをぶつけるようになった。ドイツ軍は新しい領土を獲得したあとにはたいてい民間人を殺害した。退却を余儀なくされたときにも殺した。ドイツ軍側に死傷者が出た場合は、とにかく近くにいる者のせいにした。まずは男性を、だが女性や子供も報復の対象とした[6]。

ポーランド中部の町ヴィズフでは、ドイツ軍が男たちに招集をかけた。男たちは何も悪いことをしていなかったので、恐れることなく呼びかけに応じた。ある身重の妻は不吉な予感をおぼえたが、夫と引き離されてしまった。町の男全員がフェンスの前に一列に並ばされ、撃ち殺された。ロンギヌフカの町では、ひとつの建物に民間人四〇名が閉じ込められたうえ、火を放たれた。ドイツ兵は人々に火をつけておいて、窓から飛び出した。こうした報復行為がしばしば、ふつうでは考えられないほど無造作におこなわれた。あるケースでは、誰かが銃を発砲したという理由で一〇〇人の民間人が集められ、射殺された。だが発砲したのはドイツ兵であることがわかった[7]。

ポーランドは降伏しなかった［政府がドイツとの交渉を拒み、パリへ亡命した］が、交戦は一九三九年十月六日に終了した。その秋にはドイツの総督府が置かれて文官による統治がはじまったものの、ドイツ国防軍はなおも気まぐれな報復行動に出ては多数のポーランド人を殺し続けていた。十二月には、ポーランド人の有名な犯罪者にふたりのドイツ兵が殺害された報復として、事件に無関係な一般男性一一四人が機関銃で殺害された。一月にはドイツ軍が苗字からユダヤ人と判断したある男性の身柄を、ユダヤ人コミュニティが引き渡さなかったとして、ユダヤ人二五五名を銃殺した。だが問題の人物はその共同体とはなんの関係もなかった[8]。

ドイツ兵はユダヤ人を東方の野蛮人と見なすよう教えられていた。ポーランドに行くと、彼らは確かに故国では見られそうにないものに遭遇した。それは敬虔なユダヤ教徒の大共同体だった。ヒトラーはユダヤ人がドイツ社会において破壊的な役割を演じていると憤ってみせたが、ドイツ全体の人口に占めるユダヤ人の比率はきわめて低かった。ニュルンベルク法によってユダヤ人と定義されたドイツ国民は、たいていが宗教を持たず、多くは自分がユダヤ人コミュニティの成員だとは思っていなかった。ドイツのユダヤ人は大半が社会に同化し、非ユダヤ人と結婚している者も少なくなかったのだ。歴史的な理由から、ポーランド・ユダヤ人はかなり異なる生活を送っていた。中世後期、ドイツをふくむヨーロッパ中部から西部にかけての地域からユダヤ人が追放された。ポーランドは何世紀にもわたってこうしたユダヤ人の避難場所となり、ヨーロッパのユダヤ移民の中心地となってきた。一九三九年には、ユダヤ人がポーランドの総人口の一〇パーセントを占めていた。彼らのほとんどは信仰に篤く、伝統的な服装や習慣を守っていた。おおかたがイディッシュ語を話したが、ドイツ人の耳には、自分たちの言語が妙な具合に変形したものに聞こえてならなかった。ポーランドでもっとも重要なユダヤ都市、ワルシャワとウッチでは、全人口の三分の一がユダヤ人だった。

書簡の内容から判断すると、ドイツ軍の将兵は、ポーランド・ユダヤ人を人間とは思っておらず、生きたステレオタイプ――文化の遅れたポーランド人の土地に巣くう特殊な害虫――と見ていたようだ。ドイツ軍の将兵から妻や恋人に送られた手紙には、非人間的な無秩序と不潔があふれかえっているようすが報告されていた。彼らがポーランドに対して抱いていたイメージでは、美しいものはすべて以前のドイツ人入植者によって作られたのであり、醜いものはすべてユダヤ人の堕落とポーランド人の怠惰の産物だったのだ。ドイツ人はユダヤ人を見ると、外見をきちんと整えたくなる衝動を抑えられなかったようだ。ドイツ兵は何度も何度も、ユダヤ人の男を取り囲んではそのもみあげを剃った。仲間たちが笑いながら写真を撮った。彼らはまた、気の向くままに平然とユダヤ人女性を強姦した。処罰の対象となりうる犯罪行為だという認識はなかったらしい。犯行がばれてつかまったときには、人種混交を禁じたドイツの法を犯したと告げられた。(9)

ソレックという町では、ユダヤ人たちが人質にとられ、地下室に閉じ込められた。脱出を試みたが、ドイツ兵が手榴弾を投げ込み、全員を殺害した。ラヴァ・マゾヴィエツカの町では、あるドイツ兵がユダヤ人の少年に水をくれと頼んだ。少年が走りだすと、兵士は銃を向けて発砲した。だが弾はべつの兵士にあたってしまった。ドイツ兵らは数百人の住民を町の広場に集めて皆殺しにした。ポーランド南部のディヌフでは、九月中旬のある夜、およそ二〇〇人のユダヤ人が機銃掃射により殺害された。一九三九年末までにポーランドでドイツ軍に殺された民間人の総計はおよそ四万五〇〇〇人、うち七〇〇〇人がユダヤ人だった。その比率はポーランド全体に占めるユダヤ人人口の割合よりも高かった[10]。

ドイツの将兵たちが教え込まれたナチスの世界観にとって、ポーランド人将兵以上に問題だったのは、ユダヤ人将兵だった。ユダヤ人は一九三五年以降、ドイツ軍から追放されている。だがポーランド・ユダヤ人は、国内のすべての男子と同様、ポーランド軍で兵役に就かなければならなかった。将校の中には、ユダヤ人――とくにユダヤ人医師――が多かった。ドイツ人は彼らを部隊から引き離し、特別な懲罰労働収容所へ送った。

ソ連軍のポーランド侵攻

九月十七日にソ連がポーランドに侵攻したときには、すでにドイツがほぼ勝利をおさめていた。その日はドイツ空軍がポーランド南東部の最重要都市、ルヴーフ（今日のウクライナのリヴィウ）を爆撃していたところへ赤軍が進軍してきた。ソ連兵五〇万人が国境を越えてきたことは不安と希望の両方をかき立てた。ポーランドの人々は、ソ連がドイツと戦うためにやってきたと信じたがった。ドイツ軍の攻撃によって東へ追いやられ、動転していたポーランド兵の中には、味方が来てくれたと勘違いした者もいたことだろう。ポーランド軍は救援を切望していた[11]。

ソ連は、ポーランドという国家が消滅したから、こうした介入が必要になったのだと主張した。ポーランドが自国民を守ることができなくなったので、赤軍が平和維持活動のために入ったというのだ。ポーランド国内のウクライナ人やベラルーシ人など、比較的人口の多い民族的少数派はとりわけ救援を必要としている、と。だがそれは建前にすぎず、ソ連軍の将兵たちは戦闘準備を整えていて、実際には戦った。赤軍はポーランド軍部隊に武装解除をさせ、必要と見れば交戦した。すでに惨敗を喫している敵と戦うために、もはや誰も防衛する者のいない国境を、五〇万人が越えてやってきたのだ。やがてソ連軍はドイツ軍と落ち合って境界線を決め、ついには合同で戦勝行進をおこ

なう運びとなった。スターリンはドイツとの絆は「血で固められている」と表現した。だがその血はおもに、戦闘で命を落とした六万人以上のポーランド兵が流したものだったのだ[12]。

ルヴーフのように、ドイツ国防軍と赤軍の両方が接近してきた都市では、ポーランド兵がむずかしい選択を迫られた。いったいどちらに降伏すればよいのだろうか。ソ連軍は短い面談をし、安全に故郷へ戻してやると約束した。ソ連軍に同行していたニキータ・フルシチョフ［当時のソヴィエト・ウクライナ共産党第一書記］も同じ保証を繰り返した。予備役将校として出征していたポーランド人の芸術家、ユゼフ・チャプスキも、この嘘にだまされたひとりだった。彼の部隊はドイツ軍の反撃に遭い、それからソ連軍の機甲部隊に取り囲まれた。ルヴーフへ連れていって解放すると約束されたが、それも嘘で、市の中央広場で全員がトラックに乗せられた。広場に居合わせた女性たちが涙を流しながら、タバコを放ってくれた。ユダヤ人の若者が屋台でリンゴを買い、それを投げてよこした。兵士らは家族に宛てて手紙を書き、郵便局のそばにいた女性たちにそれを託した。彼らはそのまま鉄道駅まで連れていかれ、汽車で東へ送られた[13]。

ソ連の国境を越えると、「別世界」に入っていくような感覚に襲われたと、チャプスキは回想している。彼はやはり予備役将校だった植物学者の友人と並んで座っていた。その友は、ウクライナのステップで背の高い草を目にして驚いていた。べつの汽車では、ポーランド人の農夫らが車両の隙間から、荒れ放題に放置された集団農場を見て、嘆かわしげに首を振っていた。ソヴィエト・ウクライナの首都キエフで汽車がとまると、将校たちは思いがけない反応をもって迎えられた。ウクライナの人々が、ソ連軍に護送されてきたポーランド人将校を見て、意気消沈していたのだ。彼らの中には、いつかポーランド軍がスターリンの手からウクライナを解放しにきてくれると、いまだに信じていた者がいたようだった。しかしその日はついに来ず、約一万五〇〇〇人のポーランド人将校がＮＫＶＤの管理する三つの強制収容所に連れていかれた。ひとつはソヴィエト・ウクライナ東部のスタロビリシクに、ほかのふたつはソヴィエト・ロシアの、コゼリスクとオスタシコフにあった[14]。

こうした男たち――ひとりをのぞき全員が男性だった――を排除するのは、いわばポーランド社会の首を斬るようなものだった。ソ連は一〇万人以上を捕虜にしたが、兵だけを解放し、将校は帰さなかった。これらの将校のうち三分の二以上が予備役で、軍人ではなく、チャプスキと植物学者の戦友のように、高度な教育を受けた専門職業人や知識人だった。何千人もの医師や弁護士、科学者、大学教授、政治家が、ポーランドから取りあげられてしまったのである[15]。

ポーランド東部を占領したソ連軍は、空白のできたポーランド社会の上層部に、下位の者を据えた。刑務所が空にされて、政治犯――たいていは共産党員――が現地政府の主要ポストについた。ソ連の扇動家が小作農を焚きつけ、地主への復讐をうながした。ほとんどの人は犯罪行為をそそのかされても応じなかったが、多くの者が暴走したために、いたるところで混乱が見られた。斧を使った大量殺人が急に頻繁に起きるようになった。ある男性は杭に縛りつけられて、皮膚を剝かれ、そこへ塩をすりこまれたあげく、目の前で家族を殺された。赤軍はたいていは行儀よくしていたが、たまに暴力行為に加わる兵士もいて、二人組が現地の役人を殺して金歯を奪うといった事件を起こしていた[16]。

その裏で、ＮＫＶＤが大挙してポーランドに入り込んでいた。それから二一カ月のあいだに、彼らは占領下のポーランド東部で民間人一〇万九四〇〇人の身柄を拘束した。逮捕者の数はソ連全土の総計を上まわった。もっとも多く申し渡された刑は、八年間のグラーグ行きだった。八五一三人が死刑判決を受けた[17]。

ドイツの統治下に置かれたモロトフ＝リッベントロップ線以西の地域では、さらにあからさまな方法が使われた。ドイツ国防軍が外国の軍隊を打ち破ったので、親衛隊のやり方を外国人に使ってみることができるようになったのだ。

迫害の道具であった特別行動部隊《アインザッツグルッペン》は、ハインリヒ・ヒムラーの右腕、ラインハルト・ハイドリヒによって創設された。秘密警察所属の特別作業部隊で、ふつうの警察官もメンバーにふくまれていた。その使命は、武力による領土拡張後に後方地域の治安を回復することだった。一九三九年の時点では、特別行動部隊はハイドリヒの率いる国家保安本部の下位組織として機能していた。国家保安本部は、秘密警察（国家機関）とジッヒャーハイツディーンスト（SD、ナチス党の機関である親衛隊情報部）とを統合させた組織だ。特別行動部隊は、オーストリアとチェコスロヴァキアに配備されたが、いずれの国でもほとんど抵抗に遭わず、特定の集団を殺害するといった特別な任務は帯びていなかった。彼らはポーランドではじめて「イデオロギー兵」としての使命を果たし、敗戦国の知識人層を抹殺しにかかったのである（ある意味で彼らは自分たちと同じ立場の人間を殺すことになった。特別行動部隊とその下位組織である行動隊《アインザッツコマンド》の指揮官二五人のうち、一五人が博士号を持っていたからだ）。タンネンベルク作戦［ナチス・ドイツのポーランド人絶滅計画］では、ハイドリヒは行動部隊に対し、民間ポーランド人六万一〇〇〇人を殺害して「社会の上層部」が害を及ぼさないようにせよと命じた。ヒトラーが言ったように、「奴隷階級に貶めることができるのは、上層部を失った民族だけだ」。この斬首作戦の最終目標は、機能する社会としての「ポーランドを破壊する」ことだった。優秀なポーランド人を殺害し、ポーランドをドイツの人種差別主義者の理想どおりの国にすること、社会からドイツの統治に抵抗する力を奪うことだったのである[18]。

特別行動部隊は、すさまじいばかりの熱意をもってこの任務に取り組んだが、NKVDのような経験も、当然ながら技能も持ち合わせなかった。彼らは確かに、しばしばゲリラに対する報復作戦という名目で非戦闘員を殺した。内陸部の都市ブィドゴシュチではおよそ九〇〇人のポーランド人を殺害した。南部のカトヴィツェでは、ある中庭で七五〇人ほどを殺した。多くが女性と少女だった。特別行動部隊は、戦闘に関係のない作戦で総計五万人を殺したと思われる。だがこれらの人々は、殺害を指示された六万一〇〇〇人にはふくまれていなかった。恣意的に選ばれたグループが犠牲となることが多かったのである。NKVDとちがって特別行動部隊は決められた手順を守らず、自分たちがポーランドで誰を殺したか、きちんと記録をとっていなかった[19]。

ユダヤ人を対象にした任務はもっと首尾よく遂行できた。さほど厳密な識別が必要ではなかったからだ。ある特別行動部隊は、ユダヤ人を脅してドイツの占領地域から東のソ連占領地域へ逃げるよう仕向ける任務を与えられた。一九三九年九月の、軍事作戦がまだ実行されているあいだに、できるだけのことをするよう命じられた。たとえばポーランド南部のベンジンという町では、この部隊が火炎放射器でシナゴーグを焼き払い、二日間のうちに約五〇〇人のユダヤ人を殺害した。行動隊も似たような任務を実行した。ある隊は、東部の都市ヘウムで裕福なユダヤ人を襲って略奪を働けと命じられた。ドイツ人たちは、通りでユダヤ人のように見える女性の服を脱がせて所持品検査をし、人目につかない場所で体をまさぐった。また、指を切り落として結婚指輪を奪い取った。九月十六日から十九日にかけては、南東部の町プシェムィシルで五〇〇人以上のユダヤ人を銃殺した。このような作戦の結果、何十万人ものユダヤ人がソ連の占領域へ逃げていった。ルブリンという都市の近くでは、二万人以上のユダヤ人が即時退去を命じられた[20]。

ポーランドの占領が完了すると、ドイツとソ連はたがいの関係を再評価するため、ふたたび会談を開いた。ドイツ軍がワルシャワを陥落させた一九三九年九月二十八日、両国は境界線を取り決めた友好条約に調印した。これによって占領域がいくらか変更され、独ソ不可侵条約でソ連の支配圏に指定されていたワルシャワをドイツが、ドイツの支配圏とされていたリトアニアをソ連が統治することになった（このときの境界線がポーランド分割地図に記された「モロトフ＝リッベントロップ線」である）。また、一方の政権に対しポーランド人が抵抗したときは、いかなるものであれ、二国が協力して鎮圧することが義務づけられた。十月四日、ナチス・ドイツとソ連はさらなる議定書に合意し、新しい境界線を決定した。これでポーランドは消滅した。

数日後、ドイツは占領域の一部を正式に自国の領土に組み入れ、残りを「総督府」〔Generalgouvernement〕と呼ばれる植民地とした。ここは望まれない人々——ポーランド人とユダヤ人——が遺棄される場所となった。ヒトラーは東方に「自然保護区」のような区域を設けて、ユダヤ人をそこに収容しようと考えたのだ。以前ヒトラーの弁護士であったハンス・フランクが総督の座につき、一九三九年十月末に、占領国住民の地位を明確にしたふたつの指令を発令した。ひとつは、ドイツ警察がこの指令に従うべきこと、もうひとつは、ポーランド人がドイツあるいはドイツ人の利益に反すると思われる行動をとった際には、いかなる場合もドイツ警察がこれを死刑に処する権限を持つことを定めていた。フランクはこの指令により、ポーランド人がほどなく「民族としての命運が尽きたこと」を悟って、ドイツ人の統治を受け入れるものと信じていた[21]。

強制移住と餓死

モロトフ＝リッベントロップ線の東では、ソ連が自分たちの支配体制を拡大しつつあった。モスクワは、旧ポーランド東部をその住民もろとも、ウクライナ共和国とベラルーシ共和国に併合することによって、それぞれの領土を西へ拡げた。赤軍がポーランドに侵入したときには、ソ連が軍事力によって民族的少数派をポーランドの支配から解放し、農民が大地主に立ち向かうのを強力に支援するかに見えた。占領区域の人口構成は、ポーランド人が四三パーセント、ウクライナ人三三パーセント、ユダヤ人とベラルーシ人がそれぞれ八パーセント、残りを少数のチェコ人、ドイツ人、ロシア人、タタール人が占める形となっていた。だがいまやあらゆる民族、あらゆる階級の人々が一様に新体制への支持を表明する必要が出てきた。一九三九年十月二十二日、ソ連が「西ベラルーシ」「西ウクライナ」と名づけた地域のすべての成人は、それぞれの議会の選挙に投票しなければならなかった。それが暫定的な措置であったことは、両地域共通のひとつの立法措置――ポーランド東部をソ連の領土に編入するという要請――によって明らかになった。併合手続きは十一月十五日までに完了した。[22]

ソ連は自国の法制度や慣行をそのままポーランド東部に持ち込んだ。誰もが国内パスポートを取得しなければならなくなった。つまり、国が新しい国民全員の記録を持つことになったのだ。住民登録をすると同時に、兵役に就く義務が生じた。ほどなく、およそ一五万人の若者（ポーランド人、ウクライナ人、ベラルーシ人、ユダヤ人）が赤軍に入隊した。登録によって、ソ連の重要な社会政策――強制移住――も円滑におこなえるようになった。[23]

一九三九年十二月四日、ソ連共産党政治局はＮＫＶＤに対し、新体制に危険をもたらす恐れのあるポーランド人をしかるべき手立てにより追放せよと命じた。対象とされたのは、退役軍人、森林監督官、公務員、警察官、そしてその家族だった。一九四〇年二月の、氷点下四〇度という厳寒の夜、NKVDはこうした人々を全員狩り集めた。一三万九七九四人が夜の夜中に銃を突きつけられて家から連れ出され、十分な装備の整っていない貨車に乗せられた。そして故郷を遠く離れたソヴィエト・カザフスタンかシベリアの特別居留区へと送られた。自分の身に何が起きたのかもわからないうちに、彼らの人生は一変してしまったのだ。グラーグというシステムの一部である特別居留区は、一〇年前に富農《クラーク》が送り込まれた強制労働区域だった。[24]

NKVDは「家族」という意味を非常に広く解釈したので、貨車には危険分子と見なされた人々の老いた親や子供たちもたくさん乗せられていた。列車が止まるたびに、警備官が車両から車両へとまわり、死んだ子供はいないかきいていった。当時十一歳の少年だったヴィエスワフ・アダムチクは母親に、ソ連はぼくたちを地獄へ連れていくつもりなのと尋ねた。食べ物と水は定期的に与えられず、家畜運搬用の車両にはトイレもなく、とてつもなく寒かった。時間がたつにつれ、子供たちは金属の手すりについた霜を舐めることを覚え、高齢者が次々と凍え死ぬのを見ていた。おとなの遺体は引きずり出され、急いで掘った集団墓穴に放り込まれた。べつの少年はそのようすを車両の中から見ていて、亡くなった人たちのことを記憶に焼き付けようとした。のちに彼はペンをとり、たとえこの世を去って姿は消えても、「わたしたちの心の中には、あの人たちの夢や希望が生き続けているのです」と書いた。[25]

この道中だけで約五〇〇〇人が命を落とし、夏までにさらに一万一〇〇〇人が帰らぬ人となった。シベリアのある学校では、ポーランド人の少女が自分の家族の体験をこう語った。「弟は具合が悪くなって、一週間のうちに飢え死にしました。わたしたちは、シベリアのステップの丘に弟を埋めてやりました。すると今度はお母さんが不安と飢えで具合が悪くなりました。お腹が膨れて、バラックの中で二カ月のあいだ寝ていましたけれど、最後まで、誰も病院へ連れていってくれませんでした。やっと連れていってもらえて、病院で二週間寝て、それから亡くなったんです。その知らせが来たとき、わたしたちは絶望のどん底に突き落とされました。みんなで二五キロ離れた丘まで、お母さんを埋めにいきました。家族ふたりが眠るシベリアの森の音がいまも聞こえます[26]」

中央アジアやロシア北部に追放されたポーランド人は、以前に送り込まれたクラークよりもさらに環境になじめず、無力だった。彼らはたいてい、カザフ語はもちろんロシア語も話せなかった。地元の――とくに中央アジアの――住民は、彼らをまたもやモスクワから押しつけられたお荷物だと見ていた。「現地の人は」と、あるポーランド人はカザフスタンにいたころを振り返った。「ほとんどロシア語を話さないし、この制度そのものをとてもいやがっていました。食べさせなきゃならない口も増えますしね。最初は何も売ってくれず、どんなことでもいっさい手助けしてくれませんでした」。ポーランド人は、ほんの一〇年ほど前にカザフスタンの人口の三分の一が餓死したことを知らなかった。四人の子の父親だったあるポーランド人男性は、自分が履いていたブーツ一足のために集団農場で殺された。べつの父親はシベリアで餓死した。彼の息子はのちにこう回想している。「父の体は膨れあがりました。連中は遺体をシーツでくるんで地面に転がしました」。また、ある父親はチフスにかかり、ロシア北部の死の都市、ヴォログダで息を引き取った。彼の息子は当時十二歳だったが、すでにある種の哲学を学んでいた。「人はたった一度だけ生まれて、たった一度だけ死んでいくんだ。あいにくね[27]」

強制移住させられたポーランド人は「クラーク」というロシアの言葉など聞いたこともなかっただろうが、ここへ来て、その歴史を知ることになった。あるシベリアの特別居留区に送られたポーランド人は、一九三〇年代に流刑にされたクラークの骸骨を発見した。べつの特別居留区の十六歳のポーランド人少年は、作業監督者がクラークであったことを知らされた。「彼は率直に話しました」と彼は振り返る。「自分の心の中にあることを」。それは、神への信仰だった。ポーランド人はローマカトリックの信者だと思われていた。同じクリスチャンだからというので、ウクライナ人やロシア人がそのような告白をしたのだ。しかし遠い東の地でも、ソ連当局はポーランド人らしい一面が少しでも見えると、激しい敵意を見せた。あるポーランド人の少年は、自分の服を売って食べ物を買おうとして町へ行ったところ、警官に帽子を叩き落とされた。その帽子には、ポーランド国家の象徴である白い鷹の紋章がついていたのだ。警官は、少年が帽子を拾うことを許さなかった。ソ連のジャーナリストが書き立て、教師たちも繰り返し言っていたように、ポーランドは滅び、二度と立ちあがることはないとされていたのだ。[28]

安楽死政策の開始

計算され、等級に分けられた暴力を常習的に行使することによって、ソ連はポーランド人をすでに確立した体制に押し込むことができた。数週間の混乱を経て、彼らは国土を西へ拡大し、敵対勢力となる恐れのある者のうち、もっとも危険な人物を排除することに成功した。しかしポーランドの西半分、モロトフ＝リッベントロップ線以西では、ドイツは同じようなことができなかった。ヒトラーは少し前にドイツの領土をオーストリアとチェコスロヴァキアに拡げたばかりだが、これほど多くの非ドイツ人が暮らす地域を併合したのははじめてだったのだ。ソ連とちがってナチスは、正義と平等のためと称して人々や階級を抑圧することさえできなかった。誰もがナチス・ドイツはドイツ人だけのためにあることを知っていたし、ドイツ人も、そうではないふりをしようとは思わなかったのだ。

国民社会主義は、ドイツ人が優越人種であることを前提としていた。だからナチスがポーランドの文明の高さを示す証拠を目の当たりにした場合は、少なくとも自分たちに対して、この前提の正しさを証明する必要があったのだ。ポーランドの古都クラクフでは、有名大学の教授全員が強制収容所へ送られた。市場広場に建てられていたロマン派の偉大な詩人、アダム・ミツキェヴィチの銅像が台座から引き倒され、広場の名がアドルフ・ヒトラー広場《プラッツ》に変えられた。このような措置は象徴的であると同時に現実的でもあった。クラクフ大学はドイツのどの大学よりも古かった。ミツキェヴィチは当時のヨーロッパでゲーテと同等の尊敬を集めていた。このような機関や歴史の存在は、ポーランド知識階級の存在と同様、ドイツの計画にとって障壁だったばかりではなく、ナチスのイデオロギーにとっても問題だったのである。[29]

ポーランドらしさはやがてこれらの土地から姿を消し、「ドイツの民族性」が取って代わった。ヒトラーが書いたように、ドイツは「国民の血が二度とふたたび汚されることがないように、これら異人種的要素を封じ込めなければならない。あるいは、ただちにそうした要素を排除して、空いた土地をわれらが同胞に引き渡さなければならない」とされた。一九三九年十月のはじめ、ヒトラーはハインリヒ・ヒムラーに新たな任務を与えた。すでに親衛隊長であり、ドイツ警察長官であったヒムラーは「ドイツ民族性強化国家特別委員」に就任した。それは人種問題を扱う大臣のようなもので、ドイツがポーランドから併合した地域の住民を追放し、代わりにドイツ人を移住させることを任務とした。[30]

ヒムラーは熱意をもって取りかかったが、これは容易なことではなかった。そこはポーランド人の土地だったからだ。もともとドイツ人が多く住んでいたわけではない。ソ連がポーランド東部に侵攻したときには、ウクライナ人とベラルーシ人を守るためと称していたが、少なくとも人口統計上は無理のない口実と言えた。ポーランドには確かにそうした人々がおよそ六〇〇万人もいたからだ。だがドイツ人の人口は一〇〇万人にも満たなかった。新たにドイツに併合された地域では、ドイツ人の一五倍ものポーランド人が暮らしていた[31]。

このころにはヒトラーの宣伝相ヨーゼフ・ゲッベルスがドイツの報道機関を掌握していたので、ドイツ人（と、彼らのプロパガンダを信じた者）は、ポーランド西部にたくさんのドイツ人が住んでいて、これまですさまじい抑圧に耐えてきたのだと思い込んだ。実状はまったくちがっていた。新たに併合された地域のポーランド人は九〇〇万人前後で、ドイツ人よりはるかに多かった。併合後はドイツ人よりユダヤ人のほうが大幅に（六〇〇万人以上）増え、結果としてドイツのユダヤ人人口がほぼ三倍に（約三三万人から一〇〇万人近くにまで）跳ねあがった。一五六万人のユダヤ人が暮らす総督府も合わせれば、ヒトラーの統治下にかかえ込まれたユダヤ人の数はゆうに二〇〇万人を超えることとなった。ドイツ領に組み入れられた都市、ウッチのユダヤ人人口（二三万三〇〇〇人）は、ベルリン（八万二七八八人）とウィーン（九万一四八〇人）の合計を上まわった。総督府内のワルシャワには、ドイツの総計を超える数のユダヤ人が住んでいた。また、今度の編入によって増えたポーランド人の人口は、オーストリアとチェコスロヴァキアをふくむ過去のすべての併合によって増加したドイツ人の数よりも多かった。総督府と、チェコスロヴァキアから割譲を受けたボヘミア・モラヴィア保護領［ベーメン・メーレン保護領］も合わせれば、ヒトラーの帝国には、およそ二〇〇〇万人のポーランド人、六〇〇万人のチェコ人、それに二〇〇万人のユダヤ人が加わった計算になる。さらにドイツは、ソ連をのぞいてヨーロッパのどの国よりも多くのスラヴ人をかかえるはめになった。人種の純潔を追求したはずのドイツは、一九三九年末にヨーロッパで二番目に大きな多民族国家となったのである。最大の多民族国家とは、もちろんソ連だった[32]。

新たにドイツの領土とされた地域のうち、もっとも広いヴァルテラント国家大管区をまかされたアルトゥール・グライザーは、「ドイツの民族性強化」という考え方にとりわけ強い感銘を受けた。ヴァルテラント国家大管区は、西のポズナンから東のウッチまで広がる広大な地域で、ポーランド人四〇〇万人、ユダヤ人三六万六〇〇〇人、ドイツ人三二万七〇〇〇人が暮らしていた。ヒムラーは一九四〇年二月までにユダヤ人全員とポーランド人数十万人を加えた一〇〇万人の強制移住を提案した。グライザーは「ドイツの民族性強化」計画の手はじめとして、三つの精神病院の患者をすべて退院させて銃殺処分にした。オヴィンスカという村にあった四つ目の精神病院の患者たちは異なる運命をたどった。彼らは一九三九年十月と十一月に地元のゲシュタポ本部に連れていかれ、ガスボンベから噴射された一酸化炭素により殺害されたのである。この方法でドイツが大量殺人を決行したのは、それがはじめてだった。精神保健施設に収容されていたポーランド人約七七〇〇人を殺すことで「安楽死」政策がはじまり、やがて戦前のドイツ領内でも同じことがおこなわれるようになった。それから二年のうちに、七万人のドイツ国民が「生存に値しない命」としてガス殺されることとなった。ドイツの民族性強化策には、内と外、両方の側面があった。対外的な侵略戦争は、必ずドイツ国民の殺害をともなったのである。そのようにしてはじまり、そのように続くこととなった[33]。

ユダヤ人の排除という目標は、イデオロギー上もうひとつの優先事項であった、ソ連にいるドイツ人を再入植させるという目標とぶつかりあってしまった。ソ連が東部ポーランドを占領して国境を西に拡げると、ヒトラーは、ソ連の統治下に入ったドイツ人（以前はポーランド国籍を持っていた）のことを気にかけざるをえなくなった。ヒトラーは彼らをドイツに送り返すよう取り計らった。そしてヴァルテラントからポーランド人を強制退去させ、そのあとに彼らを住まわせようと考えた。つまりまずはユダヤ人ではなく、ポーランド農民を追放し、帰ってくるドイツ人のために土地を空けることにしたのである。ユダヤ人は当面、故郷を離れずにすんだものの、やはり激しい苦悩と屈辱を味わされていた。コジェニツェという都市では、正統派ユダヤ教徒が、火を放たれて燃える聖書の山のそばで「われわれのせいでこの戦争が起きた」と唱えながら踊らされた。ウォヴィチでは、一九三九年十一月七日に、ユダヤ人男子全員が刑務所まで行進させられ、ユダヤ人コミュニティに身代金が要求された。[34]

一九三九年十二月一日から十七日にかけて、ヴァルテラントから総督府への最初の強制移住が実行された。これによって追放された八万七八八三人の大多数はポーランド人だった。警察はまず、「ドイツの民族性に直接的な危険」をおよぼす恐れのあるポーランド人を選んだのだった。この次の強制移住は一九四〇年二月十日から三月十五日にかけておこなわれ、四万〇一二八名の人々が退去を強いられた。今度もやはり、ポーランド人が大半を占めた。移動距離はいくらか短かった。通常、ヴァルテラントの首都ポズナンから総督府最大の都市ワルシャワまでは、ほんの数時間で移動できる。それでも数千人の人々が貨車の中で凍死し、車両がそのまま何日も待避線に放置されたこともあった。ヒムラーは、これは「土地の気候のせいだ」と述べた。[35]だが言うまでもなく、ポーランドの天候は基本的にドイツとまったく変わりなかったのである。

捕虜たちの生活

一九三九年から四〇年にかけての冬は、ポーランドでもドイツでも、異例の寒さだった。ウクライナ、ロシア、カザフスタン北部ではもっと寒かった。ソ連の特別居留区では、何千人ものポーランド人が病に倒れて死んでいった。ソヴィエト・ロシアとソヴィエト・ウクライナの三つの収容所に囚われていたポーランド人捕虜は、政治や宗教の暦に従って暮らしていた。ロシアのコゼリスク、オスタシコフ、そしてウクライナのスタロビリシクの収容所の捕虜たちは、自分たちなりの方法で十一月十一日のポーランド独立記念日を祝った。クリスマスを祝う計画も立てた。捕虜たちはたいていがローマカトリックの信徒だったが、ユダヤ教やプロテスタント、ポーランド正教会、ギリシャカトリックの信徒もかなりまじっていた。彼らは破壊された正教会の修道院に集まり、崩れかけた聖堂の中で祈りを捧げて、聖体拝領などの儀式をおこなった[36]。

捕虜たちは、ボリシェヴィキ革命のときに正教会の修道士や修道女の身に何が起きたかを示す証拠を目にした。浅く掘った墓穴に骸骨が埋められていたり、壁に人体の輪郭を描く弾痕が残っていたりした。スタロビリシク収容所のある捕虜は、修道院跡にいつもカラスの一団が雲のように群がっていることに気がついた。それでも、祈りが希望を運んでくれるように思え、人々は宗派のちがいを超えて、ともに礼拝をした――一九三九年の十二月二十四日までは。その日、三つのすべての収容所から司祭や牧師やラビたちが連れ去られた。以後、彼らの姿を見た者はいない[37]。

コゼリスク、オスタシコフ、スタロビリシクの三つの強制収容所は、ポーランド知識層の行動が観察できる研究所のようなものだった。どの収容所もまるでポーランドの施設のように見えた。囚人たちは軍服と、白い鷹の紋章がついた制帽のほかには衣類を持っていなかった。言うまでもなく、当時のポーランド東部ではもはやそのような紋章を公然と身につける者はひとりもおらず、公の場には鎌と槌と赤い星が掲げられていた。ポーランドの大学はドイツ領では閉鎖され、ソ連領ではウクライナやロシアの大学となっていたが、収容所の捕虜たちは、予備役将校として囚われていた著名なポーランド人科学者や人文学者を講師に迎えて講演会を開催していた。また、将校らは小さな信用組合を作り、貧しい会員が金銭的に余裕のある者から金を借りられるようにした。学校で習った詩も覚えていた。中には、ポーランドのリアリズム時代の長編小説を記憶していて、暗誦できる者もいた。もちろん意見の対立や喧嘩もあり、盗みを働く者もいた。わずかながら――ほんとうにごくわずかであることがわかっている――ソ連に協力していた者もいる。夜間の長い尋問の際にどうふるまうべきかについても、将校の意見はまちまちだった。しかし、民族としての連帯感は誰もが感じていた。おそらくソヴィエト人も気づいていたことだろう[38]。

それでも彼らは孤独だった。家族に手紙を書くことはできたが、自分の置かれた状況を伝えるわけにはいかなかった。NKVDに読まれることはわかっていたから、用心する必要があった。コゼリスクに収容されていた捕虜、ドビエスワフ・ヤクボヴィッツは、日記ならだいじょうぶだと思い、妻のドレスが出てきた夢や娘と遊んだ夢など、手紙に書きたい内容を記していた。捕虜たちは療養所の住所を使うよう命じられていたので、痛ましい混乱がいろいろと起きた[39]。

捕虜たちは番犬や、近くの町からやってきた犬となかよくなった。犬は歩哨の目をかすめて門をくぐり、あるいは、人が通れないような鉄条網の小さな破れ目を抜けて収容所にもぐり込んできた。スタロビリシク収容所にいた予備役将校のひとり、マクシミリアン・ワベンジは、ワルシャワでもっとも著名な獣医だった。彼は犬たちの面倒を見て、ときには手術さえしてやった。ワベンジがとくにかわいがっていた雑種犬は、将校たちからリネク――ポーランド語で〝小さなスターリン〟を意味する〝スターリネク〟を短くした名――と呼ばれていた。みんなのお気に入りだった犬には、第一次大戦中、連合軍総司令官として、一九一八年にドイツを破ったフランスの将軍にちなんで、フォッシュという名がつけられた。彼らが囚われていたこの一九三九年末から四〇年はじめにかけての時期には、ポーランド政府はパリに亡命していた。おおかたのポーランド人はフランスがドイツに勝ってポーランドを救ってくれるものと期待していた。捕虜たちは、外の世界と接触を持ちたいという願いを、町に住んでいるらしい小さな犬、フォッシュに託した。彼らはフォッシュの首輪に手紙をくくりつけて送り出しては、なんらかの反応を待った。一九四〇年三月のある日、とうとう返事が来た。「みんな、もうすぐあなたがたがスタロビリシクから解放されると言っています。もうすぐ国に帰れると。ほんとうかどうかはわかりませんけど(40)」

大テロルふたたび

それはほんとうではなかった。その月モスクワでは、スターリンの秘密警察長官ラヴレンチー・ベリヤが、おそらくスターリンに焚きつけられ、ある結論に達した。そして、ポーランド人捕虜は殺害するのが望ましいと文書に明記した。一九四〇年三月五日、ベリヤは政治局――つまり実質的にはスターリン――に宛てた提案書の中で、ポーランド人捕虜は誰もが「ただソ連の支配に抵抗する戦いに身を投じたいがため、解放の日を待っている」と書いた。ソ連に新規併合された地域では、元将校らが反革命組織を指導しているのだ、と。数年前の「ポーランド軍事組織」陰謀説とちがって、今度は絵空事ではない。ポーランドの半分がソ連に占領され、併合されたのだから、抵抗する者がいるのは当然だろう。一九四〇年にはおよそ二万五〇〇〇人がなんらかの抵抗組織に加入したと見られていた。NKVDが直ちに対応し、ほとんどの者を逮捕したが、抵抗があるのは事実で、証明することもできた。ベリヤはこの現実を利用し、戦争捕虜には極刑――銃殺刑――を適用すべしとするみずからの提案を正当化した(41)。

スターリンはベリヤの進言を承認し、またもや大テロルのメカニズムが始動することとなった。ベリヤはポーランド人捕虜全員のファイルをすみやかに処理するため、特別なトロイカを組織した。彼らには、前の尋問官の所見を無視し、捕虜といっさい接触することなく、判決を下す権限が与えられた。一九三七年、三八年のときと同様、ベリヤは殺害数の割当を決めていたようだ。前述の三つの収容所の捕虜全員に加え、ベラルーシ西部とウクライナ西部の刑務所に入れられていた六〇〇〇人(各三〇〇〇人)、それに、身柄を拘束されていない下士官のうち、とくに危険な分子と見なされた者が対象となった。トロイカはファイルにすばやく目を通したあと、三つの収容所にいたポーランド人のうち、九七パーセントにあたる一万四五八七名に死刑を申し渡した。刑を免れたのは、捕虜にまじっていた数名のソヴィエト人スパイと、民族ドイツ人〔国外に居住するドイツ人〕、ラトヴィア人、それから外国政府の保護を受けている者だった。刑務所の囚人六〇〇〇人も、四月に逮捕された一三〇五人とともに死刑を宣告された(42)。

三つの収容所の捕虜たちは、帰郷を許されるものと思い込んでいた。一九四〇年四月に最初のグループがコゼリスクから連れ出されることになったときには、仲間内でお別れの会が催された。同僚であった将校たちが武器なしでできるかぎりのことをして、儀仗兵の役を務め、彼らがバスまで歩いて

カティンの虐殺
1940年4月
ソ連の捕虜収容所
ソ連の殺戮場
移送　1940年4月
フィンランド
ヘルシンキ
レニングラード
タリン
エストニア SSR
ノヴゴロド
バルト海
オスタシコフ
カリーニン
リガ
ラトヴィアSSR
モスクワ
リトアニア SSR
ロシア SFSR
ヴィリニュス
カティン
スモレンスク
ケーニヒスベルク
コゼリスク
クロパティ
ミンスク
ソ連
ビャウィストク
ベラルーシ SSR
モロトフ＝リッベントロップ線
ワルシャワ
クルスク
ドイツ
総督府
ドン川
キエフ
ブィキウニャ
クラクフ
ハルキウ
スタロビリシク
リヴィウ
ウクライナ SSR
ドニエストル川
ドニプロ川
スターリノ
ハンガリー
モルダヴィア SSR
キシナウ
オデッサ
アゾフ海
クリミア（ロシアSFSR）
ルーマニア
黒海

いくのを見送った。捕虜は一度に数百人ずつ、汽車でスモレンスクの先のグニェズドヴォという村の小さな駅まで運ばれていった。列車を降りた彼らを待っていたのは、銃剣を構えてずらりと並んだNKVDの兵士だった。一度におよそ三〇人ずつがバスに乗せられて、カティンと呼ばれる森の端にあった「山羊ガ丘」まで連れていかれた。そこにあったNKVDの保養施設で、彼らは身体検査を受け、貴重品を取りあげられた。アダム・ソルスキという将校は、このときまで日記をつけていた。「連中はわたしの結婚指輪について尋ねた。わたしはそれを……」。捕虜たちは施設内の建物のひとつに連れていかれ、そこで銃殺された。遺体はおそらくトラックで一度に三〇体くらいずつ、森の中に掘られた集団墓穴まで運ばれた。コゼリスクの捕虜四四一〇人が全員銃殺されるまで、それが続いた(43)。

オスタシコフでは、捕虜が収容所を出るときに楽団が音楽を演奏して、気持ちを引き立てた。彼らは二五〇人から五〇〇人ずつ汽車に乗り、カリーニン（現在のトヴェリ）にあったNKVDの刑務所へ連れていかれた。到着後は、彼らに関する調書をチェックするため、しばらく留め置かれた。捕虜たちは、次に何が起こるかを知らずに待っていた。おそらく、最後の瞬間まで疑いもしなかっただろう。ひとりで警護にあたっていたNKVD職員は、ある捕虜に、年はいくつかと尋ねてみた。その若者はにっこりして「十八です」と答えた。どんな仕事をしていた？　相手はなおも微笑みながら、「電話の交換手を」と言った。勤めてどのくらいだった？　彼は指折り数えた。「六カ月でした」その後若者は手錠をかけられ、防音処理を施した独房へ連れていかれた。その部屋を通っていった六三一四人全員が同じ運命をたどった。ふたりの男が両脇から若者の腕をつかんで取り押さえ、もうひとりが背後から首の付け根に銃弾を撃ち込んだ(44)。

捕虜たちが決して顔を見ることのなかったカリーニンの処刑執行主任は、ワシーリー・ブローヒンという男だった。彼は大テロル期にも主立った処刑人のひとりとして、モスクワで処刑部隊の指揮にあたっていた。見せしめ裁判にかけられた著名人の処刑をまかされただけではなく、まったくの極秘裏に何千人もの労働者や農民たちも銃殺した。カリーニンでの彼は、処刑の際に革の帽子とエプロンと長い手袋を着け、血しぶきや血のりが体や軍服に付着するのを防いだ。ドイツ製の拳銃を使い、毎晩およそ二五〇人を次から次へと射殺していった。終わると、死体はトラックに積まれて、NKVDが夏別荘を何軒か持っていた近くのメドノエ村まで運ばれた。そして事前にショベルカーで掘ってあった巨大な穴に投げこまれた(45)。

スタロビリシクの収容所の捕虜たちは、一度に一〇〇人か二〇〇人ずつ、鉄道でハルキウに連れていかれ、NKVDの刑務所に収容された。彼らは知るよしもなかったが、そこはポーランド人の大量殺害に使用された主要施設のひとつだったのである。ついに彼らの番がやってきたわけだ。捕虜たちはそうした過去を知らず、ほかの収容所に囚われた戦友の運命も知らず、自分の身に何が起きるかも知らないままに死に向かっていった。刑務所に到着して一日か二日すると、彼らはある部屋に連れていかれ、身上調査をされた。それから、べつの部屋に案内される。そこは暗くて窓もない。看守が「いいかね?」と言い、彼を中に引き入れる。あるNKVD職員によれば、「パン! と音がして、それで終わりだった」。遺体はトラックに積まれた。ひとりひとりの上着を引っぱりあげては、それで頭を覆い、荷台が血で汚れないようにした。頭から奥へ突っ込んだ遺体の上に、次の遺体を足から先に突っ込んで乗せ、びっしり積みあげていった(46)。

スタロビリシク収容所の捕虜三七三九人がこのようにして殺された。チャプスキの友人や知人もその中にいた。物静かだった植物学者も、身重の妻に自分の恐怖を知らせまいとしていた経済学者も。

ワルシャワでカフェを訪ねては芸術家を支援していた医師や、戯曲や小説を諳んじることができた中尉、ヨーロッパ連邦の誕生を夢見て情熱を傾けていた弁護士も。数多くのエンジニア、教師、詩人、ソーシャルワーカー、ジャーナリスト、外科医、軍人も。だがチャプスキ自身はちがった。三つのどの収容所でも、ごく数人だけがべつの収容所に移され、生き延びたのだった。(47)

カラマーゾフの問い

一九三九年から四〇年にかけて、ソ連が戦争捕虜収容所として使っていたコゼリスク市のオプティナ修道院は、フョードル・ドストエフスキー作『カラマーゾフの兄弟』の重要なシーンに出てくる。ここで貴族の青年と修道院の長老が、神なき世界でも道徳は存在しうるかという議論を交わす。神が死ねば何もかも許されるのか、と。この架空の会話が交わされたほんものの建物は、元は修道士の住まいだったが、一九四〇年にはＮＫＶＤの尋問官が住んでいた。彼らはまさにこの疑問に対する答え――つまり、神の死のみが人間性の欠落を招きうるということ――を体現していた。一方、ポーランド人将校の多くは無意識にちがった答えを出していた。何もかもが許される場所では、神が避難所《さけどころ》となる。彼らは収容所を教会に見立ててその中で祈った。多くの者が死に赴く前に復活祭の礼拝に出ていた。(48)

三つの収容所の捕虜たちは、少なくともその多くが、自分たちはふるいにかけられ、ソ連でなんらかの役割を果たすために選ばれるのだろうと思っていた。しかしこの審査を通らなければ殺されるとは、夢にも思っていなかった。わずか二年前に大テロルでポーランド作戦が決行され、何万人ものソヴィエト・ポーランド人が銃殺された事実もまったく知らなかったのだ。たとえ殺害される恐れがあることを理解していたとしても、もっともらしい形でソ連に忠誠を示せた者はそう多くなかったことだろう。捕虜たちは収容所でソ連の新聞を読まされ、ソ連のプロパガンダ映画を見せられ、スピーカーから流れるソ連のニュース放送を聞かされた。たいていの捕虜にとって、その内容は荒唐無稽で侮辱的に感じられた。戦友を密告していた者でさえ、ばかげた政治体制だと思ったという[49]。

ふたつの文化はたがいにうまくコミュニケーションがとれていなかった。少なくとも明確な利害の共通点がないかぎり、それは無理だ。スターリンがヒトラーと手を結んでいたこの時期に、そのような共通の基盤を想定するのは容易ではなかっただろう。反対に、誤解が生じる可能性はかぎりなく高かった。集団化と工業化により、ソ連は近代化を遂げたが、その間、国民には――というより、西側資本主義の特徴である消費者に――いっさい関心を払わなかった。ポーランド東部を統治していたソヴィエト人は、自転車から転げ落ち、歯磨きを食べ、便器をシンクとして使い、何本もの腕時計を着け、ブラジャーを耳当てとして使い、ランジェリーをイヴニングドレスとして着用していた。ポーランド人捕虜も無知だったが、彼らが知らなかったのはもっと基本的な問題だった。同じ立場に立たされたソヴィエト人とちがってポーランド人は、法的な根拠もなしに刑を宣告されたり殺されたりすることなどありえないと思っていたのだ。これらのソヴィエト人とポーランド人の多くが同じロシア帝国に生まれながら、これほどまでたがいを理解していなかったことは、スターリニズムが大きな文明的変革をもたらした証拠と言えるだろう。

ドストエフスキーの小説に出てくる長老の住まいを与えられていたコゼリスク収容所の主任尋問官は、これを慎重な言葉で表現した。「ふたつの異なる哲学」の問題だったのだと。最終的にはソ連が自分たちの哲学を広げて押し通した。ポーランド東部でソ連が払った代価を揶揄する声があったとしても、たやすく反撃することができた。いまこの国はなんという名で呼ばれているかと問いかければよかったのだ。しかし収容所のポーランド人捕虜をソ連の文明に適応させることはどうしてもできなかった。ポーランド人捕虜を見たことのあるロシアやウクライナの農民たちは、彼らとソヴィエト人とでは生き方がまったくちがっていたと回想する。数十年たっても、ポーランド人捕虜の身だしなみのよさや清潔さ、誇り高い物腰が記憶に残っていた。とてもではないが、ソヴィエト人のような生き方を強いることはできそうになかったという。少なくとも、あんな短い期間に、あんな状況では。しかし、ソヴィエト人のように死なせることは可能だった。ポーランド人将校の多くはＮＫＶＤ職員よりも力が強く、教育程度も高かった。だが武器を持たず、何がなんだかわからない状態だったので、ふたりの男が取り押さえてもうひとりが撃ち殺し、誰にも発見される恐れがない――と思われる――場所に埋めることができたのだ。死を迎えた彼らは、ソ連の歴史に埋もれていった人々に加わり、同じように沈黙したかに見えた[50]。

ポーランド作戦の再現とも言うべきこの小テロルにより、総計二万一八九二人のポーランド人が殺された。全員ではないにしろ、大半がポーランドの国籍を持っていた。ポーランドは多民族国家であり、将校団も複数の民族から成っており、殺害された者の中でも、ユダヤ人、ウクライナ人、ベラルーシ人の数が非常に多かった。犠牲者のうちユダヤ人の比率は約八パーセントで、これはポーランド東部のユダヤ人人口の比率にほぼ等しかった[51]。

大テロルのときと同様、迫害の対象となった人々の家族もまた処罰を受けた。ベリヤは、三つの収容所の捕虜の銃殺を提案する三日前、捕虜の家族を強制移住させるよう命じていた。ソ連当局は家族に関する情報をすでにつかんでいた。捕虜が愛する人と文通するのを許しておいて、家族の名前と住所を突きとめたのだった。ベラルーシ西部とウクライナ西部で活動していたトロイカが、カザフスタンの特別居留区へ送る六万〇六六七人をリストアップした。ほとんどがある命令で「元の住民」と言及された人々の家族だった。たいていは夫や父親がいなかった。妻たちは、これからご主人のところへ行ってもらうのだと、典型的なソ連流の嘘を聞かされた。だが実際には家族はシベリアのタイガ（ある十三歳のポーランド人少年が記憶していたように、「永久に泥と雪に覆われた土地」）で降ろされた。そのころには、男たちがカティンやカリーニン、ハルキウ、ブィキウニャ、クロパティで次々と銃殺されていた。一九四〇年五月二十日、ポーランド人の子供たち数人がスターリンに手紙を書いた。ぼくたちはよいソヴィエト国民になりますと誓い、ただひとこと、「お父さんがいない暮らしはつらいです」とだけ訴えた。翌日、NKVDの職員たちは、ひとりも脱走者を出すことなく、三つの収容所を空にした功績を評価され、報奨金を与えられた。(52)

男たちがいない家族にとって、この強制移住は、二月の強制退去のときよりいっそうつらいものになった。女性は子供たちと、ときには夫の年老いた親といっしょにカザフスタンで列車から降ろされた。四月に突然発つことになったので、女性のほとんどが十分な衣類を持ってきていなかった。しかし、しばしばその服を売って食べ物を買わなければならなかった。女性たちは家畜の糞を燃料として燃やすことを覚え、どうにか次の冬を乗り切った。それでも数千人が亡くなった。多くの女性が、どうすれば子供たちを死なせずにすむかを判断する必要に迫られた。ポーランド人として育てたいのはやまやまだったが、ソ連の施設にあずければ、きちんと食事をさせてもらい、生き延びられることに気がついた。ある女性は、六人の子のうち五人をNKVDのオフィスの前に置き去りにし、六番目の子を胸に抱いて姿を消した。その後、彼女の姿を見た者はいない。スタロビリシク収容所からハルキウに送られ、殺された経済学者は身重の妻を案じていた。彼女は強制移住先で出産したが、赤ん坊は死んでしまった[53]。

一九四〇年三月、NKVD長官のベリヤは、ソ連のパスポートを受け取らなかった者も強制移住の対象とするよう命じていた。これはソ連の政治体制を拒否したことになるだけではなく、官僚にとって実務上の問題を引き起こしていた。ソヴィエト国民として記録されることを拒んだポーランド人を、思うように効率的に監視したり処罰したりすることはできなかったのだ。ソ連のパスポートを拒否した人々は、偶然にも大半がポーランド西部から避難してきたユダヤ人だった。彼らはドイツ人の手から逃れてはきたが、ソヴィエト人になりたいとはこれっぽちも思っていなかった。ソ連の書類を受け入れたら、ポーランドが再建されたときに、帰国が許されないかもしれない。それゆえユダヤ人はポーランドの忠実な国民であることを証明したが、そのために故国を征服したふたつの政権の犠牲となった。彼らはナチス親衛隊の暴虐から逃れたものの、NKVDによってカザフスタンとシベリアへ送られてしまった。難民を標的にした一九四〇年六月の措置で強制移住させられた七万八三三九人のうち、八四パーセントがユダヤ人だった[54]。

彼らの大半は都会を離れて暮らしたことがなかった。ポーランド・ユダヤ人は、少なくとも先に連れてこられたポーランド人と同じくらいにはお手上げだった。職人は、腕のよい者もそうでない者もロシア北端へ送られて伐採作業をさせられた。ユゼフという名のユダヤ人の少年は、故郷の町でユダヤ人が自分たちのシナゴーグに火を放つよう強要されたときのことを覚えている。ドイツ人が笑いながら見物していたという。彼の一家はソ連の占領区域へ逃げ込んだが、ソ連のパスポートは拒否した。兄も父も母もみんな、追放された先で亡くなった[55]。

在リトアニア領事、杉原千畝

西欧ではこの時期を「まやかしの戦争」と呼んでいた。何も起きていないように見えたからだ。フランスとイギリスは、一九三九年九月の時点でドイツと戦争状態にあった。だがその秋から冬、翌年の春にかけて、ポーランドが戦いに負け、破壊され、分割され、数万人が殺され数十万人が強制移住させられたというのに、この戦争で西部戦線が張られることはなかった。ドイツとソ連はなんでも好き放題にできたのである。

ドイツは一九四〇年四月にデンマークとノルウェーに侵攻し、これによってスカンジナヴィア半島の鉱物資源を利用できるようになり、北欧におけるイギリスの介入を未然に防ぐことができた。だがまやかしの戦争は、五月十日にドイツがベルギー、ル

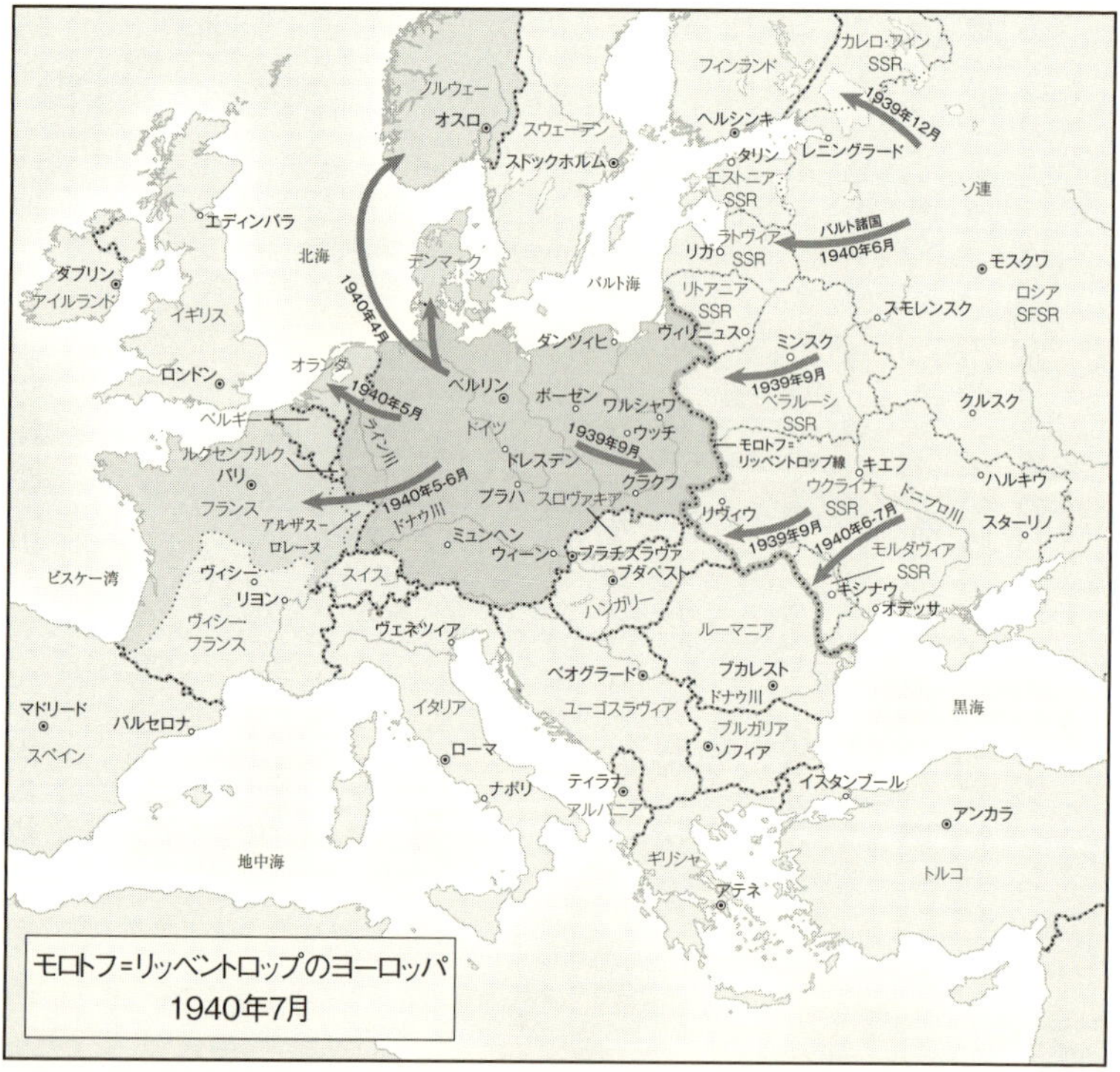

モロトフ=リッベントロップのヨーロッパ
1940年7月

クセンブルク、オランダの三国とフランスを攻撃した時点で、実際に終了した。六月十四日には、すでにフランス軍で一〇万人、イギリス軍で六万人の戦死者が出ており、ドイツ軍がパリを占領していた。フランスは誰の予測よりもずっと早く降伏した。その同じ月、ソ連も帝国を西へ拡げ、バルト海沿岸の三つの独立国、エストニア、ラトヴィア、リトアニアを併合した。

バルト三国のうち、もっとも広くて人口の多いリトアニアもまた、きわめて複雑な民族問題と国際関係をかかえた国だった。リトアニアは戦間期に一貫して、ポーランド北東部の都市ヴィリニュスとその近郊は自国の領土であると主張し続けていた。この地域の多数派住民は、ポーランド人とユダヤ人、ベラルーシ人だったが、リトアニア人はヴィリニュスを自分たちの正当な首都と見なしていた。なぜなら、ヴィリニュスは中世から近代初頭にかけて存在した重要な国家、リトアニア大公国の首都だったからだ。一九二〇年代、三〇年代には、独立リトアニアの指導者は、カウナスに行政の中枢を置いていたが、首都はヴィリニュスだと考えていた。一九三九年、スターリンはこのような国民感情を利用した。ヴィリニュスをソ連に編入せず、当時はまだ独立国家であったリトアニアに与えたのだ。驚くべきことではないが、リトアニアはその代価として、国内にソ連が軍事基地を建設することを認めなければならなかった。すでにリトアニアに駐留していたソ連軍はこれで戦闘準備を整えた。一九四〇年夏には、ポーランド東部よりもさらに性急かつ人為的に、リトアニアに政治革命を強いた。政界の主立った人物の多くがナチス・ドイツへ逃れていった[56]。

この一部始終を注意深く見守っていたのが、在リトアニア日本領事の杉原千畝だった。当時、彼はカウナスにいて、ドイツとソ連の軍事的な動きを注視していた。一九四〇年の夏、日本の指導部はとるべき道を明らかにした。ソ連とのあいだに中立条約を結ぶことにしたのだ。そうして北の安全を確保すれば、一九四一年には南進策のプランを立てることができる。杉原は、フランス降伏後の独ソ関係の推移を見守ることができる立場にあった。そのような日本の高官は比較的少なかった。自分のスタッフを持たなかった杉原は、ソ連にもドイツにも捕まらずにすんだポーランド人将校を情報提供者兼助手として使っていた。そしてその見返りとして、彼らに日本のパスポートを与え、日本の在外公館の使用を許した。杉原は、彼らが仲間の将校たちのために脱出ルートを見つける手助けをした。ポーランド人将校らは、ある種の出国ビザを発給してもらえれば、ソ連を経由して日本に渡れることに気づいた。このルートで逃げられたポーランド人将校はごくわずかだったが、少なくともひとりが日本にたどり着き、ソ連を通過する途中で目にしたことを機密報告書にまとめている(57)。

同じころ、ユダヤ人難民も杉原を訪ねはじめた。これらのユダヤ人はポーランド国籍を持っており、もともとは一九三九年九月のドイツによる侵攻を逃れてリトアニアにやってきたのだが、今度はソ連を恐れていた。一九四〇年六月にユダヤ人が強制移住させられたことを耳にし、自分たちも同じ目に遭うのではないかと不安になっていたのだ。その予感は正しかった。一年後、ソ連はリトアニアから一万七五〇〇人を、ラトヴィアから一万七〇〇〇人を、エストニアから六〇〇〇人を追放するのである。このとき杉原はポーランド人将校の手を借りて数千人のユダヤ人をリトアニアから脱出させた。人々は鉄道でソ連を横断する長い旅をし、それから船で日本へ渡って、そこからパレスチナやアメリカへ旅立った。静かに、そしてきっぱりとおこなわれたこの措置は、ポーランドと日本のあいだで何十年も続いた情報収集面での協力関係を締めくくる最終章となった［一九四一年十二月に亡命ポーランド政府が日本に宣戦布告し、国交を断絶したが、その後も情報協力は継続された(58)］。

ワルシャワ・ゲットーの設置

一九四〇年、ナチスの指導者たちは、ポーランド内のドイツ占領域で暮らしていたおよそ二〇〇万人のユダヤ人を排除したかったようだが、その方法については意見の一致を見ていなかった。当初の戦時計画では、総督府のルブリン県にユダヤ人居留区のようなものを作ることになっていた。だがこれは満足のいく解決策とは見なされなかった。ドイツ領となった地域が比較的狭かったため、ベルリンからルブリンまでの距離（約七〇〇キロ）と、追放する予定のユダヤ人が住むふたつの都市、ワルシャワ、ウッチまでの距離（それぞれ六〇〇キロ、五〇〇キロ）とがさほどちがわなかったからだ。しかもハンス・フランク総督が、これ以上のユダヤ人を総督府で受け入れるわけにはいかないと突っ撥ねた。一九三九年末から四〇年にかけてヒムラーとグライザーがヴァルテラント国家大管区のポーランド人を総督府へと追放し続けたため、総計約四〇万八五二五人が流入する結果となっていたのだ。これはソ連によって強制移住させられたポーランド人とほぼ同人数だった。当事者にたいへんな苦しみを味わわせたわりには、ドイツの人口構成にはほとんど変化がなかったのである。とにかくポーランド人の人口が多かったので、ただ占領区域内で移動させ、いたずらに混乱を招くだけに終わっていた。東方に生存圏を確保するというヒトラーの壮大な夢の実現にはほど遠かった。[59]

強制移住のスペシャリスト、アドルフ・アイヒマンは一九三九年の秋に、この作戦をより効率的に実践する任務に抜擢された。アイヒマンはオーストリアのユダヤ人をウィーンからすみやかに追放して、その有能さを証明していたが、ユダヤ人を総督府へ送り込むにあたっては、効率ではなくその無意味さが問題であることに気づいた。ハンス・フランク総督がさらなるユダヤ人の受け入れに難色を示していることもわかった。アイヒマンはこの政策が暗礁に乗りあげる前の一九三九年十月、どうにかオーストリアとチェコのユダヤ人四〇〇〇人を総督府へ送り込むことに成功していた。彼は明らかに妥当と思われる解決策を引き出した。ドイツの統治下にある二〇〇万人のユダヤ人を、広大な領土を持つ東方の同盟国、ソ連に移住させるのだ。スターリンはすでにソヴィエト・アジアの奥、ビロビジャンという名の都市に、ユダヤ人の入植地を建設していた。ドイツが気づいたように（そしてまた改めて実感するときが来るのだが）ソ連政権は、ナチスとちがって効果的な集団強制移住を実現しうる国家能力と広大な土地を持っていた。一九四〇年一月、ドイツはヨーロッパのユダヤ人を移住させたいと話を持ちかけた。だがスターリンは関心を示さなかった。(60)

ナチスが人種問題と考えることを解決するには、総督府はあまりに近くて狭い。しかもソ連はユダヤ人の受け入れに興味を持ってくれない。となれば、国内に暮らす敵性人種をどう処理すればよいだろう。「最終解決」（当時はまだ強制移住のことを指していた）の日が来るまで、厳しい統制下に置いて搾取するほかはあるまい。前例を作ったのは、グライザーだ。彼は一九四〇年二月八日、二三万三〇〇〇人のユダヤ人を収容するゲットーをウッチに建設するよう命じた。同じ月、ワルシャワ県知事であったドイツ人のルートヴィヒ・フィッシャーが弁護士のヴァルデマー・シェーンにゲットーの設計をまかせた。ドイツ側がワルシャワ北西部にゲットーを設置すると発表し、十月から十一月にかけて、ユダヤ人ではないポーランド人一〇万人以上が該当地区から退去させられ、ワルシャワ在住のユダヤ人一〇万人以上が市内のほかの場所から連れてこられた。ユダヤ人たちは目印になる腕章をつけるよう強要されるなど、屈辱的な規則を押しつけられた。ゲットーの外に残してきた資産は没収され、まずはドイツ人に、しばしばポーランド人にも（ドイツの爆撃で家を失った人が多かったので）それが与えられた。ユダヤ人が許可なくゲットーの外に出たことがわかれば、死刑に処せられた。総督府のほかの地域で暮らしていたユダヤ人も同じ運命をたどった(61)。

総督府内のゲットーはいずれも、一九四〇年、四一年の時点では、暫定的に設けられた強制労働収容所であり、監獄だった。ドイツはユダヤ人評議会《ユーデンラート》の設立を決めて、戦前に現地ユダヤ人コミュニティで指導的立場にあった人々をメンバーに選んだ。ワルシャワ・ゲットーのユダヤ人評議会議長は、ジャーナリストであり、戦前に上院議員を務めていたアダム・チェルニャクフだった。ドイツはまた、ワルシャワに非武装のユダヤ警察も創設し、ユゼフ・シェリンスキを署長に任命した。その任務は、治安維持と脱走防止、ドイツの弾圧政策の実行だった。当初はこうした措置が何を意味するのか、少しも明確ではなかったが、時間がたつにつれ、ユダヤ人たちにもゲットーの生活がいつまでも耐えられるものではないことがわかってきた。その一方でワルシャワ・ゲットーはドイツ人旅行者が訪れる観光名所になった。ゲットーに収容されていた歴史学者のエマヌエル・リンゲルブルムは、「埋葬を待つ何十体もの遺体が並べられた小屋はとくに人気だった」と記している。こののち一九四三年には、旅行案内書を専門に手がけるベデカー社が総督府のガイドブックを刊行するようになった(62)。

ドイツ側は、フランス降伏後の一九四〇年夏、漠然としていた最終解決の方法について再度考えるようになった。ソ連はすでにユダヤ人の受け入れを拒否し、フランクは総督府への移送に待ったをかけている。マダガスカルはフランスの領土だ。そのフランスを屈服させたいま、マダガスカルの再植民地化の障壁となりうるのはイギリス海軍のみである。ヒムラーはこの線で考えをめぐらした。「ユダヤ人をアフリカなど、どこかよその植民地に大量移送できれば、ユダヤ人という概念そのものを完全に消すことができるだろう」。もちろん、それで野望がとどまるわけではない。ヒムラーはこう続けている。「さらにいくらか時間をかければ、ウクライナ人やグラル人、レムコ人［いずれもポーランド南部の高地に暮らす少数民族］といった民族的概念もわれわれの領土から一掃することができるにちがいない。そして同じことが妥当な程度にもっと大きな規模でポーランド人にも適用できるのだ……」(63)

多くのユダヤ人が死につつあった。とりわけ、四〇万人以上が詰め込まれていたワルシャワ・ゲットーでの死亡率は高かった。このゲットーの広さはわずか五平方キロメートルにも満たず［三・四平方キロメートルから一一平方キロメートルまで諸説あり］、一平方キロメートルあたりの人口は八万人に近かった。しかしワルシャワで死んだユダヤ人の大半は、ワルシャワの住民ではない。ワルシャワ県では、総督府のほかの県と同様、比較的小さな集落で暮らしていたユダヤ人が大きなゲットーへと追放されていた。ワルシャワ市外からやってきたユダヤ人は、たいていがもともと貧しく、強制移送によって全財産を失っていた。彼らは準備をする時間も与えられず、多くの場合、私物を持ってくることができなかった。これらのユダヤ人は、ゲットー内で最下層の弱者となり、饑餓や病の犠牲になることが多かった。ワルシャワ・ゲットーでは一九四〇年から四一年にかけて推定六万人が死亡したとみられているが、圧倒的多数を占めたのは強制移送されてきた人々と難民だった。ドイツの非情な政策にもっとも苦しめられたのも彼らだ。たとえば一九四〇年十二月には、ワルシャワ・ゲットーへの食糧配給をまる一カ月間停止する決定が下された。多くの人が長きにわたって苦しみ、精神的に堕落し、あげくの果てに餓死していった。(64)

住み慣れない都市にわが子を残し、親が先に亡くなるケースもあった。ギトラ・シュルツマンは両親の死後「あてもなくゲットーの中を歩き、飢えでお腹がぱんぱんに膨れてしまった」のを覚えている。サラ・スボロフの母親はベッドで亡くなり、その後、姉も腹が膨らんで餓死した。彼女はこう書いている。「わたしは心の中では何もかもわかっていました。でも口に出して言えませんでした」。はきはきとものを言う十代のイズラエル・レーデルマンは、「戦争には二種類ある。ひとつは銃弾の戦争、もうひとつは、飢えの戦争。飢えの戦争のほうがひどい。だって苦しまなきゃならないからね。弾があたれば、その場ですぐ死ねるけど」。ある医師が回想しているように、「十歳の子供がパンのために身を売ることもあった」のだ(65)。

ワルシャワ・ゲットーでは、ユダヤ人の組織が児童養護施設を創設した。子供たちの中には、絶望のあまり親が死ぬことを願う者もいた。そうすれば少なくとも、孤児として食糧配給にありつけるからだ。正視に堪えない光景が繰り広げられている施設もあった。あるソーシャルワーカーは、子供たちが「一杯のお粥をめぐって、ののしり合い、殴り合い、押しのけ合っていました。そのそばで、危篤状態の子や栄養失調でお腹が膨れた子が床に横たわっていたんです。何日も前に死んでそのまま放置されている子供の遺体と並んでね」と振り返る。彼女はなんとか施設に秩序をもたらそうと懸命に努力したが、子供たちはみんなチフスに罹ってしまった。そして隔離措置という名目で、彼女も子供たちといっしょに施設に閉じ込められた。彼女は鋭い洞察力を見せて日記にこう書いている。「いまや施設がガス室の役割を果たしている」と(66)。

AB行動と犠牲者たち

ドイツは、戦前のポーランド・ユダヤ人エリートを生かしておいて、そのなかからユダヤ人評議会のメンバーを選び、ゲットー内でドイツの政策を実行させたが、非ユダヤ系ポーランド人については政治的な脅威と見ていた。一九四〇年はじめ、ヒトラーは総督府に住むポーランド人危険分子はさっさと処刑するべきだという結論に達した。彼はフランクに、ポーランド人の「指導者」を「排除」しなければならないと話した。フランクはタンネンベルク作戦のときと似たような、抹殺すべき集団のリストを作成した。知識人と聖職者と政治活動家が対象となった。一九四〇年三月二日には、ヒトラーが「精神的指導者」と考えられる者を「粛清する」計画を部下に明かした。この日は偶然にも、そして興味深いことに、ソ連でベリヤがポーランド人捕虜に対するテロルを開始するわずか三日前のことだった。ヒトラーもベリヤと同じ基本方針をとっていた。すでに逮捕した人々を殺す。そして危険と判断した人物を逮捕し、やはりこれも殺す。ベリヤとちがってフランクは、この機会を利用してふつうの刑事犯も処刑した。おそらく刑務所のスペースを空けるためだったのだろう。一九四〇年夏の終わりまでに、刑事犯とほぼ同数のおよそ三〇〇〇名が政治上の危険分子と断定されて殺害された。[67]

ドイツの作戦はソ連ほどには統制がとれていなかった。AB行動（Außerordentliche Befriedungsaktion 特別平定活動）と呼ばれたこの大量殺人作戦は、総督府の行政区画ごとに異なった方法でおこなわれていた。クラクフ県では、本人の前で略式判決文が読みあげられたが、そこには刑については何も書かれていなかった。罪状は反逆罪だから、死刑に相当する。ところがおかしなことに、誰もが脱走を試みて銃殺されたと記録された。実際は、囚人たちはクラクフ市にあったモンテルピ刑務所から近くのクシェスワヴィツェ村に連れていかれ、そこで自分たちが入る墓穴を掘らされて、翌日、一度に三〇人から五〇人ずつが銃殺された。ルブリン県では、いったんルブリン市の城に閉じ込められたあと、市の南に用意された処刑地へと運ばれた。そして穴の前に立たされ、トラックのヘッドライトを浴びせられ、機関銃で皆殺しにされた。一九四〇年八月十五日の一夜のうちに四五〇人が命を奪われた。[68]

ワルシャワ県の囚人たちは、ワルシャワ市内にあった政治犯専用のパヴィアク刑務所に入れられ、パルミリの森へと移送された。そこにはドイツ人が強制労働者を使って幅三メートル、長さ三〇メートルの細長い溝を何本か掘らせていた。囚人たちは夜明けに叩き起こされ、荷物をまとめるよう命じられた。当初彼らは、少なくともべつの収容所へ移されるのだと思っていた。だがトラックが森の中へ入ると、即座に自分たちの運命を悟った。一九四〇年六月二十日から二十一日にかけて、三五八人が銃殺され、もっとも血なまぐさい夜となった。(69)

ラドム県では、とりわけ統制のとれた残虐な作戦が実行された。囚人は縛られ、判決文を読みあげられ、おまえたちは「ドイツの安全にとって危険な人物」であると告げられた。ここでもおおかたのポーランド人は、まさかこれが司法手続きだとは思っていなかった。ある日の午後、彼らは大人数のグループに分けられ、「三時三〇分：拘束、三時四五分：判決文朗読、四時〇〇分：移送」というスケジュールに従って連れ去られた。最初の二、三のグループは、チェンストホヴァ市の北一二キロのところにあった砂地で降ろされ、目隠しをされて銃殺された。ある囚人の妻、ヤドヴィガ・フラクは、のちにどうにかしてこの処刑地にたどり着き、砂の中から骨片と目隠し布の切れ端を見つけた。そこで何が起きたかを如実に示す証拠だった。夫のマリアンは二十二歳になったばかりの学生だったのだ。市議会議員をしていた四人だけが銃殺を免れた。ヒムラーの義理の兄弟がたまたまドイツの任命によるチェンストホヴァ市長を務めていて、ドイツ人専用のプールと売春宿を建設するのに、この四人の力が必要と考えたからだ。(70)

あとのグループは、チェンストホヴァから森へと連れていかれた。一九四〇年七月四日、グリンスカ家の三姉妹、イレナ、ヤニナ、サラフィナもそこで殺害された。三人とも、兄弟の居所を教えることを拒んだからだ。ヤニナはドイツによる占領は「お笑いぐさだし、一時的なもの」だと考え、絶対に「兄弟やほかのポーランド人」を裏切らないと言っていた。そしてそのとおりにしたのだった。[71]

処刑場へ向かう途中、囚人たちはトラックから手紙を投げ捨てた。通りすがりの人が見つけて、家族に届けてくれるかもしれないと思ったのだ。これはポーランドでは習慣のようなものだった。こうした手紙は驚くほど高い確率でちゃんと宛て先まで行き着いた。手紙を書いた人々は、ソ連の三つの収容所に囚われた人々とちがって、自分たちが死ぬことを知っていた。コゼリスク、オスタシコフ、スタロビリシクの囚人たちも収容所から出ていくときにはバスから手紙を投げ捨てたが、「自分たちがどこへ運ばれるのかがわからない」というような言葉を口にしていた。[72]

このように、ソ連とドイツの弾圧はちがっていた。モロトフ＝リッベントロップ線以東では、ソ連が秘密主義をとり、突発事故が起きないように気をつけて機密を守っていた。しかし西のドイツ領では、必ずしも秘密保持には関心がなく、そうしたいと思ったときにもうまく隠しおおすことができなかった。だからAB行動の犠牲者たちは、みずからを待ち受ける運命を予見してそれを受け入れ、また、家族にあきらめさせようとした。死を待っていた人々は、誰もがその意味を同じように考えていたわけではない。ミェチスワフ・ハブロフスキは「ポーランドで流された血はこの地を豊かにし、自由にして偉大なポーランドの復讐者を育てるだろう」と書いた。尋問官を攻撃したこともあるリシャルト・シュミットは、「子供たちに報復させてはいけない。報復は報復を産むから」と書き残した。マリアン・ムシンスキはただ家族に別れを告げた。「神がおまえたちとともにいますように。みんなを愛してるよ[73]」

AB行動の犠牲者の中には、ソ連に捕らわれた家族を思いながら死を待っていた人々もいた。ソ連とドイツは、ポーランドの知識人層に対する政策を協力して進めていたわけではないが、同じカテゴリーの人々を標的にしていたのだ。ソ連は階級闘争の名目で、自国の政治体制にとって危険分子と判断した者を排除しようとした。ドイツも獲得した領土を守ろうとしていたが、劣等人種を出しゃばらせるわけにはいかないという観点から作戦を展開した。結局、どちらの方針も似たようなものになり、ほぼ同時期に強制移送と大量銃殺を決行していたのだ。

ソ連とドイツできょうだいがひとりずつ殺された事例が二件あったことがわかっている。ヤニナ・ドヴブルは、ソ連の捕虜となったポーランド軍将校の中で唯一の女性だった。冒険好きで、少女のころからハンググライダーとパラシュート降下を習い、ヨーロッパの女性としてはじめて五〇〇〇メートル以上の高度から降下した記録を持っていた。一九三九年にパイロットとして訓練を受け、ポーランド空軍の予備役に登録したが、同年九月、ソ連の捕虜となった。ある報告書には、彼女の乗った飛行機がドイツ軍に撃墜されたと書かれている。無事にパラシュート降下したものの、ポーランド軍中尉としてソ連軍に捕らえられた。ドヴブルはまずオスタシコフに連れていかれ、次にコゼリスクに収容された。自分の宿舎を与えられ、安心していっしょにいられる空軍の同僚と時を過ごした。一九四〇年四月二十一日か二十二日、彼女はカティンで処刑され、四四〇九人の男性とともに穴に埋められた。彼女の妹、アグニェシュカはドイツ占領域に残っていた。一九三九年末に友人とともに抵抗組織に加わり、一九四〇年四月、ちょうど姉が処刑されたころに逮捕された。そして一九四〇年六月二十一日にパルミリの森で殺害された。姉妹ともに形ばかりの裁判にかけられ、頭を撃たれて浅い墓に埋められたのである。(74)

ヴヌク兄弟も同じ運命に見舞われた。ふたりの出身地は、かつてポーランド中央東部に位置していたが、当時は独ソ国境に近い地域となっていた。兄のボレスワフは人民党の政治家で、ポーランド国会議員に選出されていた。弟のヤクブは薬学を勉強し、ガスマスクを考案した。どちらも一九三二年に結婚して子供が生まれていた。ヤクブは研究所のほかの研究員とともにソ連に捕まり、一九四〇年四月にカティンの森で殺された。ボレスワフは一九三九年十月にドイツに逮捕されて、翌年一月にルブリン城へ連れていかれ、一九四〇年六月二十九日にAB行動の一環として処刑された。彼はハンカチに別れのメッセージを書き残していた。「わたしは唇に笑みを浮かべて祖国のために死んでいく。だがわたしは無実の罪で死ぬのだ[75]」

一九四〇年春から夏にかけて、ドイツはその小規模な強制収容所システムを拡大して、ポーランドの人々を脅し、搾取しようとした。一九四〇年四月末、ハインリヒ・ヒムラーはワルシャワを訪れ、二万人のポーランド人を強制収容所に収容するよう命じた。ヒムラーがシュレージエン地区のドイツ民族性強化国家特別委員に任命したエーリヒ・フォン・デム・バッハ゠ツェレウスキーが指揮をとり、クラクフにほど近い都市、オシフィエンチム——ドイツ名のアウシュヴィッツのほうがよく知られている——に、ポーランド軍兵舎を転用した収容所を開設した。AB行動が終盤に近づいたころには、囚人たちはもはや処刑されずにドイツの強制収容所に、それも多くがアウシュヴィッツに送られるようになった。最初にアウシュヴィッツへ送られたのは、クラクフのポーランド人政治犯だった。一九四〇年六月十四日に収容されて、三一番から七五八番までの番号を振られた。七月にも政治犯の移送がおこなわれ、今度はザクセンハウゼンとブーヘンヴァルトに収容された。十一月には、さらに二度にわたって、アウシュヴィッツに送りこまれた。八月十五日にはワルシャワで大がかりな人狩りがはじまり、何百人、何千人という人々が通りで捕まってアウシュヴィッツに送られた。一九四〇年十一月にはアウシュヴィッツがポーランド人の処刑場となった。同じころ、ドイツの複合企業、ＩＧファルベン［化学工業のトラスト］の投資家たちがこの収容所に目をつけ、アウシュヴィッツはソ連方式に似た巨大な強制労働収容所となった。ソ連では奴隷労働がスターリンの夢見た工業化の推進に役立ったが、ドイツでは企業の利益に貢献したのである。[76]

ポーランドが失ったもの

ドイツは、占領域のポーランド人知識層を完全に排除したと勘違いしていたが、ソ連のほうは実際に大部分を抹殺していた。総督府では、ポーランド人のレジスタンス活動が日増しに拡大していたが、ソ連ではそうしたネットワークの芽を早期に摘み取り、活動家を逮捕して流刑にし、ときには処刑していた。しかしその一方で、ウクライナ人の新たな抵抗が目につくようになってきた。およそ五〇〇万人のウクライナ人がポーランドの出身で、当時はそのほぼ全員がソヴィエト・ウクライナで暮らしていた。彼らは必ずしも新体制に満足していたわけではなかった。ウクライナの民族主義者たちは、戦間期のポーランドで違法とされていた組織活動を展開した経験から、地下活動の進め方を知っていた。ポーランドが消滅したいま、活動の焦点も当然変わってきた。ソ連の政策が進むにつれ、地元のウクライナ人のあいだで民族主義者のメッセージを受け入れる者が出てきた。ウクライナ農民は、当初はソ連の統治を歓迎し、農地を与えられたことを喜んだが、集団化政策がはじまると、たちまち体制に反感を抱くようになった。[77]

ウクライナ民族主義者組織はソ連の政府機関に対する抵抗運動を開始した。組織の主要メンバーの中には、戦間期にドイツ軍情報部やラインハルト・ハイドリヒの親衛隊情報部とつながりを持っていた者がいて、当時もまだ数名がベルリンのために情報収集を続けていた。スターリンもそれを知っていた。そこでソ連は、ポーランド東部占領域からの強制退去作戦第四弾を実行するにあたり、ウクライナ人を標的に選んだ。第一弾、第二弾ではおもにポーランド人が対象となり、第三弾ではユダヤ人が対象とされていた。一九四一年五月の措置により、ソヴィエト・ウクライナの西部に住むポーランド国籍の住民一万一三二八人が特別居留区に送られた。大半がウクライナ人だった。六月十九日に実施された最後の作戦では、強制追放された二万二三五三人のほとんどがポーランド人だった(78)。

ビャウィストク生まれのポーランド人の少年は、ある日突然、「爆弾が落ちてきて、車両の中で人が燃えて火事になった」のを覚えている。六月二十二日、ドイツがソ連に奇襲をかけ、爆撃機がソ連の護送列車を攻撃したのだ。強制移送される途中の約二〇〇〇人が両政権の犠牲となり、貨物列車の中で亡くなった(79)。

スターリンは新しい領土で粛清を進めつつ、次の戦争にも備えていた。だがこれほど早くその日が来るとは思っていなかった。

一九四一年六月二十二日にドイツが前触れもなくソ連に侵攻すると、ポーランドとソ連は一転して、敵同士から味方同士に変わった［一九四一年七月に外交関係修復条約に調印し、八月に軍事同盟を締結した］。どちらもドイツと戦うはめになったからだ。とはいえ、それはなんとも気まずい状況だった。過去二年にわたり、ソ連は五〇万人にもおよぶポーランド人を弾圧してきた。三一万五〇〇〇人を強制移住させ、一一万人を逮捕し、三万人を殺し、さらに二万五〇〇〇人を拘留中に死なせてしまったのだ。

ポーランド政府は、強制移住の情報はつかんでいたが、殺害については知らなかった。それでも、ソ連とポーランドは協力して、ソ連の刑務所や強制労働収容所や特別居留区に散らばっていたポーランド人数十万人をかき集めてポーランド軍を結成させることにした[80]。

だがやがてポーランドの最高司令部は、将校数千人の行方がわからなくなっていることに気づいた。コゼリスクで死を免れた将校、ユゼフ・チャプスキは、ポーランド政府から消息不明の収容所の仲間をさがすよう命じられ、モスクワへ送られた。彼は沈着冷静な男だったが、それでもこの任務は天命だと思った。ポーランドはまたもやドイツと戦うチャンスを手にしたのだ。チャプスキは男たちを戦いへと率いていく将校をさがし出さなければならない。モスクワへ向かう旅の途上、ポーランドのロマン派詩人の詩の一節が頭に浮かんだ。最初はユリウシュ・スウォヴァツキの自虐的な夢想。神よ、ポーランドが自力で立てる日が来るまで、この国を十字架に掛けておいてください……。真っ正直なポーランド人の同胞と話をしているときには、ツィプリアン・ノルヴィドが異郷の地で故郷を思って書いた有名な一節を思い出した。「わたしはあこがれる／はいと言うべきときにははいと言い、否と言うべきときに否と言う人に／影をつくらない光に」。チャプスキは他民族の血も引く都会育ちの洗練された人だった。彼はこうしてロマン派理想主義の観点から、自分の国を理解し、慰めを得ていた[81]。

チャプスキは間接的に聖書の一節を思い起こしていたことになる。なぜならノルヴィドの詩はマタイによる福音書からの引用だったからだ。「あなたがたは、『然り、然り』『否、否』と言いなさい。それ以上は悪より出ずるものである」〔五：三七〕アーサー・ケストラーも大テロルを描いた小説『真昼の暗黒』を、まさにこの一節で締めくくっている。チャプスキは作品の舞台であるモスクワのルビヤンカ刑務所に向かうところだった。ケストラーの友人、アレクサンデル・ヴァイスベルク＝ツィプルスキもこの刑務所で取り調べを受け、一九四〇年に釈放されている。ヴァイスベルクは妻ともども、一九三〇年代の終わりごろに逮捕された。ケストラーはこの小説を書くにあたって、ふたりの体験を一部、参考にした。チャプスキはルビャンカ刑務所の尋問官に、自分の友人のこと、つまり行方不明になっているポーランド人捕虜のことを尋ねるつもりだった。彼は捕虜の取り調べを担当したNKVD職員、レオニード・ライフマンに面会予約を取りつけてあった。[82]

チャプスキはライフマンにある報告書を渡した。そこには、消息不明の将校数千人が、過去にどこへどう移動したか、わかっているかぎりの情報が書かれていた。ライフマンは鉛筆で一行一行をたどりながら、最初から最後まで目を通したようだったが、印はいっさいつけなかった。読み終えると、彼はあたりさわりのない言葉を口にし、何かわかったらチャプスキが滞在しているホテルに電話を入れると約束した。ある日、真夜中に電話が鳴った。ライフマンからだった。急用ができてモスクワを離れることになったという。新しい情報は何もなかった。ほかの職員数名の名前を教えられ、話をしてみるようすすめられたが、ポーランド政府がすでに接触していた人物ばかりだった。チャプスキはそのときもまだ疑いをいだいておらず、将校たちが全員殺されているとは夢にも思っていなかった。だがソ連側が何か隠していることはわかった。彼はモスクワを去ることにした。[83]

翌日、外出してホテルの部屋に戻る途中、チャプスキは自分を見つめている視線を感じた。ソ連の首都でポーランド軍将校の軍服が目を引くことは覚悟していたので、気にかけないようにした。エレベーターの前まで来ると、ひとりの年老いたユダヤ人男性が近づいてきた。「ポーランドの将校さんですか」そのユダヤ人はポーランドの出身だが、もう三〇年ほど帰っておらず、また故郷を見たいものだと言った。「そうすれば、思い残すことなく死ねるんですがね」チャプスキはふと、その老人を部屋に招く気になった。ポーランド大使館が発行した雑誌を進呈しようと思ったのだ。たまたま最初のページにワルシャワの写真が載っていた。そこはポーランドの首都であり、ユダヤ人の生活の中心地であり、ふたつの文明の要所であり、両者が出会う場所でもあった。しかし写真には、破壊された王宮広場が写っていた。ドイツの爆撃を受けたあとのワルシャワが……。老人はへなへなと椅子に座り込み、うなだれて泣きだした。彼が帰ったあと、チャプスキの目からも涙があふれだした。表向きの顔しか見せないモスクワでは、どこへ行っても孤独と虚言にしか迎えられなかった。だがたった一度の人間的なふれあいがすべてを変えた。「哀れなユダヤ人の目が、不信と絶望の淵へ落ちようとしていたわたしを救ってくれたのだ」と、彼は振り返っている(84)。

ふたりの男は、ついこのあいだまでの、ドイツとソ連に祖国を占領された悲しみを分かち合ったのだった。一九三九年九月から四一年六月にかけて、ドイツとソ連は合わせて推計二〇万人ものポーランド人を殺害し、およそ一〇〇万人を強制追放した。多くの人がグラーグやアウシュヴィッツに送られ、それから数カ月、数年のうちに数万人が命を落とした。ドイツ占領域のユダヤ人は、ゲットーに入れられて不透明な運命を待っていた。すでに何万人ものポーランド・ユダヤ人が飢えや病気のために死亡していた。

とりわけ深い痛手は、モスクワとベルリンの両方が、統治というより支配をたやすくするため、意図的にポーランド社会の上層部を抹殺して従順な大衆だけを残そうとしたことだ。ハンス・フランクはヒトラーの言葉を引き合いにし、自分の仕事はポーランドの「指導分子」を排除することだと公言していた。ソ連ではNKVD職員が標的を決めるためにポーランドの『紳士録』を調べ、与えられた課題の範囲を考えうるかぎり拡げようとした。それは近代性という概念そのものへの、あるいはこの国の啓蒙思想を体現する存在への攻撃にほかならなかった。東ヨーロッパの社会にとって「知識階級《インテリゲンツィア》」は誇りであった。彼らは民族のリーダーとしての自覚を持ち、とくに国家を失い苦境に陥った時期には、書くこと、話すこと、そして行動によって民族の文化を守り、継承していく役割を担ってきた。ドイツ語にも同じ意味の同じ単語がある。ヒトラーはこのうえもなくはっきりと、「ポーランド人インテリゲンツィアの絶滅」を命じた。コゼリスク収容所の主任尋問官は「異なる哲学」の話をしていた。AB行動に携わっていたドイツの尋問官は、ある老人が「ポーランド流の考え方」をしたからというので、彼を殺せと指示した。インテリゲンツィアは、ポーランドの文明を象徴し、その特殊な思想を体現する存在と見なされていたのだ。(85)

ふたつの占領国による大量殺人は、ポーランドのインテリゲンツィアがその歴史的使命をりっぱに果たしたことを示す悲劇的な証拠だったのである。

第5章　アポカリプスの経済学

一九四一年六月二十二日は、ヨーロッパ史上きわめて重要な一日となった。ドイツがバルバロッサ作戦というコードネームの軍事行動を起こし、ソ連に侵攻したのだ。これは単なる奇襲攻撃であっただけではなく、同盟関係が変化したこと、あるいは戦争が新しい局面を迎えたことを意味した。また、筆舌に尽くしがたい惨禍のはじまりでもあった。ドイツ国防軍（およびその同盟軍）と赤軍との戦闘により、一〇〇〇万人以上の将兵が戦死し、当然ながら、東部戦線一帯で彼らとほぼ同数の民間人が避難の途中で爆撃に遭い、あるいは飢えや病に倒れて命を落とした。しかもその間、ドイツ軍は意図的にさらに一〇〇〇万人もの人々を殺害したのである。その中には、五〇〇万人以上のユダヤ人と三〇〇万人以上の戦争捕虜がふくまれていた。

バルバロッサ作戦を機に、流血地帯の歴史は第三期に突入した。第一期（一九三三―三八）にこの地で起きた大量殺人は、ほとんどがソ連によるものだった。第二期（一九三九―四一）には独ソが手を携え、両国がそれぞれほぼ同数の人々を殺害した。第三期（一九四一―四五）には、ドイツによる政治的な殺人が大半を占めた。

こうしたステージ転換の背景に、何があったのだろう。第一期から第二期への移行時に、ソ連はどのようにしてナチスと同盟を結びえたのだろう。第二期から第三期に進んだときには、なぜドイツがその同盟を破ったのだろうか。一九三九年から四一年にかけてモスクワとベルリンが出現させたモロトフ＝リッベントロップのヨーロッパは、ベルギー、デンマーク、エストニア、フィンランド、フランス、ラトヴィア、リトアニア、ルクセンブルク、オランダ、ノルウェー、ポーランド、ルーマニアの各国にとっては、領土の獲得または喪失を意味した。ポーランド、ルーマニア、バルト三国の国民にとっては強制移住と大量銃殺の時代でもあった。だがソ連とナチス・ドイツにとっては、実りある経済協力と、軍事的勝利と、こうした国々を犠牲にしたうえでの領土拡張の時期だったのだ。両国の政治体制の何が、一九三九年から四一年にかけては相互に利益をもたらす協力関係を許し、一九四一年から四五年にかけては人類史上もっとも破壊的な戦争を許したのだろうか。

一九四一年の問題はもっと抽象的に、ヨーロッパ文明の観点から提示されることが多い。フランス革命やナポレオン戦争のさなかに啓蒙思想の理性理念が政治の場で実践され、そこからはじまったとされる近代化の行き着く先がドイツ（とソ連）の大量殺人政策だったとする見方もある。しかし近代化の追求と考えたのでは、一九四一年の破壊的な異変に――少なくともすっきりとは――説明がつかない。いずれの政権も、社会は自然科学の歩みとともに進歩するという啓蒙思想の楽観主義を拒否し、十九世紀末のダーウィニズムによる修正を受け入れていた。すなわち、進歩は起こりうるが、それは人種間、階級間の熾烈な闘争を経てはじめて実現すると考えたのである。だから彼らにしてみれば、ポーランドの上層階級を破壊すること（スターリニズム）や、人間以下の人間たるポーランド人のうち、人工的な教育を受けた階層を抹殺すること（ナチズム）は理にかなっていたのだ。ここまではソ連とナチス・ドイツがイデオロギー上の歩み寄りをして、ポーランド占領という目に見える結果を出した。独ソの同盟は、両国がポーランド人知識層の多くを排除し、この地で発展したヨーロッパ啓蒙思想の果実を摘み取ることを許した。そしてソ連には、彼らなりの平等主義の拡大を許し、ナチス・ドイツには、何千万人もの人々に人種的枠組みを押しつけて「最終解決」を保留にしたままユダヤ人をゲットーに隔離することを許した。ポーランド人を敵として弾圧できたという点で、ソ連とナチス・ドイツは近代性を象徴していたと言えるのかもしれない。しかしそれは本来の近代性にはほど遠い(1)。

一九四一年の問題に対する答えは、啓蒙思想の知の遺産より、むしろ帝国主義の可能性と関係が深い。パリよりもロンドンと関係があるのだ。ヒトラーとスターリンは、どちらも十九世紀のイギリスが残したふたつの大きな遺産に直面していた。ひとつは世界政治の中核としての帝国主義、もうひとつは、イギリスの無敵の海軍力だった。ヒトラーは海ではイギリスに太刀打ちできないと判断し、東ヨーロッパに新たな陸の帝国を構築しようと考えた。しかし東方は更地ではない。ソ連を追い払い、その痕跡をすべて消し去る必要があった。これを成し遂げれば、一九四一年七月にヒトラーが言ったように、その地は「エデンの園」となる。かつてレーニンはイギリスに最大の関心を寄せていた。帝国主義が人為的に資本主義を支えていると考えていたからだ。レーニンの後継者であるスターリンの課題は、社会主義の祖国であるソ連を帝国主義も資本主義もいまだ衰えないこの世界から守ることだった。彼はヒトラーの権力掌握よりはるか以前から、帝国主義社会を容認していた。帝国主義が存続している現状では、社会主義を象徴するのは世界革命ではなく、ソ連という国家でなければならない。そのようなイデオロギー上の妥協（一国社会主義）をしたあとは、ヒトラーとの同盟など、ささいなことだった。自分の国が悪の世界に囲まれた正義の要塞であるかぎり、どんな妥協も正当化できた。しかもどんな妥協も大差はなかった。スターリンは、ヒトラーとの関係がソ連の国益に貢献すると言った。いつか終わることはわかっていたが、一九四一年にそのときが来るとは思っていなかった。[2]

ヒトラーはドイツ国民が帝国主義者になることを期待していた。スターリンのほうは、たとえ帝国主義の時代がどんなに長く続こうとも、国民が耐え抜くことを望んでいた。このような思惑の違いを引き起こしたのは、主義ではなく領土だった。ヒトラーが近い将来必ず手に入れると誓っていたエデンの園は、スターリンが大きな犠牲を払って勝ち取った約束の地だったのだ。彼はすでにそのことを公認の歴史教科書（一九三八年刊行のスターリン著『ソ連共産党小教程』）にも書いていた。ヒトラーはつねにソ連西部の征服をもくろんでおり、スターリンはこうした帝国主義的なビジョンへの自衛策と称してソ連の発展と強化に努めてきたが、ドイツよりは日本とポーランド、あるいは日本、ポーランド、ドイツの三国による包囲網形成のほうを恐れていた。日本とポーランドはドイツよりも熱心に、ソ連国内で民族主義運動を引き起こそうとしていた。スターリンは、広大なソ連への侵攻を検討する国は、まず国内に同調する勢力を開拓するはずだと思ったのだ。[3]

考えがひとり歩きをしたせいでこのようなすれ違いが生じたわけではない。ヒトラーは戦争を望んでいたが、スターリンは——少なくとも一九四一年の戦争は——望んでいなかったのだ。ヒトラーは帝国の構築を夢見ており、そのこと自体はとても重要だった。しかし彼は実現の可能性をもさぐり、独ソ同盟という特異な制約に抵抗しようとしていた。一九四〇年六月二十五日にドイツが予想外に早々とフランスを下してから、同じようにすみやかな勝利をおさめるつもりで一九四一年六月二十二日にソ連に侵攻するまでの一年間が決定的となった。一九四〇年中ごろまでに、ヒトラーはヨーロッパの中央部、西部、北部の多くを征服し、あとはイギリス一国を残すのみとなった。ドイツはソ連から小麦と石油の支援を受け、軍は向かうところ敵なしと見えた。ソ連との同盟関係には願ってもない大きなメリットがあった。それなのになぜヒトラーはソ連侵攻を決意したのだろう。

イギリスという壁

一九四〇年後半から四一年前半にかけてのヨーロッパ大陸で列強と呼べる国は、ソ連とナチス・ドイツだけだった。だがヨーロッパという地域全体で見れば、大国はこの二国だけではなかった。ソ連とドイツはヨーロッパを作り変えたが、イギリスは世界を作った。ソ連とドイツはある程度たがいに影響し合ったが、どちらも、両国の敵であったイギリスからは大きな影響を受けた。どちらもイギリスの帝国と海軍が構築した世界システムには、当面、手を出すつもりはなかった。イギリス帝国の存在とイギリス海軍の絶対優位を受け入れたうえで、自分たちの戦争に勝ち、革命を完了して、自分たちの帝国を築くほかはないと考えていたのだ。ソ連とナチス・ドイツの指導者は、同盟関係のあるなしやイデオロギーのちがいには関係なく、イギリスの国力という現実により、まったく同じ基本的な問いを突きつけられていた。それは、国際市場への安定的な足がかりも信頼に足る海軍力もない広大な陸の帝国が、いかにして近代世界で繁栄を遂げ優位に立つのか、ということだ。(4)

スターリンとヒトラーはこの根本的な問いに対し、同じ答えを出した。国家は広い領土を持ち、経済の自給自足を果たさなければならない。工業と農業のバランスをとり、スターリニズムの国内工業化、ナチスの植民地農地改革といった歴史的予言を実現することができる国民――イデオロギーで手なずけたきわめて従順な民衆――を養っていくのだ。ヒトラーもスターリンも、広大な国土に食糧や原材料、鉱物資源を豊富に持つ自給自足経済の帝国をめざした。どちらも近代的な原材料の魅力を理解していた。スターリンという名も鉄鉱にちなむし［プラウダ編集長時代以来の筆名。本名はジュガシヴィリ］、ヒトラーはその生産に特別な関心を寄せていた。しかしふたりとも、みずからの革命を達成するには農業が鍵となることを知っていた。食糧を生産できれば、自分たちの政治体制が退廃的な資本主義よりすぐれていることを証明し、他国に頼らない独立独歩の道を保証できると考えた[5]。

しかし一九四〇年後半から四一年前半にかけての時期、ソ連とナチス・ドイツとでは、この壮大な経済計画に戦争をどう組み入れるかが大きくちがっていたのである。当時スターリンはすでに経済革命を果たし、それを守る段階にあったが、ヒトラーは経済改革のために戦争を必要としていた。スターリンが「一国社会主義」の立場をとっていたのに対し、ヒトラーは数カ国を巻き込んだ国民社会主義体制を敷きたいと考え、他国を犠牲にして広大なドイツ帝国を築き、ドイツ人の繁栄を確かなものにするつもりだった。スターリンの集団化政策は、国内の階級闘争としても外国との戦争準備としても進められていたが、ヒトラーの経済ビジョンは、現実の軍事紛争――つまり、ソ連に対する完全な軍事的勝利――を大前提としていた。スターリンの集団化政策の隠れた本質は（彼がずっと以前に言っていたように）植民地拡大政策に代わる選択肢、つまり国内植民地化政策だったが、ヒトラーはまだ国外に植民地を求めることは可能だと考えており、候補地としてソ連西部の農業地帯とカフカス地方の油田に目をつけていた。ヒトラーはドイツを「世界でもっとも経済自給率の高い国」にしたいと望んでいた。そのためには、イギリスではなくソ連を叩くことが必要だったのだ。一九四一年一月、ヒトラーは軍の司令部に、ソ連の「無尽蔵の資源」がドイツを「難攻不落」の国にしてくれるだろうと言った。[6]

一九四〇年六月のフランス降伏以後、イギリスが単独で戦い続ける意思を示したことにより、独ソのこうしたちがいが鮮明になった。一九四〇年六月から翌年の六月まで、イギリスはドイツの唯一の敵だったのだが、見かけよりもはるかに強かった。アメリカは参戦していなかったが、フランクリン・D・ルーズヴェルト大統領は関わる意図を明らかにしていた。一九四〇年九月、アメリカはイギリスに駆逐艦五〇隻を供与し、その見返りとしてカリブ海などにあるイギリスの基地を使う権利［九九年間無償借用権］を手にした。一九四一年三月には、大統領が（武器貸与法に基づき）兵器を送る権限を手にした。イギリス軍は一九四〇年六月、フランス降伏の直前にヨーロッパ大陸から駆逐されたが、多くの将兵をダンケルクから脱出させた。七月からはドイツ空軍《ルフトヴァッフェ》がイギリス空軍と交戦したが、勝利にはいたらなかった。イギリスの都市を空爆することはできたものの、人々をひるませることはできなかったのだ。制空権確保の失敗は、大国の侵攻計画では大きな障害となる。イギリス本土上陸作戦を実行するには、兵や武器を運び、大挙してイギリス海峡を渡る必要があったが、ドイツにはこの海域を支配して大量輸送を可能にするような船舶がなかった。一九四〇年夏にドイツ海軍《クリークスマリーネ》が保有していた軍艦は、巡洋艦三隻と駆逐艦四隻のみだったのだ。一九四〇年七月三十一日、まさにブリテンの戦いがはじまろうとしていたころには、ヒトラーはすでにソ連侵攻を決意していた。十二月十八日、彼は「ソ連を迅速に叩きつぶす」ことを目的とした侵攻作戦の立案を命じた。[7]

ナチスの饑餓計画

ヒトラーはイギリスの問題を解決するため、ソ連を——当時のままの同盟国としてではなく、植民地にしたうえで——利用するつもりだったのだ。一九四〇年六月以降の決定的な一年のあいだに、ドイツの経済計画立案者たちは懸命に知恵を絞り、ソ連を占領してどのように使えば、自分たちの国をヒトラーが望むような超大国に変容させられるか、方策を練った。中心となった立案者たちは、国家保安本部長官ラインハルト・ハイドリヒの直接指揮下に置かれ、ハインリヒ・ヒムラーの厳しい監視のもとで作業にあたった。やがて親衛隊大佐で大学教授のコンラート・マイヤーが「東方総合計画案」と題して広大な東方植民地に関する一連の計画案をまとめた。第一案は一九四〇年一月に完成し、その後、四一年七月、四一年末、そして四二年五月に次々に改訂版が出たが、全体の構想は一貫していた。ドイツは占領地の住民を強制移住させ、殺害し、同化させ、あるいは奴隷化して、劣等な環境の辺境地帯に秩序と繁栄をもたらす。大半がスラヴ人から成る、推定三一〇〇万人から四五〇〇万人が消えることになっていた。ある改訂版では、ポーランド人の八〇パーセントから八五パーセント、西ウクライナ人の六五パーセント、ベラルーシ人の七五パーセント、チェコ人の五〇パーセントが抹殺される予定だった。(8)

ソ連の堕落都市を破壊し尽くしたあかつきには、ヒムラーの言葉によれば、ドイツの農民たちが「真珠のごとく価値ある入植地」を建設する。そうした理想郷のような農業共同体がヨーロッパのためにありあまるほどの食糧を生産する。一万五〇〇〇人から二万人が暮らすそれぞれの入植地を中心に、半径一〇キロ以内の地域がドイツ人の村となる。ウラル山脈に入ったドイツ人入植者は、そこでアジア人の暴虐からヨーロッパそのものを守り、彼らを東へ追い返す。この文化果つる地では、今後何世代にもわたりドイツ人入植者世代の度量が試される。植民地の建設により、ドイツはアメリカの好敵手にふさわしい大陸の帝国となり、アメリカと同様、絶滅・植民地化政策と奴隷労働を基盤とした堅牢な辺境《フロンティア》国家となりうるのだ。ヒトラーは「アメリカ大陸の征服と似たようなプロセスが東方でも繰り返される」と考えていた。つまり、北米で白人がインディアンにしたことをドイツ人がスラヴ人にするということだ。ロシアのヴォルガ川がドイツのミシシッピ川になると公言したこともあった(9)。

ここでイデオロギーが必要性と出会った。イギリスが倒れないかぎり、東ヨーロッパに領土を獲得する以外に帝国構想実現の道はない。ユダヤ人についても同じように考えられた。イギリスが戦争から離脱しないかぎり、マダガスカルのような遠い島に彼らを移住させることは不可能だ。ヨーロッパ大陸でユダヤ人を排除するほかはなかったのだ。一九四〇年後半から四一年前半にかけて、イギリス海軍は海の向こうで最終解決をはかろうとするヒトラーの計画を阻んできた。マダガスカル島の宗主国であるフランスは降伏したものの、島にいたる航路はことごとくイギリスの管理下にあった。ヒトラーは同盟を結んでいたソ連に二〇〇万人のヨーロッパ・ユダヤ人を受け入れるよう申し入れたが断られてしまった。ソ連と同盟関係にあるかぎり、ドイツはソ連の拒絶をのんで、時機を待つほかはない。だがもしソ連を占領すれば、その領土を好きなように使うことができる。一九四一年一月、ヒトラーはベルリンのスポルトパラストに詰めかけた聴衆の前で演説をし、世界戦争により「ヨーロッパにおけるユダヤ人の役割は終了するだろう」と言ってのけた。最終解決は、なかなか果たせないイギリス上陸侵攻のあとではなく、一九四一年六月二十二日のソ連侵攻のあとにおこなわれることになった。そののち、占領下のソヴィエト・ウクライナで最初の大量銃殺作戦が決行されることになるのである[10]。

食糧の純輸入国であったドイツとその占領下の西欧諸国にとって、ソ連は唯一、現実的なカロリー源だった。ヒトラーも承知していたように、一九四〇年後半から四一年前半にソ連が輸出していた穀物は、九〇パーセントがウクライナ産だった。スターリンと同様ヒトラーも、ソヴィエト・ウクライナを地政学上の資産と見なし、そこで暮らす人々は土を耕す機具であり、取り換えたり破棄したりできる道具であると考えていた。スターリンにとってウクライナの支配は、彼の考える社会主義の勝利の前提であり証拠でもあった。ウクライナは粛清と飢饉と集団化の、そしてテロルの犠牲となりながら、ソヴィエト・ロシアをはじめとするソ連全土を養い、守ってきた。ヒトラーは無尽蔵に肥沃なウクライナの土壌にあこがれ、ドイツ人ならソヴィエト人よりもさらに多くを搾り取れると考えていた[11]。

ウクライナの食糧は、東方帝国建設というナチスの構想にとっても、ソ連の一体性を守る立場にあるスターリンにとっても、非常に重要だった。ウクライナはスターリンにとって「要塞」であったが、ヒトラーは「パン籠」と見ていた。ドイツ軍の一般幕僚が一九四〇年八月に分析をおこない、ウクライナは「農業においても工業においても、ソ連にとってもっとも価値ある地域」であるとの結論を下している。一九四一年一月、立案責任者の文官、ヘルベルト・バッケ［のちの食糧相］はヒトラーに、「ウクライナを占領すれば、われわれはありとあらゆる経済的不安から解放されるでしょう」と報告した。ヒトラーは、「先の戦争とちがって、二度と他国によって飢えに苦しめられることがないよう」ウクライナを手に入れたいと思っていた［第一次世界大戦ではイギリスの海上封鎖などにより食糧輸送路を断たれ、約七六万人が餓死した」。ウクライナを占領して、まずはイギリスの海上封鎖に対抗できる態勢を整え、それからウクライナを植民地化し、アメリカのような世界的な超大国への道をめざすのだ[12]。

結局のところ、東方総合計画とは、農業地帯を占領し、そこを耕す農民を皆殺しにし、しかるのちにドイツ人を入植させるプランだったのだ。だが戦争のさなかも、その（予想された）迅速な終結の直後にも、現地の人々を働かせてドイツの将兵や民間人のために食物を収穫させなければならなかった。ドイツの計画立案者たちは、ソ連との戦争に勝ったいま、かつてスターリンが食糧供給量の管理を目的として考案した道具、集団農場を使わない手はないと判断した。政策立案者の中には、侵攻作戦のあいだに集団農場を廃止してはどうかと提案する者もいた。そうすればウクライナ人の支持を得ることができると思ったのだ。しかし経済立案者たちは、軍と一般国民の食糧を確保するためにも、集団農場は維持すべきだと考えた。議論に勝ったのは彼らのほうだった。ゲーリング指揮下の四カ年計画庁で食糧問題を担当したバッケは、「ソ連がまだ集団農場を組織していなかったなら、ドイツが導入せざるをえなかっただろう」と発言したと伝えられる[13]。

ドイツの計画立案者たちは、また集団農場を使って何百万人もの人々を餓死させる必要があると考えた。しかも今度は、数千万人を殺害しようというのだ。スターリンの集団化政策はソヴィエト・ウクライナに飢饉をもたらした。当初は効率の悪さと非現実的な収穫目標のため、一九三二年後半から三三年前半にかけては報復手段として収奪作戦がおこなわれたため、結果としてそうした事態が引き起こされた。だがヒトラーの場合は、望ましくないソヴィエト人を餓死させることを目的として、あらかじめ計画したのである。ドイツの計画立案者たちは、すでにドイツの統治下にあったヨーロッパ地域に暮らすおよそ二五〇〇万人の食糧調達をどうしたものかと考えていた。そして第一次世界大戦後にソ連の都市人口が二五〇〇万人増加したことに着目し、単純きわまる解決策にたどり着いた。前者が生き延びるため、後者に死んでもらおうというのだ。彼らの計算によれば、集団農場は、ちょうどドイツ人を食べさせていけるだけの食糧を生産していたが、東方植民地の人々までは養えない。だからそういう意味では、集団農場は政治的支配と経済的均衡の道具として理想的だったのである[14]。

こうして一九四一年五月二十三日には饑餓計画の作成が完了した。ドイツはソ連に侵攻し、占領する過程で、ソヴィエト人――それもとくに大都市の市民――を大量餓死させ、それによってドイツ軍将兵と自国(と西欧占領地)の国民を養うつもりだった。ウクライナで生産される食糧は、それまでのように北へ送られてロシアをはじめとするソ連の人々の空腹を満たすのではなく、西へ送られ、ドイツと西欧の人々の栄養源とされることになった。ドイツの認識では、ウクライナは(ロシア南部の一部地域とともに)必要以上の食物を生産する「過剰生産域」であり、ロシアとベラルーシは「過少生産域」であった。ウクライナ都市部の住民、それにベラルーシとロシア北西部のほぼ全住民は餓死するか逃げるしかなかった。計画では、都市をことごとく破壊して自然の森に帰し、一九四一年から四二年にかけての冬に三〇〇〇万人を餓死させる予定だったからだ。「過少生産域の住民大部分とともに、工業も絶滅させる」ことになっていた。一九四一年五月二十三日にまとめられたこのガイドラインには、あからさまな表現でおおぜいの人を殺害する意図が書かれていた。「この地域の数千万人は余剰人口であるから、死なせるか、シベリアへ移住させなければならない。彼らを餓死から救うために黒土地帯の余剰食糧を与えれば、ヨーロッパへの食糧供給が犠牲になる。彼らはドイツがこの戦争の終結まで持ちこたえるのを妨げ、ドイツとヨーロッパが海上封鎖に抵抗するのを妨げる。この点についてては誤解のないよう明瞭にしておかねばならない[15]」

このころ、ヒトラーからもっとも厚い信頼を得ていたヘルマン・ゲーリング〔一九四〇年七月、国家元帥に就任〕が経済計画に関する全責任を負うことになった。彼がかつて長官を務めた四カ年計画庁は、戦争に耐えうる経済体制を一九三六年から四〇年までのあいだに整える任を帯びた。今度は饑餓計画をまかされ、スターリンの五カ年計画を踏襲するとともに、これを覆す役目も果たすことになった。スターリンの野望（革命の完結）を真似て、業績（集団農場）も利用するが、その目標（ソ連の安定確保と工業化）とは正反対のことをめざすわけだ。饑餓計画では、ソ連が工業化前に戻り、人口が大幅に減って産業も大都市もない状態になることを想定していた。ドイツ国防軍の進軍は、時の流れをさかのぼる旅となる。国民社会主義がスターリニズムの前進を堰き止め、歴史の大きな流れを逆行させるのだ……。

大量餓死と植民地化がドイツの政策となった。議論され、同意され、書類が作成されて配布され、理解された。一九四一年三月には、饑餓計画の枠組みができあがった。適切な「経済計画の指針」がまとまり、五月に発表された。六月には、いくらかやわらげた表現で書かれた『緑のフォルダー』と呼ばれる文書が一〇〇〇部用意され、ドイツ人高官に配られた。侵攻の前から、ヒムラーもゲーリングも、この戦後計画に関わる重要な政策を担っていた。ヒムラーは東方総合計画の長期目標である、ドイツ民族のための植民地建設を、そしてゲーリングは饑餓計画の短期目標である、大量餓死と破壊とを。ドイツの意図は、破壊戦争を戦い、東ヨーロッパで民族絶滅を進めて農業植民地を建設することだった。ヒトラーはスターリンの業績をことごとく無効にするつもりでいた。一国社会主義を廃し、ドイツ民族のための社会主義体制を敷く。そういう計画だった[16]。

日本、ドイツ、ソ連それぞれの思惑

だがドイツにはほかの選択肢もあった。少なくとも日本はそう見ていた。モロトフ＝リッベントロップ協定を機に東京がベルリンから遠ざけられてから一三カ月後、日独関係は軍事同盟によって修復された。一九四〇年九月二十七日、日本、ドイツ、イタリアが三国同盟を締結したのだ。このころ、ヨーロッパの戦争は独英空軍による航空戦を中心として展開しており、日本は三国同盟が反英的なものになることを期待した。日本はドイツに、世界の政治経済に革命を起こすよう促した。それはドイツの計画立案者が思い描いていた革命とはまったく異なっていた。日本にしてみれば、ドイツはソ連の植民地化より日本と協力して打倒イギリスをめざすべきだと思えたのだ。

列島から外へ向けて覇権を拡げつつあった日本は、海が拡張の手段になることを知っていた。ドイツを説得して、イギリスが日独共通の重要な敵であるという認識を持たせることは、日本の利益にかなっていた。なぜなら、そのような見解で一致していれば、日本が太平洋域でイギリス（そしてオランダ）の植民地を奪取する際に支援を受けられるからだ。しかし、ドイツへの申し入れには、イギリス、オランダの領土の鉱物資源といった目先の利益ではなく、もっと広い視野に立った未来への展望があった。それは壮大な戦略だった。ドイツはソ連などと交戦せず、南へ軍を進めるべきだ。そして中東からイギリスを追い出し、どこか南アジア――たとえばインド――で日本と合流するのだ。ともにスエズ運河とインド洋を支配できれば、イギリスの海軍力はもはや問題ではなくなる。そうすれば、ドイツと日本は世界の二大超大国となれるだろう。(17)

ヒトラーはこの選択肢にはまったく関心を示さなかった。ドイツはソ連に三国同盟について通告したが、ソ連の参加を許す気は毛頭なかった。日本は日独ソ対英同盟の実現を望んでいたようだが、可能性は皆無だった。ヒトラーはすでにソ連侵攻を決意していたからだ。日本、イタリアとは同盟を結んだが、戦争によるみずからの野望達成に二国を関わらせるつもりはなかった。ドイツは独力でソ連に勝利できる、そうしなければならない、と信じていたのだ。日独の同盟関係は、根底となる目標も戦争相手国も一致していなかったため、かぎられたものとなった。日本はイギリスを、そしてやがてはアメリカを倒し、太平洋を支配する海の帝国になりたがっていた。ドイツはソ連を破滅に追い込んでヨーロッパの巨大な陸の帝国となり、いつかはイギリス、アメリカと肩を並べる日を迎えたいと思っていた[18]。

日本は一九四〇年夏からソ連との中立条約締結をめざし、四一年四月に調印に漕ぎつけた。日本のスパイであり、ソ連に関するスペシャリストであった杉原千畝は、その年の春を、バルト海沿岸の東プロイセン地方にあったドイツの都市、ケーニヒスベルクで過ごし、ドイツがソ連に侵攻する時期を推測しようとしていた。彼はポーランド人の助手を連れてドイツ東部を旅してまわった。ドイツの占領下にあったポーランドの地域も訪れた。ドイツ軍の動きを観察した結果、一九四一年六月中旬だろうと見当をつけた。そのころ東京には、ヨーロッパや世界各地の諜報員から、ドイツがモロトフ＝リッベントロップ協定を破って晩春か初夏にソ連に侵攻する気配があるという情報が何千となく寄せられていた。杉原の報告もそのひとつにすぎなかったのである[19]。

スターリン自身も、このような報告を一〇〇件以上受け取っていたが、無視することにした。ドイツには西で戦わせておくというのが、彼のつねに変わらぬ戦略だった。資本主義諸国が消耗するのを待って、うなだれたヨーロッパが落とした果実をかき集めようという腹づもりをしていたのだ。ヒトラーは西欧（ノルウェー、デンマーク、ベルギー、ルクセンブルク、オランダ、フランスと）での戦いに、スターリンの目から見ればあまりに速く、簡単に勝利をおさめていた。だが、ヒトラーがナチスとソ連の野望の前に立ちはだかる世界随一の超大国、イギリスへの攻撃をあきらめるとは思えなかったのだ。いつかはドイツと戦火を交える日が来ることは予期していたが、一九四一年だとは思っていなかった。スターリンは、自分にもほかの者にも、近くドイツが攻撃してくるという警告はイギリスのプロパガンダだと言い聞かせた。明らかに共通の利益のあるベルリンとモスクワを引き裂こうという作戦だと。

ほかのことはともかく、ドイツが越冬用の装備も整えずに攻撃してくるとは考えられなかったし、また、そうした装備を準備しているという情報もいっさい入ってこなかったのだ[20]。

それはスターリンの経歴上最大の誤算だった。一九四一年六月二十二日のドイツの奇襲攻撃は、最初はみごとに成功したかに見えた。兵三〇〇万から成るドイツ軍の三個軍集団がモロトフ＝リッベントロップ線を越え、バルト三国、ベラルーシ、ウクライナに侵入し、レニングラード、モスクワ、そしてカフカス地方をめざして進撃を開始した。同盟国のフィンランド、ハンガリー、イタリア、スロヴァキアも作戦に加わり、スペインの義勇兵一個師団とクロアチアの義勇兵一個連隊も参加した。それは戦争史上最大の攻撃だった。だがポーランド侵攻のときとちがって、攻勢はひとつの方向からだけで、戦線も（非常に長い）一本だけの戦いとなる。ヒトラーは日本と合同侵攻する手はずは整えなかった。日本の指導部は、自分たちの判断でソ連攻撃を決定することもできたが、中立条約は破らないことにした。松岡洋右外相など、ごく数人の指導者が即刻ソヴィエト・シベリアに侵攻すべきだと主張した。だがその意見は却下された。一九四一年六月二十四日、ドイツ軍がソ連侵入を果たした二日後、日本の陸海軍両省は「当面、独ソ戦に介入せず」との決議を採択した。八月には、日ソ中立条約の内容確認がおこなわれた[21]。

ドイツ軍将校たちは絶大な自信を持って、迅速に赤軍を打ち負かせると考えていた。ポーランドで成功し、そして何よりフランスに勝利したことで、彼らの多くはヒトラーの軍事的才能に信頼を置くようになっていた。装甲部隊に率いられたソ連侵攻作戦は、九週間から一二週間のうちに「電撃的な勝利」をもたらすものと思われた。軍事的勝利とともに、ソ連の政治体制が崩壊し、ソ連の食糧と石油が手に入る。ドイツ軍の司令官たちは、ソ連のことを「トランプカードで立てた家」「粘土の足を持つ巨人」などと言っていた。ヒトラーはこの作戦がわずか三カ月で――いや、おそらくもっと短い期間で――終了すると見込んでいた。「子供の遊び」のようなものだと。だがそれは、ヒトラーの経歴上最大の誤算だったのである[22]。

計画の破綻

冷酷であることと効率がよいことは同じではない。ドイツの計画はあまりに殺人を優先していて、実用的とは言いがたかった。ドイツ国防軍は饑餓計画を実行できなかった。問題は、倫理的なものでも法的なものでもない。ドイツ兵は、民間人の扱いを定めた戦争法に従う必要はないと教え込まれ、武器を持たない人々をためらうことなく殺害した。攻撃をはじめてからの数日間は、ポーランド侵攻の際と同じようにふるまった。作戦開始の翌日には、民間人を人間の盾として使った。ソ連兵をゲリラと見なして、捕らえた直後に射殺したり、降伏しようとしているソ連兵を殺したりした。赤軍ではめずらしくなかった女性兵士を、女性だからというだけの理由で殺害した。ドイツにとってはおびただしい数の民間人を計画的に餓死させることのほうが困難だったのだ。カロリーの再分配より、領土の征服のほうがずっとたやすかったのである。[23]

八年前にスターリンがソヴィエト・ウクライナを大飢饉に追い込んだときには、強大なソ連国家を必要とした。彼は知識と経験の豊富な国家警察や、農村部にルーツを持った政党、イデオロギーに心酔した大衆など、どんな侵略軍も望めない後方支援資源や社会的資源を利用することができた。彼の支配のもと、ソヴィエト・ウクライナ（やその他の地域）の人々は、極度の栄養失調で膨れた腹をかかえて農地にかがみ、自分たちが食べることを許されないわずかな小麦を収穫した。もっと恐ろしかったのは、作業中も絶えずおおぜいの国家警察官や共産党幹部——しかもその多くが地元の出身者——の厳しい監視を受けていたことだろう。ドイツの饑餓計画の立案者たちは、ソ連の国力を破壊したのちでも、集団農場を利用すれば穀物供給量を管理できて、もっと多くの人々を餓死させられると信じていた。どのような形であれ、ドイツよりソ連の支配下のほうがうまくいく経済政策があることなど、ナチスにとっては考えられなかったのかもしれない。だとすれば、ドイツ人の効率がよいというのは事実ではなく、イデオロギーが作りあげた固定観念にすぎなかったのだ。[24]

占領者となったドイツは、自分たちの選んだ時期と場所で飢饉を引き起こす能力をまったく持ち合わせなかった。饑餓計画を実行するには、ドイツ軍がすべての集団農場を確保し、ありとあらゆる場所での収穫を監視し、食糧を隠したり、記録をとらずにすませたりできないようにしなければならない。ドイツ国防軍は、親衛隊や現地協力者と同様、集団農場の維持と支配はできたが、ソ連ほど効率がよくなかった。ドイツ人は、現地の人々のことも、収穫のことも、隠れ場所のことも知らなかった。

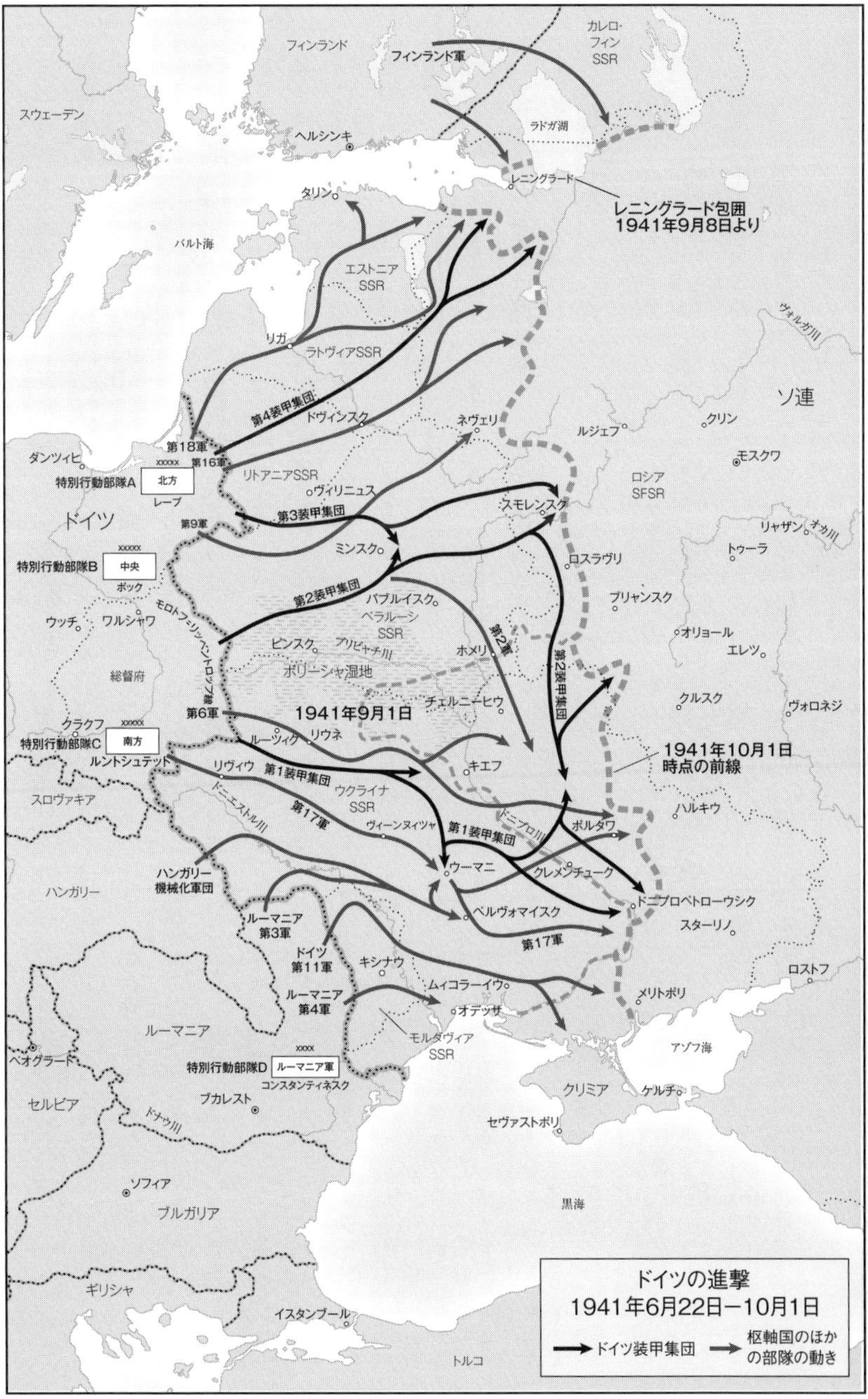
フィンランド
フィンランド軍
カレロ・フィン SSR
スウェーデン
ヘルシンキ
ラドガ湖
レニングラード
レニングラード包囲
1941年9月8日より
タリン
バルト海
エストニア SSR
リガ
ラトヴィアSSR
ヴォルガ川
第4装甲集団
ドヴィンスク
ネヴェリ
ソ連
ルジェフ
クリン
第18軍
第16軍
ダンツィヒ
モスクワ
XXXXX
特別行動部隊A
北方
レーブ
リトアニアSSR
ヴィリニュス
ロシア SFSR
ドイツ
第9軍
第3装甲集団
スモレンスク
リャザン
オカ川
XXXXX
特別行動部隊B
中央
ボック
ミンスク
トゥーラ
ロスラヴリ
第2装甲集団
バブルイスク
ブリャンスク
モロトフ=リッベントロップ線
ベラルーシ SSR
ウッチ
ワルシャワ
第2軍
オリョール
ピンスク
プリピャチ川
ホメリ
エレツ
ポリーシャ湿地
総督府
第2装甲集団
クルスク
チェルニーヒウ
第6軍
1941年9月1日
ヴォロネジ
クラクフ
XXXXX
特別行動部隊C
南方
ルーツィク
リウネ
1941年10月1日
時点の前線
ルントシュテット
リヴィウ
キエフ
第1装甲集団
スロヴァキア
ドニエストル川
ウクライナ SSR
第17軍
ハルキウ
ヴィーンヌィツャ
ドニプロ川
ポルタワ
第1装甲集団
ハンガリー
機械化軍団
ウーマニ
クレメンチューク
ハンガリー
ドニプロペトローウシク
ルーマニア
第3軍
ペルヴォマイスク
スターリノ
第17軍
ドイツ
第11軍
キシナウ
ロストフ
ムィコラーイウ
メリトポリ
ルーマニア
第4軍
オデッサ
ルーマニア
モルダヴィア SSR
アゾフ海
ベオグラード
XXXX
特別行動部隊D
ルーマニア軍
コンスタンティネスク
セルビア
ブカレスト
クリミア
ケルチ
ドナウ川
セヴァストポリ
ソフィア
黒海
ブルガリア
ドイツの進撃
1941年6月22日－10月1日
ドイツ装甲集団
枢軸国のほかの部隊の動き
ギリシャ
イスタンブール
トルコ

テロルをおこなうことはできたが、ソ連ほど組織的に整然とはできなかった。都市部を封じ込めて、農村部から切り離すだけの人員もなかった。戦争が予定より長引くにつれ、ドイツ軍将校たちは、計画的な飢饉を起こせば、戦線の向こう側で抵抗運動を誘発するのではないかと恐れはじめた。(25)

バルバロッサ作戦は遅くとも三カ月以内には、迅速に決定的に「電撃勝利」をもたらすはずだった。だが赤軍は退却こそすれ、総崩れにはならなかった。戦闘が二週間続いたころ、ドイツはリトアニア、ラトヴィア、ポーランド東部の全域と、ソヴィエト・ベラルーシの大半、それにソヴィエト・ウクライナの一部を占領した。ドイツ陸軍総司令部参謀本部総長のフランツ・ハルダーは、一九四一年七月三日の日記に、これで戦争に勝ったと書いた。八月末には、エストニア全土とソヴィエト・ウクライナのさらに一部、ソヴィエト・ベラルーシの残りの領土が占領域に加わった。しかしこのペースは異常で、根本的な目標は何ひとつ達成されていなかった。ソ連の指導者たちは依然としてモスクワにいた。一九四一年九月五日、ドイツ軍のある軍団指揮官が簡潔に書き残したように、「電撃戦は勝利にいたらず、ソ連軍は壊滅せず、ソ連も崩壊せず」というありさまだったのだ。(26)

失敗の代償

いずれにせよ、ドイツはソ連の国民を饑餓に追いやった。政治的支配のためというより、捨て鉢になって進めたようなものだった。饑餓計画は政治的に誤った認識に基づいていたが、東方での戦争にとってはモラル上の前提となっていた。一九四一年の秋、ドイツは占領後のソ連を改変するためではなく、自国民に犠牲を強いることなく戦争を続行するために、饑餓計画を実施した。その年の九月、ゲーリングはナチスの予想とは大きくかけ離れた現状を分析する必要に迫られた。完膚なきまでに叩きのめされたソ連が、勝利の美酒に酔うドイツに富を差し出すという結末はあきらめなければならなかった。銃かバターかという政治経済の典型的なジレンマは、銃がバターを作り出すという奇跡のようなすばらしい形で解決されるはずだった。だが戦争開始から三カ月たったいま、銃を担いだ男たちは何よりバターをほしがっていた。戦闘が当初見込んでいた一二週間を超え、ドイツ兵はかぎられた食糧を国民と奪い合うはめになった。侵攻そのものによってソ連からの穀物供給が途絶えてしまったからだ。どうにかしてドイツ国内の配給食糧を減らさずに兵三〇〇万の腹を満たしてやる必要があった。[27]

ドイツは失敗した場合の代替プランを立てていなかった。兵士たちは何かがおかしいと感じていた。冬の外套も与えられていないのに、夜間の歩哨任務が次第に寒くなってきたからだ。だが侵攻は失敗だったなどと国民には言えなかった。国防軍はなおも進撃を続けているように見えたし、ヒトラーはまだ得意の絶頂にあった。だが戦争がうまくいっていないことをナチス指導部が認められないのなら、侵攻失敗のつけを国民に払わせないようにすべきだろう。腹の虫が訴える不満は、いずれ国民の不満となるかもしれない。前線の将兵のために国民に犠牲を強いるわけにはいかない。少なくともあまり多くは。そしてあまり早急には。国内の食糧政策を変更すれば、国民がほんとうのことを察してくれるかもしれない。つまり、少なくとも指導者たちが見るかぎり、すでに戦争に勝てる見込みがないことを。ゲーリング配下の食糧問題スペシャリスト、バッケは何をすべきか確信していた。ドイツ人が腹いっぱい食べられるようにするには、ソヴィエト人から食糧を奪うしかない、と。[28]

ゲーリングの仕事は、ドイツの軍事資源を補充すると同時にドイツ経済を守ることだった。完全勝利をおさめたのちにソ連を饑餓に追い込むというのが、彼のもともとの作戦だったが、ここで急遽変更を余儀なくされ、ドイツ兵はすでに終わっていたはずの戦闘を続けながら、必要な食糧をみずから調達することになった。一九四一年九月十六日、「電撃勝利」達成の予定日を過ぎると、ゲーリングは兵士たちに食糧の「現地調達」を命じた。戦場で指揮をとっていたある将官はもっと具体的に説明した。ドイツ人は「植民地戦争のとき」と同じように、自力で食べていかなければならない。ソ連の食糧は、まずドイツ兵に配給され、次にドイツで暮らすドイツ人に、その次はソヴィエト人に、そして最後に、ソヴィエト人捕虜に与えられることとされた。次第に日が短く夜が長くなり、硬かった土の道が秋の雨でぬかるみ、泥だらけになった。それでも国防軍は戦い続け、兵士たちは自力で食べていかなければならなかった。ゲーリングの命令によって誤算だらけの戦争が続行され、ソヴィエト国民数百万人が餓死し、もちろんドイツ、ソ連、その他の地域の将兵数百万が命を落とすこととなった。(29)

ヒトラーの子分、ゲーリングが一九四一年九月にとった行動は、スターリンの子分、カガノーヴィチが一九三二年十二月にとった行動と酷似していた。どちらも、数カ月以内に何百万人もの人々が確実に死ぬことを前提とした食糧政策の実行を指示したのである。また、自分の政策が招いた大量餓死を人間の悲劇ではなく、敵の扇動行為として扱った。ゲーリングもカガノーヴィチと同様、部下には、敵が饑餓を武器に使い、厳しく取り締まるべき局面で同情を引こうとしているのだと教えていた。スターリンとカガノーヴィチは、一九三二年から三三年にかけての時期、自分たちが直接関与することなく、ウクライナ共産党に地元の人々から穀物を収奪させ、割当量が達成できなければ党員たちのせいにした。一九四一年から四二年にかけて、ヒトラーとゲーリングも、直接関与をせず、飢えたソヴィエト国民のもとへ国防軍を向かわせた。一九四一年の夏、ドイツ兵の中には、腹を空かせた民間ソヴィエト人に自分の食糧を分け与えた者もいた。ソヴィエト人捕虜にきちんと食事をさせていたドイツ人将校もわずかながら存在した。しかし秋には、それをやめなければならなかった。ドイツ軍の将兵は、食べたければまわりの人間を餓死させなければならないと告げられたからだ。ソヴィエト人が食べ物を口にするところを見たなら、それはドイツ人の子供の口から奪い取ったものだと思えと教えられた[30]。

ドイツの指揮官たちは、戦争を続行しなければならなかった。つまり兵士に食べさせ、誰かほかの人間を餓死させるということだ。これは政治的な論理であり、モラルの罠でもあった。兵や下級将校に残された逃げ道は、不服従か、敵への降伏しかなかった。だが一九三二年のウクライナ共産党員にとっても一九四一年のドイツ軍兵士にとっても、そのような選択肢はありえなかったのだ[31]。

レニングラード、饑餓の惨劇

一九四一年九月、ドイツ国防軍の、北方、中央、南方の三個軍集団は、いくらか異なる立場から、新たな食糧政策に直面することとなった。バルト三国とロシア北西部の征服を任務としていた北方軍集団は、九月にレニングラードを包囲した。中央軍集団は八月にベラルーシを駆け抜けた。その後、いくつかの部隊がキエフの戦いの支援に向かったため、長いブランクができたが、十月初旬にようやくモスクワに向かって進撃を再開した。その間、南方軍集団はウクライナを制圧し、予想をはるかに下回る速度でカフカス地方をめざした。ドイツ軍の部隊は一〇年前の共産党収奪部隊とまったく同じように、できるだけ多くの食べ物をできるだけ早く手に入れていった。

南方軍集団は、ソヴィエト・ウクライナの首都であったふたつの都市、ハルキウとキエフを饑餓に追い込んだ。キエフの占領は予定よりはるかに遅れ、ようやく一九四一年九月十九日に実現した。こ

ドイツによる
おもな餓死発生地
■ 戦争捕虜収容所
◎ 食糧補給を絶たれた都市
フィンランド
ヘルシンキ
ラドガ湖
スウェーデン
レニングラード
タリン
ヴォルガ川
バルト海
リガ
国家管区オストラント
ドヴィナ川
ダンツィヒ
モスクワ
ロシア
SFSR
ヴィリニュス
スモレンスク
モロデチノ
オカ川
ドイツ
ミンスク
白ルテニア
総管区
マヒリョウ
ソ連
ボブルイスク
ワルシャワ
ブリャンスク
ウッチ
シェドルツェ
オリョール
ホメリ
デンブリン
ピンスク
ポリーシャ湿地
ヘウム
チェルニーヒウ
クルスク
ヴォロネジ
ザモシチ
ヴォロディームィル＝ヴォルィーンシキー
クラクフ
リウネ
総督府
キエフ
リヴィウ
国家管区
ウクライナ
スロヴァキア
ドニエストル川
ホロール
ハルキウ
ドン川
ドニプロ川
ヴィーンヌィツャ
クレメンチューク
ハンガリー
キロヴォフラード
ドニプロペトローウシク
スターリノ
キシナウ
ドン川
ロストフ
オデッサ
アゾフ海
ルーマニア
クリミア
セルビア
ブカレスト
ドナウ川
セヴァストポリ
ブルガリア
黒海

の都市の処遇をどうするか、さんざんに議論されたのちのことだった。ヒトラーは、東方総合計画に沿ってキエフを破壊したがったが、現地の指揮官たちは、東への進軍を継続するため、ドニプロ川に架かる橋を必要としていた。そこで結局はドイツ兵が一気に街になだれ込んだ。九月三十日、占領軍はキエフへの食糧供給を禁止した。農村部の食糧は運び出さずに、まずは軍により、のちにはドイツの文民占領当局によって収奪されることとしたのだ。だがキエフ周辺に暮らす農民たちはどうにかして市内に入り込み、市《いち》を開きさえした。一九三三年のソ連当局とちがってドイツ軍には市を封じ込めることができなかったのだ[32]。

ドイツ国防軍は本来の饑餓計画を実行せず、食糧供給を断つことが有益と思われた地域でのみ作戦を実施していた。キエフ市民全員を餓死させるつもりは毛頭なく、ただ自分たちの必要が確実に満たされるようにしたまでだった。だが人命を無視した政策であることには変わりなく、五万人もの人々を死に追いやった。あるキエフ市民が一九四一年十二月に記録したところによると、ドイツ人はクリスマスを祝っていたが、地元民は「誰もが影のようになって歩きまわっていた。あたり一帯が飢饉に見舞われていたのだ」。ハルキウでも同じような政策のため、およそ二万人が命を奪われた。その中には、一九四二年に市の児童養護施設で暮らしていた二七三人の子供たちもふくまれている。一九三三年に飢えた農民の子供たちがたがいの体を生きたまま食い合った仮設の児童養護施設も、ハルキウの近くにあった。そのころよりはずっと人数は少ないものの、ハルキウの子供たちはやはり同じように残酷な死を迎えることとなったのだ[33]。

ロシア帝国の古都レニングラードの攻略を目的としてヒトラーが立てた計画は、スターリンのどんな不安をも押し拉ぐものだった。レニングラードはバルト海沿岸にあり、モスクワよりもフィンランドの首都ヘルシンキやエストニアの首都タリンのほうに近い。大テロル期、スターリンはいつの日かフィンランドがレニングラードの所有権を主張しはじめるものと思い、フィンランド人を苛酷な民族作戦の標的とするよう命じた。そして一九三九年十一月、モロトフ＝リッベントロップ協定によりソ連の勢力圏内に組み入れられていたフィンランドに侵攻し、みずからフィンランド人の敵意を確かなものにした。「冬戦争」と呼ばれるこの戦いでは、フィンランド軍がソ連側に多大な損害を与え、赤軍の名誉を失墜させた。しかし最終的には一九四〇年三月にフィンランドが国土の約一〇パーセントの割譲を認めざるをえなくなり、スターリンはレニングラードの近くに緩衝地帯を設けることができた。当然フィンランドは領土奪還と報復を望んでヒトラーと手を結び［フィンランドの領土内にドイツ軍の駐留を認める密約を交わした］、一九四一年六月には「継続戦争」と呼ばれる戦いへと突入していった。だがヒトラーはレニングラードをそのままの状態でフィンランドに与えるつもりはなかった。彼はこの都市を地上から消してしまいたかったのだ。レニングラード市民を皆殺しにして市を壊滅させたうえで、土地だけをフィンランドに引き渡そうと考えていた(34)。

一九四一年九月、フィンランド軍が北からレニングラードを封じ込め、ドイツ軍の北方軍集団が南から包囲して空爆を開始した。ドイツの指揮官たちはヒトラーの過激なプランについてすべて知っていたわけではないが、レニングラードを兵糧攻めにしなければならないことはわかっていた。ドイツ軍の補給参謀、エドゥアルト・ワグナーが妻に送った手紙には、レニングラードの全市民三五〇万人を放置して運命の手にゆだねるほかはなさそうだと書かれていた。軍の「備蓄食糧」に対して人口があまりにも多すぎるので「同情の余地はないだろう」と。逃亡できないよう、市の周囲に地雷が敷設された。市が降伏するようすは見えなかったが、たとえ降伏したとしても受け入れる予定はなかった。ドイツの目標はレニングラードを飢えさせ、消滅させることだったのだから。ドイツ軍は一九四一年九月八日にレニングラードを包囲すると同時に、砲撃によって市の食糧倉庫と石油タンクを破壊した。十月には、二五〇〇名ほどが饑餓とその関連疾患のために死亡したと見られている。十一月にはこうした死者の数が五五〇〇人に、十二月には五万人に達した。一九四四年に包囲が解かれるまでに、およそ一〇〇万人の命が奪われた[35]。

レニングラードは完全には飢えなかった。なぜなら、ソ連の地元当局が市内で機能していて、ありったけのパンを配っていたからであり、ソ連の指導部がリスクを冒して市民に食糧配給を続けたからである。ラドガ湖の氷が解けると、そこが脱出と物資供給のルートとなった。その冬の気温は零下四〇度まで下がり、市は備蓄食糧も暖をとる術も流水もない状態で寒さを迎えることになった。だが市内のソ連の統治力は揺るがなかった。NKVDは逮捕や取り調べや拘留を続けた。囚人たちもまた、ラドガ湖の向こうへ送られた。NKVDが戦争中にグラーグへ送った総計二五〇万人の中にはレニングラードの市民もふくまれていたのだ。警察や消防署も任務を果たしていた。作曲家のドミートリー・ショスタコーヴィチは、ボランティアの消防隊員をしていたときに、交響曲第七番の第三楽章を作曲した。図書館もあいており、本も読まれ、博士論文も書かれ、きちんと保管された[36]。

この大都市の中でロシア人（とその他の人々）は、一〇年前の集団政策による飢饉でウクライナやカザフ（とその他の地方）の人々が直面したのと同じジレンマを味わうことになった。包囲戦のさなかにレニングラードで暮らしていた少女、ワンダ・ズヴェーリエワは、のちに深い愛情と賞賛を込めて母親の思い出を語っている。「母は美しい人でした。わたしはよく母の顔をモナ・リザになぞらえたものです」。父親は物理学者だったが芸術家肌で、ポケットナイフを使って木彫りのギリシャ女神像を造っていたという。一九四一年末、家族が飢えに苦しんでいたころ、父親は研究室へ出かけていった。そこで配給カードが見つかれば、家族のために食糧を手に入れられると思ったのだ。彼は数日ほど帰ってこなかった。ある夜、ワンダがふと目を覚ますと、母親が鎌を手にしてベッドのそばに立ち、彼女を見おろしていた。ワンダは母に飛びかかって押さえ込んだが、それは母というより「母の抜け殻」のようなものだった。彼女は広い心で母の行動を受けとめていた。母はわたしにこれ以上飢えの苦しみを味わわせまいとして、さっさと殺してしまおうとしたのだ、と。父は翌日、食べ物を持って帰ってきたが、すでに母には遅すぎた。母はそれから数時間後に亡くなった。一家は母の遺体を毛布でくるんで縫い込み、台所に置いて、地面がやわらかくなって埋葬できるようになるのを待った。アパートはとても寒く、遺体は腐敗しなかった。その春、ワンダの父親が肺炎で亡くなった(37)。

当時のレニングラードでは、何十万人もの人々がこのようなことを体験していたのだ。レニングラード在住の多くの知識人がこのときの恐怖を日記に書き残している。バレリーナのヴェーラ・コストロヴィツカヤもそのひとりだ。ポーランド系の彼女は、それに先立つ数年前に大テロルで夫を失っていた。一九四二年四月、コストロヴィツカヤは、毎日目にしていたある見知らぬ人の運命を記録した。「ひとりの男の人が一本の杭に背中をつけて雪の中に座る。背が高く、ぼろをまとい、肩には背嚢を背負っている。彼は背中をうんと丸めて杭にもたれかかっている。フィンランド駅に向かう途中で、疲れて座り込んでしまったのだろう。わたしが病院に通っていた二週間のあいだ、彼はずっと〝座っていた〟

2　ぼろをなくし
3　下着姿で
4　裸で
5　内臓を掻き出された骸骨となって[38]」

少女の手になる日記で、もっとも多くの人々の記憶に残っているのは、十一歳のターニャ・サヴィチェワが書いたものだ。その全内容は次のとおりである。

一九四一年十二月二十八日午前一二時三〇分、ジェーニャが死んだ
一九四二年一月二十五日午後三時、おばあちゃんが死んだ
一九四二年三月五日午前五時、リョーカが死んだ
一九四二年四月十三日午前二時、ヴァーシャおじさんが死んだ
一九四二年五月十日午後四時、リョーシャおじさんが死んだ
一九四二年五月十三日午前七時三〇分、お母さんが死んだ
サヴィチェフ家の人たちが死んだ
みんな死んだ
ターニャだけが残った[39]

そのターニャ・サヴィチェワも一九四四年に死亡した。

戦争捕虜から人間以下の存在へ

ドイツ軍が締めつけを強めれば強めるほど、その支配下にある人々が飢える確率は高くなった。ドイツ国防軍の支配が完璧であった唯一の場所、戦争捕虜収容所は、未曾有の規模の殺戮場となった。ここでは当初の饑餓計画に近いものが実行された。

近代の戦争でこれほど多くの捕虜がこれほど早く確保された例はない。スモレンスク付近の戦闘では、中央軍集団が三四万八〇〇〇人を、キエフの近くでは南方軍集団が六六万五〇〇〇人を捕虜にしている。九月に勝利をおさめたこのふたつの戦いだけでも、一〇〇万人以上の男性が（何人かの女性も）捕らえられた計算になる。一九四一年末までに捕虜となったソヴィエト人の数は三〇〇万人にものぼったが、ドイツ人にとっては驚くようなことではなかった。三個の軍集団は、もっと迅速に進撃するはずだったので、当然、もっと多くの捕虜を捕らえる予定だったのだ。シミュレーションにより、どういう結果にいたるかもわかっていた。だがドイツ軍は戦争捕虜に対する準備を――少なくとも、従来のような意味では――していなかった。慣習的な戦争法では、たとえ敵に同様の対応をさせるためだけだとしても、戦争捕虜には食物と宿舎を与え、適切な医療を施すことになっていた。(40)

ヒトラーはこの伝統的な論理を逆手にとった。ソ連兵を虐待することにより、ドイツ兵たちがソ連の捕虜となったら同じ目に遭わされるのだと思うように仕向けようとしたのだ。そうすれば兵士たちは敵の手に落ちないよう、必死に戦うだろう。ヒトラーとしては、支配民族の将兵が劣等民族の赤軍に降伏するなど、考えるのも耐えられなかったようだ。スターリンも似たような考え方をしていて、赤軍兵士たるもの、生きて虜囚となるべきではないと思っていた。退却や降伏の可能性について協議することさえ許さなかった。どんな場合もソ連兵は前進し、敵を殺し、死ぬしかない。一九四一年八月、スターリンは戦争捕虜となった者は脱走兵と見なし、家族を逮捕すると発表した。スターリンの息子がドイツ軍に捕まると、彼はその妻を捕らえさせた。ソ連の戦争計画のこうした暴虐的な攻撃姿勢が仇となり、現実には多くの将兵が捕らえられる結果につながった。指揮官たちが個人的な責任を問われる（粛清の対象となって処刑される）ことを恐れて退却を命じるのをためらったがために、兵士たちは長いあいだ同じ場所に踏みとどまりすぎて包囲され、捕らえられるはめになったのだ。ヒトラーとスターリンの方針が図らずも連携してソ連兵を戦争捕虜にし、やがて捕虜から人間以下の存在へと突き落としてしまったのである[41]。

降伏して捕虜となったソ連兵は、自分たちを捕らえたドイツ人の残虐さにショックを受けることとなる。捕虜たちは長い列に並ばされて戦場から収容所へと行進させられ、その道々、激しく殴られた。たとえばキエフで捕虜となったソ連兵たちは、野外を延々と四〇〇キロ以上の道のりを歩かされた。ある兵士の回想によれば、誰かが疲れて道ばたに座り込めば、ドイツ人の護送兵が「馬に乗ったまま近づいていって鞭で打つ。だが男はうつむいて座ったままでいる。すると護送兵は鞍につけたカービン銃か、腰に帯びたピストルを抜くのだ」。負傷者、病人、あるいは疲労困憊した捕虜はその場で撃ち殺された。死体は放置され、誰か一般のソヴィエト人が見つけて運び去り、埋葬してくれるのを待つことになった[42]。

鉄道輸送の際には、無蓋の貨物列車に乗せられ、冷気や風雪にさらされるがままになった。目的地に着いて扉が開くと、凍死体が何百、ときには何千と転がり落ちたという。移送中の死亡率は七〇パーセントにも達していた。こうした死の行進や死の移送で亡くなった捕虜の数は約二〇万人と見積もられている。ソ連内のドイツ軍占領域およそ八〇カ所に設置された捕虜収容所にたどり着いた兵士たちはみんな疲れていて、空腹で、多くは怪我をしていたり病気に罹ったりしていた[43]。

通例、戦争捕虜収容所というのは、兵士がべつの国の兵士のために建設する施設で、簡素ではあるが、命を守ることを目的としている。慣れない場所、困難な状況下で設けられるが、建設作業にあたる者は、自分たちの戦友もまた、捕虜として敵軍に囚われていることを承知している。しかしドイツ軍がソ連に建てた捕虜収容所はまったく異質のものだった。命を絶つことを目的としていたからだ。原則としてこうした収容所は、ドゥラーク(一時収容)、シュタラーク(下士官用)、それに規模の小さいオフラーク(士官用)の三種類に分かれていた。だが実際は種類に関係なく、鉄条網に囲まれたただの空き地であることが多かった。捕虜たちは名前で登録されず、番号で管理された。これは法や習慣に反する驚くべき行為である。ドイツの強制収容所でさえ、名前は記録されていた。そうした手続きがおこなわれないタイプの施設をドイツが考案するのは、まだ先のことである。食糧も宿舎も医療も事前に準備されていなかった。診療所はなく、便所がない場合もあり、雨風から身を守る建物もないのがふつうだった。当局が決めた捕虜の摂取カロリーは、人が生きていくのに最低限必要なレベルをはるかに下まわっていたが、その指定カロリーさえ守られないことが多かった。じつのところ、必ず何かしら食べ物を与えられたのは、比較的体力のある者と、警備係に選ばれた者だけだったのである[44]。

ソヴィエト人捕虜たちは、最初はドイツ国防軍のこうした扱いにとまどった。ある者は「ドイツ人はわれわれに戦友としてふるまうことを教えようとしている」のだと推測した。まさか食糧を与えないことが方針だとは思わなかったので、ドイツ人は、あるかぎりの食糧をともに分け合うことで、ソヴィエト人捕虜が彼らに連帯感を示すことを望んでいるのだと思ったのだ。おそらくこの兵士は、ナチス・ドイツがソ連と同様、政策によって人を餓死させる国だとは夢にも思わなかったのだろう。皮肉なことに、ドイツの捕虜対策の根底にあったのは、捕虜は自分たちとは対等の人間ではない、だからもちろん同じ兵士などではない、どんな環境に置かれようとも戦友などにはならない、という認識だったのである。一九四一年五月にドイツ兵に与えられた指針では、ソヴィエト人が戦闘において「非人間的な残虐さ」を発揮しうることを忘れてはならない、とされていた。捕虜収容所の警備兵は、武器の使用があまりに少ない場合は処罰するとの通達を九月に受けていた。(45)

一九四一年の秋、すべてのドゥラークとシュタラークの捕虜たちは飢えていた。ゲーリングですらこのような饑餓計画はいくらなんでも無茶だと気づいたが、ドイツの占領政策では、ソヴィエト人捕虜を餓死させることが優先事項となっていた。当局はソ連のグラーグ政策を真似てさらに過激化させ、働けない者にはさらに少ない食糧を与えて弱った者の死を早めようとした。一九四一年十月二十一日には、労働不能者の食糧を二七パーセント削減することが正式に決まった。これはまったく理論上の措置でしかなかった。なぜなら、多くの捕虜収容所では、毎日きちんと食事を与えられている者はいなかったし、たいていのところでは、弱い者は毎回食事にありつけるとはかぎらなかったからだ。十一月十三日、軍の補給参謀エドゥアルト・ワグナーは、この選別の方針をはっきりと言葉にして述べた。働けない捕虜は「餓死させるものとする」と。どの収容所でも捕虜たちは、草や樹皮やマツの葉など、なんでも手当たり次第に食べた。犬が撃ち殺されないかぎり、肉を口にすることはできなかった。たまに馬肉を食べるチャンスに恵まれる者もいた。捕虜たちは調理器具を舐めようとして競い合い、ドイツ人の警備兵たちはそれを見て笑っていた。カニバリズムがはじまると、ドイツ人はこれこそソ連の文化レベルが低い証拠だと決めつけた[46]。

戦争の状況が苛酷であったために、ドイツ国防軍と国民社会主義イデオロギーとの結びつきはますます強まった。ドイツ軍のナチ化は一九三三年以来、どんどん進んでいた。ヒトラーは一九三四年にレームと突撃隊の脅威を取りのぞき、ドイツの再軍備と徴兵制の再開を宣言した。そしてドイツの産業を武器製造へと導き、ほんものの勝利を次々にもたらした。一九三八年にはオーストリアとチェコスロヴァキアを、三九年にはポーランドを、四〇年にはデンマーク、ノルウェー、ルクセンブルク、ベルギー、そして何よりフランスを下したのだった。彼はまた、数年かけて高官のなかから自分のお気に入りを選び、あまりに伝統を重んじすぎていると思う者を粛清した。一九四〇年にフランスで勝利をおさめたころから将校たちがヒトラーの才能に信頼を寄せはじめ、軍司令部と彼との距離がぐっと縮まった。

だが国防軍とナチス政権が切っても切れない関係になったのは、ソ連での勝利がなかったためだ。一九四一年秋、饑餓の只中にあったソ連で、軍はモラル上のジレンマに立たされた。そこから抜け出す唯一の道が国民社会主義だったようだ。伝統的な理想の軍人像はきれいさっぱり忘れ、軍の現状を理にかなったものに見せてくれる破壊的な倫理観を受け入れるしかなかったのだ。確かに、ドイツの将兵は食べていく必要があった。だが彼らは、すでに負けたことがはっきりしている戦争を戦う体力をつけるために食べていた。確かに、カロリーは農村部から搾りとらなければならなかった。けれどもそのために、本来は無意味な饑餓が引き起こされた。軍の最高司令部と戦場の将校たちは、違法な殺人政策を進めていくにつれ、それを正当化するにはヒトラーが口にしたような屁理屈にすがるほかはないことを悟った。人間はカロリーの容れ物であって、いずれは空になる運命にある。スラヴ人、ユダヤ人、アジア人、ソヴィエト人は人間性においてはより下等な存在であるから、犠牲にしてもかまわないのだ。一九三三年のウクライナ共産党員と同じように、一九四一年のドイツ軍将校たちは、饑餓政策を実施した。いずれのケースでも、多くの者が最初は個人的には反対だったり、ためらいを感じたりしたが、結局はこのようにそれぞれの指導者が示すモラルに屈した。彼ら自身がシステムとなり、そのシステムが破滅のもととなったのだ。

ヒトラーのヨーロッパではじめて収容所のネットワークを作り、運営したのはドイツ国防軍だった。こうした収容所で命を落とした人々は数千人から数万人、数十万人と増え続け、ついには数百万人に達したのである。

もっとも悪名高い戦争捕虜収容所は、占領下のソヴィエト・ベラルーシにあった。そこでは、一九四一年十一月末には、一日あたりの死亡率が二パーセントにものぼっていた。ある生存者が「紛れもない地獄」と呼んだミンスク付近のシュタラーク352では、鉄条網で囲った敷地に、捕虜たちが身動きもできないほどぎゅうぎゅうに詰め込まれ、排尿も排便もその場に立ったままでしなければならなかったという。そこではおよそ一〇万九五〇〇人が死亡した。ベラルーシ東部の都市、マヒリョウにあったドゥラーク185、ドゥラーク127、シュタラーク341では、鉄条網の外に遺体がそのまま山のように積まれていたのが目撃されている。これらの収容所では、三万人から四万人が亡くなったとされる。ボブルイスクに設けられていたドゥラーク131では、収容所本部が火事になった。数千人の捕虜が焼死し、一七〇〇人が逃げようとして射殺された。ここでは総計三万人が死亡した。

南東部の都市ホメリにあったドゥラーク220と121では、捕虜のうち半数が使われなくなった厩舎に収容され、残りは野ざらしにされていた。一九四一年十二月、これらふたつの収容所では、日ごとの死亡者数が二〇〇人から四〇〇人に、それから七〇〇人へと増加していった。北西部の都市モロデクノ〔現マラジェチナ〕のドゥラーク342では、あまりに条件がひどいので、捕虜たちがいっそ銃殺してほしいとの要望書を提出した(47)。

占領下ソヴィエト・ウクライナの収容所も似たようなありさまだった。中部の都市、キロヴォフラードのシュタラーク306のドイツ人警備兵は、捕虜が銃殺された戦友の体を——それもときにまだ生きているうちに——食べたと報告した。北部のヴォロディーミル・ヴォルィーンシキーにあった女性捕虜収容所の生存者、ロザリア・ヴォルコフスカヤは、現地のシュタラーク365で男たちがしたことを目撃していた。「わたしたちが上から見ていると、捕虜の多くが死体を食べていました」中部の都市、クレメンチュークのシュタラーク346の捕虜は、一日にせいぜい二〇〇グラムのパンしか与えられず、毎朝、穴に死体が投げ込まれた。一九三三年当時のウクライナと同様、まだ息のあるうちに死人といっしょに埋められてしまった者もいた。この収容所では、少なくとも二万人が死亡した。スターリノ（今日のドネツィク）のドゥラーク162は、市の中心部に設けられた小さな収容所だった。張りめぐらされた鉄条網の内側に一度に一万人以上が押し込まれ、捕虜たちは立っているのがやっとだった。死にかけている者を除いては、誰も横たわろうとしなかった。そんなことをすれば踏みつけられてしまうからだ。ここではおよそ二万五〇〇〇人が死亡し、捕虜を追加収容するスペースができた。キエフの南西にあるホロールという都市に設置されたドゥラーク160は、比較的大きな収容所だった。元は煉瓦工場だったところだが、捕虜たちが建物の中に入ることは禁じられていた。

雨や雪をしのごうとして逃げ込んだ者は撃ち殺された。この収容所の指揮官は、捕虜たちが食べ物に殺到する姿を見るのが好きだった。また、馬を彼らの中に乗り入れては、捕虜たちを踏み殺して楽しんだ。ここをふくめキエフ近辺の収容所では、三万人の捕虜が亡くなった[48]。

ドイツ占領下のポーランドでも、ソヴィエト人捕虜が総督府（ソ連侵攻後はさらに南東に拡大していた）内の数十カ所の施設に収容されていた。ここでは、現状に驚いたポーランド人のレジスタンス活動家が、一九四一年から四二年にかけての冬におびただしい数のソヴィエト人捕虜が死亡したと報告している。総督府内の収容所では一九四一年十月二十一日から三十日までの一〇日間だけで四万五六九〇人が死亡したと見られている。デンブリンという町にあったシュタラーク307では、終戦までに約八万人のソヴィエト人捕虜が死亡した。ヘウムのシュタラーク319では約六万人が命を落とした。シェドルツェのシュタラーク366では五万五〇〇〇人、ザモシチのシュタラーク325では二万八〇〇〇人、シェドルツェのシュタラーク316では二万三〇〇〇人が亡くなった。総督府全体では、およそ五〇万人が死亡した計算になる。一九四一年末までに占領下ポーランドでドイツの統治の犠牲となった死亡者がもっとも多かった民族グループは、現地のポーランド人でもユダヤ人でもなく、ソヴィエト人捕虜だった。彼らはポーランドを占領するために西へ連れてこられ、取り残されたあげくに凍え、飢えて死んでいったのである。ポーランドがソ連の侵攻を受けたのはさほど前のことではなかったが、それでも農民たちは飢えたソヴィエト人捕虜を目にすると、しばしば食べ物を与えようとした。するとドイツ軍はその報復として、ミルク差しを持ってきた女性たちを撃ち殺し、村全体を破壊した[49]。

ソヴィエト人捕虜がみんな健康で十分に食事をとっていたとしても、一九四一年から翌年にかけての冬の死亡率は高くなったことだろう。ドイツ人がどう思っていたかはともかく、スラヴ人は生まれつき寒さに強いわけではない。ドイツとちがってソ連の将兵は冬の装備を用意していた場合が多かったのだが、それをドイツ人が奪い取ったのだ。捕虜はたいてい、零度をはるかに下回る厳寒の戸外であたたかい服も与えられずに放置された。収容所の多くは野原にあって、容赦なく吹きつける冬の風を防いでくれる木々も丘もなかった。捕虜たちは硬い地面を手で掘って簡単な壕を作り、その中で眠った。ホメリでは、戦友同士だった三人のソ連兵がぴったり身を寄せ合い、なんとかして体が冷えるのを防ごうとした。いちばん有利だった真ん中の位置に代わる代わる入り、両側の友の体温であたためてもらいながら眠った。この三人のうち、少なくともひとりが生き延び、この話を伝えることができた。[50]

数十万人の捕虜の中には、わずか八年のあいだに政治的意図による飢饉を二度もウクライナで経験するはめになった者がいた。ウクライナ出身の将兵数千人にとっては、自分の腹が膨れるのを見たのも、カニバリズムを目撃したのも、これが二度目だったのだ。最初の大量餓死を生き延びながら、二度目に力尽きた者がたくさんいたことはまちがいない。しかし両方を生き抜いた者もわずかにいた。強制追放されたクラークの息子、イワン・シュリンスキイもそのひとりだった。彼は一九三三年の飢饉をよく覚えていて、自分は「饑餓の国」からやってきたのだと周囲の人に話していた。ドイツの捕虜となってからは、古くからウクライナに伝わる歌を歌ってはみずからを励ました。[51]

わたしに翼があったなら
さっと空へ舞いあがる

雲に向かって
痛みや罰のない場所をめざして

一九三三年にソ連が饑餓作戦を実行したときと同様、一九四一年にドイツの饑餓作戦がはじまったときも、ウクライナでは多くの地元住民ができるかぎりのことをして、死に瀕した人を救おうとした。女性たちは捕虜を親戚だと証言して、解放してもらうように働きかけた。若い女性は収容所の外で苦役に就いていた男性と結婚した。ドイツ軍はしばしばこうしたことを許した。なぜならそうした男たちが今後も占領域に残ってドイツ人の食糧を生産し続けることになるからだ。クレメンチュークでは、食糧事情が極端に悪かったわけではないらしく、捕虜たちが朝、収容所から町に働きに出たときに空の袋を置いておくと、夕方戻るときには、通りすがりの人が恵んでくれた食べ物で袋がいっぱいになっていたという。一九四一年は異例の豊作だったので、このような支援がしやすかったのだ。女性たち（こうした報告の主人公はほとんどつねに女性だった）は、死の行進中の捕虜や収容所内の捕虜にも食べ物を届けようとした。しかし収容所の指揮官たちはたいてい、食糧を持った民間人を収容所に近づけまいとした。ほとんどの場合、こうした人々は威嚇発砲によって追い払われた。ときには殺されてしまうこともあった[52]。

東方に設けられた収容所では、生命への侮蔑、それもスラヴ人とアジア人とユダヤ人の命への侮蔑がはっきりと形になって表れた。このような大量餓死が起きても不思議ではなかったのである。ドイツが設営した赤軍捕虜収容所の、戦時中全体の死亡率は五七・五パーセントだった。バルバロッサ作戦に続く最初の八カ月にはこれよりはるかに高かっただろう。同じくドイツが西の連合軍捕虜を収容していた施設では、死亡率が五パーセントを下まわっていた。一九四一年秋には、第二次世界大戦中に死亡した英米人捕虜の総数に等しいソヴィエト人捕虜が、たった一日で亡くなっていたのである。(53)

でたらめな選別

ソヴィエト国民を意のままに餓死させることは不可能だし、ソヴィエト国家を一撃で倒すことも不可能だった。だがドイツはほんとうに倒そうとした。「電撃勝利」に向けた作戦計画では、国防軍があっというまに領土を占領し、ドイツ将兵と後続の特別行動部隊《アインザッツグルッペン》がすぐさまソ連の政治エリートと赤軍の政治将校を殺害できるはずだった。一九四一年五月十九日に発布された公式の『ロシアにおける部隊の行動に関する指針』では、扇動者、ゲリラ、破壊工作員、ユダヤ人の四つのグループを「厳重に取り締まる」ことが求められていた。一九四一年六月六日発行の『政治将校の取り扱いに関する指針』では、政治将校は捕らえ次第殺害せよと明記されていた。(54)

だが現地のソヴィエト人エリートは東へ逃げたのだ。地位が高ければ高いほど、すでに避難していたか、逃亡の手配ができる人材をかかえている可能性が高かった。ソ連の領土は広大だったが、ヒトラーにはべつの方向から侵攻してこのようなエリートを捕らえてくれる同盟国がなかった。ドイツの大量殺人政策が現地指導層にまで影響をおよぼしたのは、実際に占領した地域、つまりウクライナ、ベラルーシ、バルト三国、それにロシア西端部にかぎられた。これではソ連全土には遠くおよばない。それにドイツの支配下に置かれた民族集団は、ソ連の政治体制にとって重要ではなかったのだ。多くの人々が銃殺されたが、ソ連という国家にとってはごく小さなできごとにすぎなかった。ドイツ国防軍の部隊はほぼ難なく「政治将校に関する命令」を実行することができ、八〇パーセントが政治将校を処刑したと報告した。軍の公文書保管所には、二二五二件分の銃殺刑の報告書が残されている。実際の件数はもっと多かっただろう[55]。

民間人の銃殺をおもに手がけたのは、すでに一九三九年にポーランドで同じ任務にあたった特別行動部隊だった。ポーランドのときと同様、彼らはある種の政治集団を抹殺し、国家を崩壊に導くことを命じられた。四つの部隊が国防軍に付き従ってソ連領内に入った。特別行動部隊Aは北方軍集団とともにバルト三国からレニングラードに向かった。特別行動部隊Bは中央軍集団についてベラルーシを抜け、モスクワをめざす。特別行動部隊Cは、南方軍集団といっしょにウクライナに、特別行動部隊Dは南方軍集団第一一軍に従ってウクライナの最南端地方に入った。ハイドリヒが一九四一年七月二日の電報で明言しているように、特別行動部隊は口頭による命令に従って、共産党員、党や国家機関でしかるべき地位を与えられていたユダヤ人、その他の「危険分子」を殺害することを任務としていた。饑餓計画のときと同様、政治的脅威と見なされた者が処刑の対象となった。身柄を拘束されていた者はまさに格好の標的だった。すでに七月の半ばには、シュタラークとドゥラークで大量銃殺を実行するよう、指示が来ていた。一九四一年九月八日には行動隊《アインザッツコマンド》に対し、戦争捕虜を「選別」して、国家機関と共産党の職員、政治委員、知識人、それにユダヤ人を処刑せよとの命令が下った。十月には軍司令部が行動隊と秘密警察に、自由に収容所に立ち入れる許可を与えた[56]。

行動隊は捕虜をていねいに選別することができなかった。捕虜を捕まえるとすぐに尋問のためと称して一時収容用の囲いに入れ、政治委員、共産党員、ユダヤ人は一歩前に出よと命じた。そうして進み出た者を連れ去り、銃殺して穴に放り込んだのだ。通訳の数も非常に少なく、通訳を務めた者はたいてい、こうした選別は少々でたらめだったと記憶している。ドイツ人は、赤軍の階級や記章を正しく区別できず、最初はラッパ手を政治将校とまちがえていた。将校が下士官よりも髪を長く伸ばすことを許されているのは知っていたが、これは目安としてはあいまいすぎる。ほとんどの捕虜たちは久しく散髪をしていなかったのだ。ここで簡単に見分けがついた集団は、ユダヤ人男子だけだった。ドイツ軍の警備兵はペニスを調べ、割礼しているかどうかを確認した。ほんのときたま、自分は割礼をしたイスラム教徒だと主張して命拾いしたユダヤ人もいた。だがそれより、割礼したイスラム教徒がユダヤ人と決めつけられて殺される場合のほうが多かった。ドイツ人医師が積極的にこの手続きに協力したらしい。医療は高度にナチ化された職業だった。ホロールの収容所の医師が回想しているように、「当時のドイツ軍将兵はみんな、ユダヤ人はひとり残らず銃殺されるのが当然と考えていた」。選別の結果、五万人以上のソヴィエト・ユダヤ人と、およそ五万人の非ユダヤ人が殺害された。[57]

ドイツが東方に設けた捕虜収容所は、強制収容所よりもはるかに多くの命を奪った。それどころか、当時存在していた強制収容所も、戦争捕虜を受け入れると同時に、その性格を変えた。ダッハウ、ブーヘンヴァルト、ザクセンハウゼン、マウトハウゼン、アウシュヴィッツにあった収容所は、親衛隊がソヴィエト人捕虜の処刑に使ったときから、殺害施設となった。アウシュヴィッツで殺された捕虜はおよそ八〇〇〇人、マウトハウゼンでは一万人、ザクセンハウゼンでは一万八〇〇〇人にのぼった。ブーヘンヴァルトでは一九四一年十一月に親衛隊が捕虜を大量に殺害する方法を編み出した。大テロル期にソ連が使った方式に驚くほどよく似ていたが、二重性と複雑さにおいては、はるかに上まわっていた。捕虜たちは、馬屋の真ん中にある部屋に連れていかれる。あたりが少々うるさい場所だ。そこは診察室のような部屋で、周囲には白衣姿の男女が立っていたが、じつは医師に扮した親衛隊員だった。捕虜はある位置で壁を背にして立たされる。身長でも測るのだろうと思っているが、その壁には、ちょうど捕虜のうなじのあたりの高さに、縦長の細い切り込みが空けてある。隣室では、べつの親衛隊員がピストルを持って待機しており、そのスリットから首が見えると、引き金を引く。すると死体は「診察室」と呼ばれる三つ目の部屋に放り込まれて、さっさと片付けられ、次の捕虜が中へ呼び込まれる。一度に三五体から四〇体の遺体がトラックで焼却炉へ運ばれた。ソ連のやり方を技術的に進化させた方法だった(58)。

ドイツ軍は、従来の見積もりでは、五〇万人のソヴィエト人捕虜を銃殺している。餓死させた者、移送中の虐遇により死なせた者は約二六〇万人にのぼる。全体でおよそ三一〇万人を殺した計算になる。だがこのような残虐行為では、ソ連の体制を倒すことはできず、却って彼らの士気を高める結果となった。政治将校、共産党員、ユダヤ人を選別したのは無意味だったのだ。すでに捕らえていた人々を殺しても、ソ連の国力が弱まることはなかった。むしろ饑餓計画や選別をおこなったことで、赤軍の抵抗が激しくなった。ドイツ軍の捕虜になれば飢えに苦しむはめになるとわかったなら、どんな兵士も必死に戦うだろう。共産党員やユダヤ人や政治将校が、捕まれば銃殺されると知ったら、やはりどうあっても降伏するまいとするはずだ。ドイツの方針が広く知れ渡るにつれ、ソヴィエト国民は、自分たちの政権のほうがまだましだと思いはじめた(59)。

戦争は継続して十一月に突入し、戦線で戦死するドイツ将兵の数が次第に増えた。本国から徴集兵をどんどん送り出す必要が出てくると、ヒトラーとゲーリングは、戦争捕虜の一部を国内で労働力として使うことを考えはじめた。十一月七日、ゲーリングは(労働力として)有用な者を選別せよと命じた。終戦時には一〇〇万人以上のソヴィエト人捕虜がドイツで働いていた。虐遇と饑餓は容易には克服できなかった。あるドイツ人は同情を込めてこう証言している。「捕虜は何百万人もいたが、働けた者はわずか数千人だった。信じられないことだが、労働可能とされた者の多くは亡くなったりチフスに罹ったりしていたし、そうでない者もすっかり弱っていて体調が悪く、とうてい働ける状態ではなかった」。ドイツに送られた捕虜のうち約四〇万人が死亡した。(60)

失われた選択肢

ドイツの計画の基準からすれば、ソ連侵攻は完全なる大失敗だった。バルバロッサ作戦は「電撃勝利」をもたらすはずだったが、一九四一年の秋が終わりに近づいたころでもまだ、勝利のきざしは見えてこなかった。この作戦によって経済問題がすべて解決するはずだったが、そうはいかなかった。結局のところナチス・ドイツにとっては、（たとえば）占領したベルギーのほうがはるかに経済的な価値が高かった。ソヴィエト人を排除する予定だったのに、最終的には、ソ連から得たもっとも重要な経済的資源は労働力だったのである。占領したソ連の領土は、ナチスのいわゆるユダヤ人問題の「最終解決」を実行するためのスペースとなるはずだった。ユダヤ人はソ連で死ぬまで働くか、ウラル山脈の向こう側へ移送されるか、グラーグに送り込まれるはずだった。しかし一九四一年夏にソ連が見せた抵抗により、こうした最終解決は未来永劫、不可能となった。(61)

最終解決の方法については、一九四一年末までにすでに四通りを検討し、いずれも断念せざるをえなくなっていた。ポーランド東部に居留区を設けるというルブリン計画は一九三九年十一月に頓挫した。総督府があまりに近すぎて、あまりに困難だったからだ。ソ連の合意を取りつけるという案は、一九四〇年二月ごろに暗礁に乗りあげた。スターリンがユダヤ人移民の受け入れに興味を示さなかったからだ。マダガスカル計画は一九四〇年八月には立ち消えとなった。最初はポーランドと、次にはイギリスと、協力するどころか戦うことになってしまったからだ。そして今度は対ソ強硬プランが一九四一年十一月までに実行不能となった。ドイツがソ連を倒せなかったからだ。ソ連侵攻はなんの「解決」にもならなかったが、ユダヤ人の「問題」を悪化させたことは確かだ。ドイツの東方占領域は、いまや世界でもっとも多くのユダヤ人が住む地域となっていた。ドイツが支配下に置いたポーランドとバルト三国、ソ連西部は、ヨーロッパ・ユダヤ人にとっては代々故郷としてきたもっともたいせつな地域だった。ドイツはそこでおよそ五〇〇万人ものユダヤ人を統治下にかかえこむこととなっていたのである。末期のロシア帝国は例外として、これほど多くのユダヤ人を支配した国家はかつてなかった。(62)

東方の収容所から解放されたソヴィエト人捕虜の運命は、その後、ユダヤ人を待ち受けていた運命を示唆している。一九四一年九月はじめ、アウシュヴィッツで数百人のソヴィエト人捕虜がシアン化水素によりガス殺された。この薬品は殺虫剤(商標ツィクロンB)で、以前、収容所内にあったポーランド人捕虜のバラックを燻蒸消毒するのに使われていた。のちにこのツィクロンBにより、およそ一〇〇万人のユダヤ人がアウシュヴィッツで窒息死させられることになる。ほぼ同じころ、ザクセンハウゼン収容所のソヴィエト人捕虜がガス車の実験に使われた。この車は、排気を貨物室に送り込む仕掛けになっていた。この方法で中に閉じ込めた人を一酸化炭素ガスで窒息させたのである。同じ年の秋に、占領下のソヴィエト・ベラルーシとソヴィエト・ウクライナでもこのガス車が使用されることとなった。一九四一年十二月には、ヴァルテラント国家大管区内にあったヘウムノ収容所でもガス車が使われ、ドイツに併合された地域のポーランド・ユダヤ人が一酸化炭素によって殺害された。(63)

ドイツは、収容所で恐怖と飢えにさらされていた戦争捕虜のなかから、一〇〇万人もの人員を選び出して、軍や警察の任務に就かせた。当初は、ソ連政権を崩壊させたのち彼らを占領統治の道具として使うつもりだった。しかしソ連を倒すことができず、戦争が長引くと、こうした捕虜たちは占領地域でおこなわれる大量殺人を手伝わされるようになった。多くの者がシャベルを持たされ、溝を掘るよう命じられた。その溝の上でドイツ人がユダヤ人を銃殺した。また、警察隊に加えられ、ユダヤ人を捜し出して捕らえる役目を負わされた捕虜もいた。ルブリン県のトラヴニキにあった強制収容所内の訓練施設に送られ、警備官になるトレーニングを受けさせられた者もいた。ナチス・ドイツに選ばれたこのような捕虜たちは、一九四二年にはドイツ占領下ポーランドの三つの殺害施設——トレブリンカ、ソビブル、ベウジェツ——に配備されていく。そこでは、一〇〇万人以上のポーランド・ユダヤ人がガス殺されることとなった。(64)

こうして、ソ連を破壊する目的ではじめられた戦争がユダヤ人を殺す戦争へと変化し、ドイツの殺害政策のひとつを生き延びた者が、べつの政策の共犯者となったのである。

第6章　最終解決

　ヒトラーの壮大な計画は、ソ連と交戦したとたんに崩れてしまったが、それは捨てられはせず、作り変えられた。ヒトラーが指導者であるかぎり、彼の取り巻きの地位は、指導者の望みを察知してそれを実現できるかどうかにかかっていた。一九四一年後半の東部戦線で彼の野望が挫かれると、ゲーリング、ヒムラー、ハイドリヒといった男たちはどうにかしてヒトラーの考えを整理し直し、彼の才能が――ナチス政権における彼らの地位とともに――認められるような形にする必要に迫られた。一九四一年夏には四つの計画が立てられていた。数週間のうちにソ連を破って電撃勝利をおさめること。飢餓計画により数カ月以内に三〇〇〇万人を餓死させること。戦後には最終解決に着手し、ヨーロッパ・ユダヤ人を排除すること。それから、東方総合計画によりソ連西部をドイツの植民地とすること。バルバロッサ作戦決行から六カ月後、ヒトラーは戦争目的を変更し、ユダヤ人の身体的絶滅を最優先事項に据えた。そのころにはすでに、彼にもっとも近い側近たちがこの望みをかなえるべく、イデオロギー面でも行政面でも主導権を握って動きはじめていた[1]。

電撃勝利は果たせなかった。何百万人ものソヴィエト人が餓死したものの、饑餓計画の達成も不可能であることがはっきりした。東方総合計画など、さまざまな戦後植民地化政策も、当面は実施を見合わせなければならない。こうした野望が色褪せるにつれ、政治の未来は、あまたの妄想の中からいかに実行可能なものを抽出してみせるかにかかってくる。ゲーリング、ヒムラー、ハイドリヒは、この動く廃墟の中を駆けまわり、できるかぎりのものを拾い集めた。もっとも割を食ったのは、経済策と饑餓計画の責任者だったゲーリングだ。「帝国第二の男」と呼ばれ、ヒトラーの後継者と見なされていた彼は、ドイツ国内では依然として傑出した存在だったが、東方での役割は次第に縮小されていった。戦後に向けた壮大な経済計画ではなく、戦争継続のための場当たり的な経済策が求められるようになると、アルベルト・シュペーア〔のちに軍需大臣に就任〕がゲーリングに代わって主導的地位についた。ハイドリヒとヒムラーは最終解決計画に変更を加えて、思惑どおりに進まない戦争のさなかに開始することにし、ゲーリングとはちがって、芳しくない戦況を自分たちに都合のよいように利用することができた。彼らは一九四一年八月にヒトラーが言いはじめたように、戦争が「ユダヤ人に対する戦い」になろうとしていることを理解していたのだ[2]。

ヒムラーとハイドリヒは、ユダヤ人の絶滅は自分たちの仕事だと思った。一九四一年七月三十一日、ハイドリヒはゲーリングから最終解決を立案する権限を与えられた。このときもまだ、事前の強制移送と、占領後のソ連東部でユダヤ人を死ぬまで働かせるというハイドリヒの計画とを組み合わせる方向で考えていた。一九四一年十一月に最終解決に向けた調整をおこなうため、ヴァンゼーで会議を開こうとしていたころにも、ハイドリヒはまだ、このようなビジョンを思い描いていた。働けないユダヤ人には消えてもらう。肉体労働が可能なユダヤ人は、占領下のソ連のどこかで働かせて死なせる。ハイドリヒの考えは、ドイツ政府内に広く行き渡っていた共通の認識を代表していたが、この計画は時宜を得ていたわけではない。九月に設立された各文民統治機関を統轄する東方占領地域省では、ユダヤ人の消滅は当然のことと考えられていた。十一月にはこの省の大臣、アルフレート・ローゼンベルクが「ヨーロッパ在住ユダヤ人を生物学的に絶滅させる」話をしている。そのためには、ユダヤ人をヨーロッパの東の境界線、ウラル山脈の向こうへ送るのがよい、と。だが一九四一年十一月にはすでに、奴隷化と強制移送を実現できる見通しがかなり揺らぎはじめていた。ドイツはまだソ連に勝利しておらず、スターリンがなおもその領土の大半を支配していたからだ(3)。

ハイドリヒがベルリンで関係省庁の調整をしていたころ、ヒムラーは、野望達成をめざすヒトラーのアイディアから、現実的なものと権威あるものを選び出して利用していた。饑餓計画からは、役立たずの穀潰しでしかない余剰人口という定義を拝借して、これをユダヤ人にあてはめ、彼らは栄養を摂取させなくてもよい集団である、とした。電撃勝利作戦からは、特別行動部隊を使うアイディアを借りた。彼らの本来の任務はソヴィエト人エリート層を殺害してソ連の崩壊を早めることであり、ユダヤ人の皆殺しなどではなかった。ソ連に侵攻したときにはそのような命令は受けていなかったし、隊員の数も非常に少なかった。だが彼らは民間人を殺害する経験をしていたし、現地で協力者を見つけることも、増員することも可能だった。さらにヒムラーは、東方総合計画にかかわった秩序警察の大隊と数千人の現地協力者を利用することにした。彼らはもともとは占領下のソ連の治安維持を任務としていたが、一九四一年八月からドイツ・ユダヤ人の大量銃殺がはじまると、必要な人員の供給源となった。これらの機関が国防軍と憲兵隊の支援を受け、年末までにモロトフ＝リッベントロップ線以東のユダヤ人およそ一〇〇万人を殺害したのである。[4]

ヒムラーが成功したのは、ヒトラーが国外からの頑強な抵抗に遭いながらも胸の内であたためていたナチスの野望を熟知していたからだろう。ヒムラーが最終解決の時期を戦後から戦中へと前倒しにし、その実施方法として（四つの強制移送計画が頓挫したのち）民間ユダヤ人の大量銃殺を提案したことで、この計画はさらに過激なものとなった。電撃勝利作戦と饑餓計画の失敗は、国防軍と経済政策担当者の責任だったので、ヒムラーの権威にはほとんど傷がつかなかった。最終解決を実現可能な段階へと進める一方で、彼はヒトラーの「エデンの園」である東方総合計画達成に向けても動いていた。計画の修正を繰り返し命じ、総督府ルブリン県で試験的な強制移送をおこない、やがて好機が到来すれば、ヒトラーに各都市を破壊するよう進言するつもりだった。[5]

一九四一年の夏から秋にかけて、ヒムラーは実現不可能なことは無視し、もっとも華々しいことは何かと考え、できることをした。つまり、モロトフ＝リッベントロップ線以東の、占領下にあったポーランドとバルト三国とソ連のユダヤ人を殺害したのである。ドイツの力が試された数カ月のあいだに、ヒムラーと親衛隊がナチスの政策を実行したことにより、占領下のソ連やドイツ帝国の統治にあたっていた文民当局者も軍の当局者も影が薄くなった。ヒムラーに言わせれば「東方は親衛隊のもの」となったのだ。[6]

リトアニアの惨劇

ほんの最近まで、そこはＮＫＶＤのものだった。ヒムラーの成功要因のひとつは、ソ連の支配が浸透してまだ日の浅い地域で、そうした権力の遺産を利用できたことにあった。

バルバロッサ作戦でドイツ軍が真っ先に侵攻した地域にとって、ドイツはこの戦争で二番目の占領者だった。一九四一年夏にドイツが手に入れた地域は、もとは一九三九年九月の独ソ境界友好条約締結時にドイツがソ連に与えた領土だったのだ。この地域——ポーランド東部、リトアニア、ラトヴィア、エストニア——はソ連に併合されていた。言い換えれば、ドイツ軍は一九三九年から四〇年にかけて、従来独立国家であった国に進軍し、それから戦前からのソ連本土に侵入したのだ。逆にこのとき同盟国であったルーマニアは、一九四〇年にソ連に奪われた領土を奪還した。(7)

最初はソ連に、次はドイツにと、二度占領されたことで、この地域の住民たちはなおさら複雑で剣呑な経験をすることになった。たった一度の占領でも、社会に入った亀裂の影響は何世代にもわたるものだ。二度の占領となれば、さらに大きな苦悩が生まれ、さらに多くの不和の種が撒かれる。そこには西欧諸国が経験したことのない危険と誘惑があった。一国による占領の終わりは、次の国の占領でしかない。一国の軍隊が去ったのち、人々が目にするのは平和ではなく、新しい支配国の政策である。二番目の占領国の統治がはじまったときには、最初の占領国にどう関わったかが問われることになる。また、一国の占領下にありながら、次の占領国の登場に備えて、さまざまな選択を迫られる場合もあった。占領国の交替は、民族集団によって異なった意味を持っていたことだろう。たとえば非ユダヤ系のリトアニア人にとって、一九四一年にソ連が去ったことは解放を意味した。しかしユダヤ人はドイツの到着をそのようには受けとめられなかった。

一九四一年六月末にドイツ軍が進軍してきたころには、リトアニアはすでに大きな変革を二度、経験していた。一九三九年八月にモロトフ゠リッベントロップ協定が結ばれたときには、リトアニアはまだ独立国で、この協定の恩恵を得ているように見えた。その翌月の独ソ境界友好条約でソ連領とされたが、リトアニアの人々はまったくそうとは知らなかった。彼らの指導者たちがちがう意味に解釈していたのだ。戦間期を通じてリトアニアの敵であったポーランドを、ナチス・ドイツとソ連が破壊してくれたと思っていた。リトアニア政府は、戦間期ポーランドの都市、ヴィリニュスを自分たちの首都だと考えていた。独ソ境界友好条約ではリトアニアは参戦することなく、ポーランドの領土を手に入れた。一九三九年十月には、ソ連がヴィリニュスとその周辺地域（およそ七一二〇平方キロメートル、人口四五万七五〇〇人）をリトアニアに与えた。その見返りとして、ソ連はこの地域に軍を駐留させる権利を手にしたのである[8]。

スターリンのおかげで国土の面積が広がってからちょうど半年がたったころ、リトアニアは、この一見、支援者と見えたソ連によって征服されてしまった。一九四〇年六月、ス

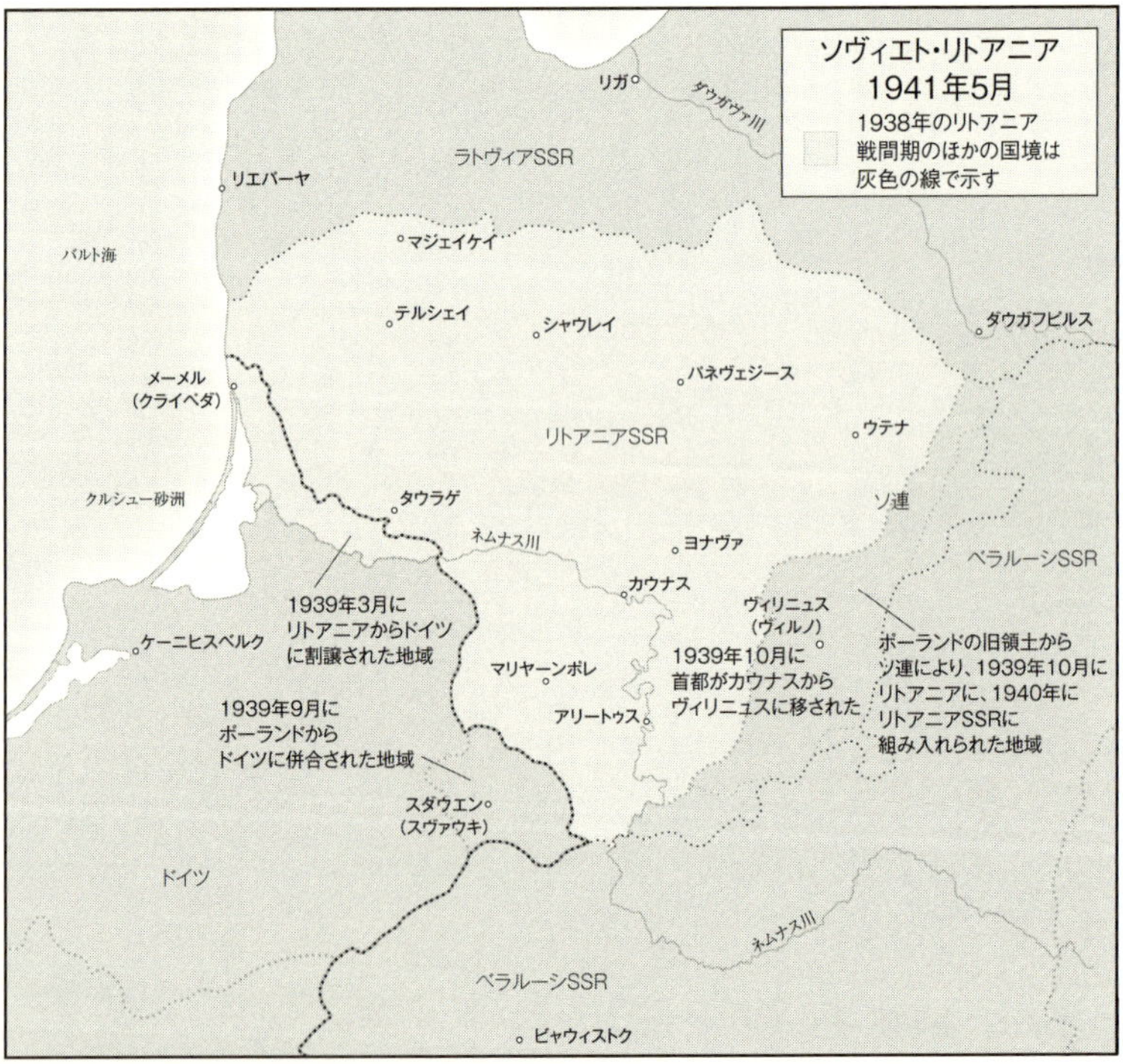

ターリンはリトアニアとほかのバルト沿岸国、ラトヴィアとエストニアを支配下におさめ、あっというまにソ連に組み入れてしまった。この併合ののち、ソ連はリトアニアから、多くのエリート層をふくむ二万一〇〇〇人を強制移住させている。かつてリトアニアの首相や外相を務めた人物もこれらの人々とともに移送された。政界や軍隊の指導者の中には、ドイツへ逃れてグラーグ行きを免れた者もいる。彼らの多くは、以前からベルリンとなんらかのつながりを持っており、全員がソ連の侵略に憤っていた。ドイツはこうした亡命者の中でも右派民族主義者を厚遇し、軍事訓練を施して、ソ連侵攻に参加させた。[9]

このように、ドイツがソ連に侵攻した一九四一年六月当時のリトアニアは、ユニークな立場に立たされていた。モロトフ＝リッベントロップ協定では恩恵をこうむったが、その後ソ連に征服され、いまはドイツに占領されようとしていたのである。ソ連による苛酷な支配に一年苦しんだリトアニアの人々の多くはこの変化を歓迎したが、ユダヤ人のほとんどはそのようには感じなかった。当時リトアニアには二〇万人のユダヤ人が暮らしていた（ドイツ在住のユダヤ人とほぼ同数だった）。ドイツ軍が協力者に選んだリトアニア人民族主義者集団とともにこの国に入っていくと、現地の人々は、ユダヤ人のせいでソ連の抑圧を受けることになったと信じたがっているか、あるいは信じているかのようにふるまっていた。ソ連による大量強制追放がおこなわれてからまだひと月もたっておらず、ドイツが到着するほんの数日前には、逮捕された多くのリトアニア人がNKVDに銃殺されたばかりだった。リトアニアの外交官、カジース・シュキルパ［ドイツ駐在リトアニア大使］はこの苦難を利用して、ラジオ放送で民衆を煽り殺戮行為へと駆り立てた。七月初旬に各地でポグロム［ユダヤ人に対する集団的な殺戮・暴力行為］が起こり、ユダヤ人二五〇〇人がリトアニア人に殺された。[10]

訓練の行き届いた連携態勢と現地の協力のおかげで、ドイツからやってきた殺戮者たちは、望むかぎりの支援を得ることができた。特別行動部隊Aと彼らが採用した地元の協力者たちは、ユダヤ人の殺害に着手するや、たちまち当初のノルマを超えてしまった。特別行動部隊Aは、北方軍集団に付き従ってリトアニアに入った。特別行動部隊A所属の行動隊3は、リトアニアの主要都市カウナスを担当することになった。そこには協力者がいくらでもいた。行動隊3の人員はわずか一三九名で、しかもそのうち秘書や運転手が四四名を占めていた。到着から数週間、そして数カ月のあいだ、彼らはリトアニア人をカウナス市内各地に設けた殺戮場に送り続けることになった。一九四一年七月四日には、リトアニア人部隊がドイツの監督・指令のもとでユダヤ人を殺害する態勢ができあがっていた。十二月一日には行動隊2が早くもリトアニアのユダヤ人問題は解決したと判断した。この行動隊は一三万三三四六人を殺害したこと、そのうち一一万四八五六人がユダヤ人であったことを報告した。シュキルパの望みもむなしく、こうした行為はリトアニアにはなんの政治的利益ももたらさなかった。リトアニアの独立を宣言しようとした矢先、彼は自宅に軟禁されてしまった(11)。

ヴィリニュスは、かつてはポーランド北東部の主要都市で、一時はソヴィエト・リトアニアの首都であった。だがこうした変遷を経ていた期間も——いや、それ以前の五〇〇年間も——ずっと、ヴィリニュスは「北のイェルサレム」と異名をとる、ユダヤ文化の中心地だったのである。開戦当時、市内にはおよそ七万人のユダヤ人が住んでいた。リトアニアのほかの地域やほかのバルト諸国は特別行動部隊Aが担当したが、ヴィリニュス周辺地域(とソヴィエト・ベラルーシ)は特別行動部隊Bにまかされた。ヴィリニュスのユダヤ人殺害を命じられたのは、その下位組織、行動隊9だった。近郊のポナリの森で銃殺がおこなわれることになった。一九四一年七月二十三日には、リトアニア人の補佐部隊が組織され、彼らがユダヤ人をポナリへと引き立てていった。銃殺場に着くと、一度に一二名から二〇名が穴の手前へと連れていかれ、貴重品と衣服を差し出すよう命じられた。無理やり金歯を抜かれた者もいた。ヴィリニュスやその他の地域から連れてこられたユダヤ人およそ七万二〇〇〇名（と、ユダヤ系ではないポーランド人とリトアニア人約八〇〇〇名）がここで銃殺された。[12]

イタ・ストラーシュは、虐殺を免れた数少ないヴィリニュスのユダヤ人のひとりだ。彼女はリトアニアの警官たちに、すでに死体でいっぱいになっている穴のへりまで引っぱっていかれた。当時十九歳だった彼女は思った。「これで終わりだ。でもわたしは人生と言えるほどのものを見ただろうか」銃の狙いが外れたが、イタは恐怖のあまり穴の中に落ちてしまった。すぐに上から何人もの死体が降ってきた。やがて誰かが穴のところまでやってきて、銃を下に向けて発砲した。ひとりも生き残ることがないよう、とどめを刺そうとしたのだろう。イタの手に銃弾があたったが、彼女は声をあげなかった。しばらくしてから、彼女は這い出した。「わたしははだしでした。数え切れないほどたくさんの死体を踏み越えていきました。永遠に終わらないのじゃないかと思ったほどです[13]」

現地協力者の利用

隣国のラトヴィアもまた、ドイツによる侵攻のちょうど一年前にソ連に併合されていた。ドイツがやってくる数週間前に、およそ二万一〇〇〇人のラトヴィア人（その多くはラトヴィア・ユダヤ人）がソ連によって収容所へ送られたばかりだった。ドイツ国防軍がリガに接近しつつあったころ、ＮＫＶＤはラトヴィア人の囚人を銃殺した。ドイツの主たる協力者は、ドイツ警察がリガに連れてきた通訳者とたまたま知り合いであったヴィクトール・アラーイス（母親がドイツ系）という名のラトヴィア人民族主義者だった。彼はアラーイス・コマンドと呼ばれる部隊を創設することを許された。この部隊は一九四一年七月初旬、リガ市内のシナゴーグに火を放ち、中にいたユダヤ人を焼き殺した。ドイツが組織的に大量殺人をはじめると、家族がソ連の迫害に遭った者のなかから銃撃要員を選抜した。七月、特別行動部隊Aの隊長たちの指揮のもと、アラーイス・コマンドはリガのユダヤ人を近郊のビケルニェキの森へ連行して銃殺した。最初にドイツ人が「手本」を見せ、それからアラーイス・コマンドにあとをまかせた。こうして現地住民に手伝わせることにより、ドイツ人は一九四一年末までにラトヴィア・ユダヤ人八万人のうち、少なくとも六万九七五〇人を殺害することができたのだった。[14]

残るもうひとつのバルト海沿岸国、エストニアも、リトアニアやラトヴィアと同じく、ソ連の占領によって大きな屈辱感を味わった。首都タリンは、ヴィリニュスやリガとちがって軍を部分的にさえ動員することもできず、一九四〇年にソ連に降伏した。三国の中でももっとも早くソ連の要求に屈したために、ほかの二国とはどんな形であれ、外交を通じて結束することができなくなった。ソ連はおよそ一万一二〇〇人のエストニア人を収容所送りにした。この中には、政治的指導者の大半がふくまれていた。特別行動部隊Aはエストニアでもありあまるほどの現地協力者に恵まれた。森に隠れ住んでソ連に抵抗してきた人々も、ドイツの指揮下にあった自衛遊撃隊［のちのエストニア国防軍］に入隊した。ソ連に協力していたエストニア人までが名誉挽回のために加わった。

エストニアの人々もドイツを解放者として迎え、ドイツ側はエストニア人をユダヤ人だけではなくラトヴィア人やリトアニア人よりも人種的にすぐれていると見なした。エストニア国内に住むユダヤ人は非常に少なかった。自衛遊撃隊の隊員たちはドイツの命令に従い、九六三人のユダヤ人全員を見つけ出して殺害した。エストニアでは、ユダヤ人のいなくなったあとも大量殺人と集団暴力が続き、およそ五〇〇〇人の非ユダヤ・エストニア人がソ連政権に協力したと断定され、殺害された[15]。

モロトフ＝リッベントロップ線の東側で、ドイツはソ連が帝国拡大に向けて新たな国造りに着手していた痕跡に遭遇した。それはバルト三国よりも旧ポーランド東部で顕著に見られた。ソ連がエストニア、ラトヴィア、リトアニアを併合したのは、ドイツによる侵攻の一年前、一九四〇年六月だったが、ポーランド東部の占領はそれよりもさらに九カ月前の一九三九年九月だったからだ。ドイツはここで社会変革が進んでいた証拠を発見した。産業は国有化され、一部の農場が集団化されており、ポーランド人エリート層のほとんどが破壊されていた。三〇万人以上が強制収容所に送られ、さらに何万人もの人々が殺害されていた。ドイツの侵攻を受け、NKVDは刑務所に収監していた九八一七名のポーランド人をドイツに引き渡さずに銃殺してしまった。一九四一年の夏にソ連西部に入ったドイツ軍は、NKVDの刑務所でおびただしい数の新しい死体を発見した。そこを自分たちの目的のために使うには、まずこうした死体を片付けなければならなかった[16]。

ソ連の大量殺人は、ドイツにプロパガンダ作戦を展開するチャンスを提供した。ソ連による抑圧はユダヤ人が引き起こしたものだと喧伝すると、共鳴する声があがりだした。ドイツの扇動があろうとなかろうと、戦間期のヨーロッパでは多くの人々がユダヤ人と共産主義を結びつけて考えていた。実際、そのころの共産党にはユダヤ人党員の比率が非常に高く、とりわけ指導部にはユダヤ人が多かったのだ。ヨーロッパ各国の新聞は二〇年も前からそのことを指摘してきた。右派政党は、共産党にはユダヤ人が多い、だからユダヤ人の多くが共産主義者なのだと言い出し、争点を混乱させた。このふたつはまったく異なる命題である。後者はどう考えても、真実ではない。戦前でさえ、国民国家《ナショナル・ステイト》が挫折したのはユダヤ人のせいだと非難されていた。戦争がはじまり、独ソの侵攻によって国民国家が次々に崩壊していくと、責任転嫁への誘惑はさらに強まった。エストニア、ラトヴィア、リトアニア、そしてポーランドの人々は、自分たちのために建設された独立国家だけではなく、社会的地位も地方自治体も失った。多くの場合はたいした武力抵抗もできぬままに、これらのものをすべて投げだして降伏していた。それゆえ、ナチスのプロパガンダは二重の魅力を持つことになった。ソ連の共産主義者に負けたことは恥ではない、なぜなら彼らは、世界規模の強力なユダヤ人陰謀組織の支援を受けていたのだから。しかし結局はユダヤ人が共産主義者だから悪い、彼らを殺すのは正しいことだ、という理屈がまかり通ったのである[17]。

一九四一年六月の最終週から七月の初旬にかけて、バルト海から南の黒海へと広がる扇状の地域の中でユダヤ人に対する激しい弾圧がおこなわれた。ドイツが現地の民族主義者の協力を得て、少なくとも一時は解放者のふりをしていられたリトアニアとラトヴィアでは、プロパガンダへの共鳴がとりわけ大きく、地元住民の参加もほかの国よりも目立っていた。ポーランド東部のビャウィストクのような主要都市では、ドイツの部隊が大規模な虐殺を決行して手本を示した。モロトフ＝リッベントロップ線のすぐ東に位置するビャウィストクは、元はポーランド北東部の都市だったが、当時はソヴィエト・ベラルーシに属していた。六月二十七日にドイツ国防軍がここを占領すると、すぐに秩序警察第三〇九大隊が民間人から略奪を働き、彼らを殺しはじめた。およそ三〇〇人のユダヤ人を殺害し、その遺体を市内のあちこちに放置した。それからさらに数百人のユダヤ人をシナゴーグに追い込んでおいて建物に火をつけ、逃げようとした者を撃ち殺した。ビャウィストクとその周辺地域では、それから二週間のあいだに地元のポーランド人が約三〇件のポグロムに参加した。やがてヒムラーがビャウィストクへやってきて、ユダヤ人をゲリラとして扱うよう指示した。秩序警察は七月八日から十一日までのあいだに、ビャウィストクのユダヤ人住民約一〇〇〇人を捕らえて近郊へ連れていき、銃殺した[18]。

ポーランド東部のさらに南の、ウクライナ人が多数を占めていた地域では、ドイツ人たちがウクライナ民族主義に訴えた。ソ連のウクライナ人弾圧を招いたのはユダヤ人だと非難したのである。刑務所で一〇〇人以上のウクライナ人が殺されていたクレメネツという都市では、ポグロムによってユダヤ人およそ一三〇人が殺害された。ルーツィクでは、約二八〇〇人の囚人が機関銃で射殺されているのが見つかった。ドイツ人はここで二〇〇〇人のユダヤ人を殺し、ウクライナ人に虐待を加えたユダヤ人共産主義者への報復だと言明した。リヴィウでは、NKVDの刑務所で約二五〇〇人のウクライナ人が遺体で発見され、特別行動部隊Cと地元の民兵組織が数日間にわたるポグロムを決行した。ドイツは、囚人たちを殺したのはユダヤ人の秘密警察官だと決めつけた。しかし実際は、犠牲者の中にポーランド人とユダヤ人もまじっていた（しかも秘密警察官の大半はロシア人かウクライナ人であったはずだ）。べつの特別行動部隊に所属していた隊員が、一九四一年七月五日に見た光景を日記にこう書き記している。「何百人ものユダヤ人が通りを駆けてくる。その顔は血にまみれ、頭には穴があき、目は飛び出している」。現地の民兵組織はドイツからの支援や働きかけのあるなしにかかわらず、開戦から数日のうちに一万九六五五人のユダヤ人をポグロムで殺したり、ほかの者をけしかけて殺させたりした[19]。

政治的計算やソ連の弾圧だけでは、地元住民がこうしたポグロムに加わった理由は説明できない。ユダヤ人に対する暴力は、現地の非ユダヤ人住民とドイツとの結びつきを強める役割を果たした。ドイツが期待したように、怒りはかつてソ連政権に協力した者ではなく、ユダヤ人に向けられた。ユダヤ人が苦難の元凶だと思っていたかどうかはともかく、ドイツの扇動に乗った人々は、自分たちが新しい支配者を喜ばせていることはわかっていた。彼らの行動はナチスの世界観を追認していたのだ。NKVDによる処刑への報復としてユダヤ人を殺害すれば、ソ連はユダヤ国家だというナチスの考え方を認めたことになる。エストニア、ラトヴィア、リトアニア、ウクライナ、ベラルーシ、ポーランドでソ連に協力してきた地元住民は、ユダヤ人に暴力をふるうことによって汚名返上のチャンスを手にした。ユダヤ人だけが共産主義者に仕えたとする見方は、占領者だけではなく、被占領者の一部にとっても好都合だったのである[20]。

だがソ連の残虐行為があったことをはっきりと示す証拠がなければ、精神のナチ化はこれほどうまくいかなかっただろう。ポグロムが起きたのは、ソ連に占領されてからまだ日の浅い地域だった。ソ連の支配力は定着したばかりで、その前の数カ月間には、弾圧機関による組織的な逮捕、処刑、強制移住が繰り返されていた。ポグロムは独ソ両国が共同で引き起こしたようなものだった。ソ連の原案がドイツの文脈に組み込まれた結果だったのである[21]。

ヒムラーの野望

モロトフ＝リッベントロップ線以東でソ連の残虐行為の痕跡を目の当たりにしたことは、親衛隊とその指導者たちにとっては大きな収穫となった。ヒムラーとハイドリヒは、人生はイデオロギーの衝突だとつねに主張してきた。東方における人種の敵、イデオロギーの敵を排除するには冷酷非情な暴力が必要であり、こうした暴力がヨーロッパの伝統的な「法の支配」の原理に取って代わらなければならない。ドイツの伝統的な法執行機関である警察は「イデオロギー兵士」となるべきである。そこでヒムラーとハイドリヒは開戦前に警察の粛清に着手し、信頼できないと判断した者を階級にかかわりなく追放した。残った警察官には、親衛隊に入るようにすすめ、親衛隊と保安警察（刑事警察とゲシュタポ）をひとつの指揮機関のもとに置くことにした。これは人種戦争で効果的な先制攻撃をおこなえる統合軍を作りあげるためだった。ソ連侵攻時には、ドイツでなんらかの階級を持つ警察官のおよそ三分の一が親衛隊に所属し、約三分の二が国民社会主義党の党員となっていた[22]。

ドイツの奇襲攻撃によってＮＫＶＤは不意を衝かれ、東方は無法地帯と化した。つまり、新たなドイツの秩序を受け入れる下地ができたとも言える。つねに秘密裡に活動していたＮＫＶＤが、じつは囚人たちを殺していたことが明るみに出た。一九三七―三八年と一九三〇―三三年のソ連の（もっと大きな）罪を隠蔽してきたありとあらゆるレベルの神秘化、秘密主義、偽りを、ドイツは次々に突き崩していった。このようにしてソ連の領土に切り込むことができたのはドイツ（とその同盟国）だけであり、スターリン主義者による殺人の直接的な証拠を暴き出せる立場にあったのも、ドイツ人だけだった。彼らが発見者であったがために、刑務所内の大量殺人は史実である以前に、政治的駆け引きの道具となった。プロパガンダに利用される事実は、最初にどう伝えるかという政治的判断とは切り離せないものだ。

ソ連の残忍ぶりを示す明らかな証拠が残っていたので、ドイツの治安部隊はみずから罪を犯しつつも、まるで自分たちがソ連の犯罪行為を暴いているように見せかけることができた。ナチスの論理に照らし合わせてみれば、二度の占領にさらされた地域で彼らが目にした事実にある程度の説明がついた。これまで彼らが訓練によって教え込まれてきたとおり、ソ連のこうした犯罪は、おそらくユダヤ人によってそそのかされ、ユダヤ人のために実行されたのだ、と思うことができた。ソ連の残虐行為のおかげで、ドイツの親衛隊員や警察官、兵士は、ほどなく自分たちが加担することになる政策――ユダヤ人の女性子供の殺害――を正当化し、自分自身の心の葛藤をある程度やわらげることもできた。刑務所内の大量銃殺は、ソ連の弾圧に苦しんだ地元住民にとっては重大な事件だったが、ナチスの指導者にとっては、原因より触媒としての意味があったのである。

一九四一年七月、ヒムラーは主人のヒトラーに、自分が国民社会主義の影の一面に通じていること、冷酷無比の政策を実行する用意があることを示そうとしていた。新たな東方植民地では、彼の率いる親衛隊と警察が指揮権をめぐって軍・文民占領当局と競合関係にあった。ヒムラー自身もまた、ヒトラーに気に入られようとしてゲーリングと競い合っていた。ゲーリングの経済拡張策は、戦争が進むにつれて信用を失っていった。ヒムラーは饑餓計画や強制移送や奴隷労働より銃殺のほうが簡単であることを実証しようとした。ドイツ民族性強化国家特別委員のヒムラーは、人種問題のトップではあったが、その権威のおよぶ範囲は占領下のポーランドにかぎられていて、新たに占領したソ連はふくまれていなかった。だがドイツ軍が戦前からのソ連の領土に入ると、ヒムラーは警察および親衛隊の長としての権力を行使し、殺戮による人種構成改変策を開始したのである(23)。

一九四一年七月、ヒムラーはみずからソ連西部をまわり、この新しい方針を伝えていった。ユダヤ人の男性のみならず、女性も子供も殺すべし、と。現地の部隊はすぐに反応した。南方軍集団に続いてウクライナに入った特別行動部隊Cは、特別行動部隊A(バルト諸国)や特別行動部隊B(ヴィリニュスとベラルーシ)に比べ、大量銃殺に着手した時期は遅かった。しかしヒムラーに煽られて、八月から九月にかけて約六万人のユダヤ人を殺害した。組織立った銃殺であって、ポグロムではない。それどころか特別行動部隊C所属の行動隊5は、七月二十一日にウーマニで地元のウクライナ人とドイツ兵がポグロムを起こしたせいで銃殺ができなかったと苦情を寄せている。しかしそれから二日のあいだに、行動隊5はウーマニのユダヤ人約一四〇〇人を射殺した（ユダヤ人墓地から墓石を運び出して道路を建設する荷役につく予定だった少数の女性だけが難を逃れた）。特別行動部隊Cの行動隊6は、ヒムラーじきじきに視察に訪れるまでは、女性と子供を殺していなかったようだ。(24)

女性と子供の殺害には心理的な抵抗があるものだ。ヒムラーはこれを必ず取りのぞくよう取り計らった。特別行動部隊がおおむねユダヤ人男性だけを殺していたころでさえ、ヒムラーは親衛隊の軍事組織である武装親衛隊の部隊を送って、女性と子供もふくめたコミュニティの住民全員を殺害させていた。一九四一年七月十七日、ヒトラーは占領地域の「鎮圧」をヒムラーに命じた。二日後、ヒムラーはウクライナとベラルーシのあいだにある湿地帯、ポリーシャに親衛隊騎兵旅団を派遣し、ユダヤ人の男性を撃ち殺して女性を沼へ追い込むよう直接命令を下した。彼はゲリラ戦にでものぞむような言葉で指示を出した。だが八月一日には、騎兵旅団の指揮官がこう明言するようになっていた。「ユダヤ人の男はひとり残らず抹殺せよ。村の家族もひとつ残らず消し去るのだ」と。武装親衛隊はすぐにヒムラーの意図を理解し、彼のメッセージを広める手助けをした。八月十三日までにユダヤ人の男性、女性、子供、合わせて一万三七八八人が殺害された。ヒムラーはまた、親衛隊第一歩兵旅団をウクライナに送り、任務遂行中の特別行動部隊と現地警察の支援にあたらせた。武装親衛隊は一九四一年のうちに、モロトフ＝リッベントロップ線以東で暮らしていたユダヤ人五万人以上を殺害した。(25)

ヒムラーは特別行動部隊の増員を命じ、見つけ出したユダヤ人をことごとく殺害できるよう、十分な人員確保をはからせた。一九四一年八月以降は、秩序警察の一二個大隊が大量殺人要員の大半を占めていた。秩序警察は占領下のソ連全域に配備されることになったが、軍事作戦の進展が思いのほか鈍かったので、後方地域では人員が過剰になっていた。八月に入ったころには、モロトフ＝リッベントロップ線以東のこうした大量殺人要員の数がおよそ二万人にも達していた。現地の警察官を銃殺要員として採用する方法が広くとられており、ヒムラーもすでにこれを認めていたようだ。リトアニア人、ラトヴィア人、エストニア人はほぼ当初から大量銃殺に加わっていた。一九四一年末には、数万人のウクライナ人、ベラルーシ人、ロシア人、それにタタール人も現地の警察に採用されていた。ソ連で暮らしていた民族ドイツ人がもっとも望ましいとされ、彼らもまた、ユダヤ人の殺害に際立った働きを見せた。秩序警察と現地採用者だけで、占領下ソ連のユダヤ人を排除する人員は十分だったのである。(26)

ヒムラーが主導権を握り、殺害を指示し、強権を行使する官僚体制を組織した。ヒトラーの信任を得て、彼は各警察機関を自分の好きなように整えることができた。親衛隊・警察高級指導者の制度を占領下のソ連にまで拡大した。ドイツ国内では数ある行政担当官がまた増えたにすぎない形になったが、東における彼らは、ヒムラーが以前から望んでいたとおりのものになってくれた。彼の代理人として、強大な警察権力の単純なヒエラルキーの頂点に立ったのだ。親衛隊・警察高級指導者は、北方軍集団、中央軍集団、南方軍集団に各一名ずつ配置され、カフカス地方への進軍に備えて四人目も任命されていた。彼らは建前上は、一九四一年九月に設置された文民占領当局（北の国家管区オストラント、南の国家管区ウクライナ）に所属していたが、実際はヒムラーに直属していた。親衛隊・警察高級指導者たちは、ユダヤ人を殺害することがヒムラーの望みであることを理解していた。このころ、イギリスのブレッチリー・パークでは、ドイツの通信内容の暗号解読が進められており、親衛隊・警察高級指導者たちが「スコアをあげようとして、いくらか競い合っている」ことが明らかになっていた。[27]

キエフのユダヤ人

一九四一年八月の末には、ウクライナ南西部の都市カームヤネツィ゠ポジーリシクィイでドイツの各部隊がみごとな連携を見せて多数のユダヤ人を銃殺した。ここでは戦争そのものがユダヤ人難民を苦難に突き落とすこととなった。

ドイツの同盟国ハンガリーは、カルパチア山脈南側の、チェコスロヴァキアの最東部地域であったルテニアの併合を許された。しかし古くからこの地域で暮らしていたユダヤ人にはハンガリー国籍を与えず、「無国籍」のまま、東のドイツ占領下ウクライナへ追放した。ドイツが統治していた地域ではユダヤ人の流入により、かぎられた資源に負荷がかかった。この地域の親衛隊・警察高級指導者であったフリードリヒ・イェッケルンが率先して事態収拾にあたった。八月十二日に予定されていた会議でヒムラーに報告できるような成功をおさめたかったのだろう。彼は空路で現地入りし、必要な準備を整えた。カームヤネツィ゠ポジーリシクィイ近郊の地点を処刑場に選び、ユダヤ人難民と地元のユダヤ人とを強制的にそこへ連行した。ユダヤ人は穴の中で秩序警察第三二〇大隊とイェッケルンみずからが選んだ専任要員らによって銃殺された。八月二十六日から二十九日までの四日間でおよそ二万三六〇〇人が命を奪われた。イェッケルンはこの人数を無線でヒムラーに報告した。これはドイツによる大量殺人の中でも群を抜いて規模が大きく、のちにひとつの範として受け継がれていくこととなった[28]。

ドイツ国防軍はこのような大量銃殺作戦を幇助したばかりではなく、ときには要請もした。戦争がはじまってから九週目の一九四一年八月末ごろ、ドイツ国防軍は食糧供給量と後方の安全に深刻な危機感をいだくようになっていた。ナチスの論法によれば、ユダヤ人を殺せば食糧難が解消し、パルチザンの蜂起も防げるはずだった。カームヤネツィ＝ポジーリシクィイで大量銃殺が決行されてから、ドイツ国防軍は計画にもとづいて特別行動部隊や警察と協力し、ユダヤ人コミュニティを破壊していった。軍が町や都市を占領すると、警察が（現地に来ていれば）ユダヤ人男性を駆り集めて銃殺した。軍は生存者を登録し、ユダヤ人についてはその旨を注記した。それから、国防軍と警察が話し合い、生き残っているユダヤ人を何名殺し、何名生かしておいてゲットーで強制労働させるかを決めた。このような選別が終わると警察が新たな大

量銃殺に着手し、国防軍がトラックや弾薬や護衛要員を提供した。警察がまだ到着していないときには、軍がユダヤ人の登録手続きをし、強制労働にまわす者を選別しておき、あとで警察が銃殺を担当した。中央からの命令が明確になり、こうした協力体制ができあがっていくにつれ、占領下ソヴィエト・ウクライナにおけるユダヤ人の死亡者数は増加した。一九四一年七月から八月にかけて約二倍に増え、八月から九月にかけても、さらに倍増した。(29)

一九四一年九月、キエフでは、ソ連の残留勢力との対決があり、これがいっそうの増加をもたらすこととなった。大都市に生まれ育ったユダヤ人住民を全員殺害しようという初の試みが実施されたのである。

一九四一年九月十九日、ドイツ国防軍の南方軍集団が、予定より数週間遅く、しかも中央軍集団の助けを借りてようやくキエフを占領した。ところが九月二十四日、キエフ中心部で爆弾や地雷が次々と爆発し、ドイツが占領当局の拠点に定めた建物が破壊された。ソ連軍が撤退する前に時限爆弾を仕掛けていったのだが、市内に残っていたＮＫＶＤ職員の手で爆発させられたものもあったようだ。瓦礫の中からドイツ人の死傷者が引き出されたとたん、この都市は危険な場所のように見えてきた。ある住民は、ドイツ人の顔から急に笑みが消えたのを覚えている。少数の人間にこの都市の統治をまかせ、さらに東へ進軍しようと準備を整えていた矢先に、数十人が殺されてしまったのだ。彼らは明確なイデオロギーを持っていた。もしこれがＮＫＶＤの仕業なら、ユダヤ人がその責めを負うべきだ。九月二十六日に会議が開かれ、軍の当局者たちは、親衛隊と警察の代表者と話し合い、キエフのユダヤ人を大量殺害することが妥当な報復行為であろう、との結論に達した。キエフに住むユダヤ人の大半は、ドイツ軍に占領される前に市外へ逃れていたが、まだ数万人が残っていた。彼らが全員、殺されることになった(30)。

この作戦全体の鍵は偽の情報だった。ドイツ国防軍のプロパガンダ担当チームが大判の告知状を印刷した。そこには、キエフのユダヤ人は市内西部地区の指定された通りの角に集まること、従わなかった者は死刑に処する、と書かれていた。べつの場所へ移住してもらうので、身分証明書と金と貴重品を持ってくるように、と。その後も大量銃殺作戦ではこの嘘が常習化していくこととなった。九月二十九日には、キエフに残っていたユダヤ人のほとんどが指定の場所に現れた。翌日はユダヤ教の重要な祭日である贖罪《ヨム・キプール》の日だから、傷つけられたりするはずがない、と自分に言い聞かせてきた者もいた。多くは夜明け前にやってきた。移住先に向かう列車でよい席をとろうと思ったのだ。だがそんなものはなかった。誰もが長旅に備えた荷造りをし、年老いた女性たちは食糧として、玉ネギを結わえつけた紐を首から掛けてきていた。集合させられたおよそ三万人の人々は、命じられたとおりにメルニク通りを歩き、ユダヤ人墓地のほうへと向かっていった。近くのアパートから見ていた人たちは「車道も歩道も埋め尽くして人の列があとからあとから流れてきた」さまを覚えている(31)。

ドイツ人はユダヤ人墓地の門の近くにバリケードを置いてそこで書類を検《あらた》め、非ユダヤ人は家に帰らせた。その地点から先は、自動小銃を構えたドイツ人と犬に付き添われて進むことになった。はじめは気づかなかったかもしれないが、多くのユダヤ人がこの検問所で、自分たちはほんとうはどういう運命をたどるのだろうかと訝ったにちがいない。当時三十歳だったディナ・プロニチェワ［キエフの人形劇団の女優］は、家族よりも前のほうを歩いていて、ある地点で銃声を耳にした。とたんにすべてを悟ったが、両親には言わないことにした。こわがらせたくなかったからだ。両親といっしょに歩き、机が並べてある場所まで行くと、そこで貴重品と服を預けるようにと言われた。プロニチェワが、ついに母も何が起きようとしているのかを察したことに気づいたときには、すでにドイツ人が母の結婚指輪を奪っていた。だがそのとき、母が彼女に向かって鋭い口調でささやいた。「あなたはユダヤ人には見えないわ」そこではじめてプロニチェワは逃げることを考えた。このような状況で、これほど明瞭なコミュニケーションが成り立つことはまれだ。たいていは頭が現実に起ころうとしていることを必死に否定し、心は模倣へ、服従へ、そして破滅へと向かいたがるものだ。プロニチェワは夫がロシア人だったので、苗字がロシア名だった。彼女は近くの机についていたドイツ人に、自分はユダヤ人ではないと告げた。彼はその日の仕事が終わるまで、わきで待っているようにと命じた。(32)

こうしてディナ・プロニチェワは両親と妹とキエフのユダヤ人がどうなったのかを見届けた。貴重品と身分証明書を渡したあと、人々は服を脱がされた。それから脅されて、あるいは頭上に向けて威嚇発砲をされ、一〇人ほどずつのグループにまとめられてバビ・ヤールという名の峡谷のへりへと引き立てられていった。殴られた人も多かった。プロニチェワは「血だらけの姿で撃たれにいった」人々がいたことを覚えていた。彼らは峡谷に着くと、すでに積みあがった死体の上に腹ばいになるよう命じられ、上と背後から銃弾が飛んでくるのを待った。そのあとには、また次の一団が送り込まれた。三六時間のあいだ、ユダヤ人たちは途切れることなく、やってきては死んでいった。死ぬときと死んだあとは、誰もが同じように見えたことだろう。しかし最後の瞬間までは、ひとりひとりがちがっていたのだ。すべてが明らかになり、すべてが真っ暗になるまでは、それぞれに異なった関心事があり、異なった予感をいだいていたはずだ。自分ではなくほかの人のことを思いながら死んでいった人もいたにちがいない。たとえば当時十五歳だった美しい娘、サラの母親のように。彼女は娘と同時に殺してくれと懇願した。いまわの際ですら、子を思い、案じていたのだ。娘が撃たれるのを見ることができれば、娘が強姦されるのを見ずにすむ……。素っ裸にされたある母親は、あと数秒で最期を迎えることはわかっていただろうに、赤ん坊に乳をふくませた。その子が生きたまま峡谷に投げ込まれると、彼女もすぐにあとを追って飛びおり、みずから命を絶った。谷底にいたのは、無――あるいは、三万三七六一人という数値――と化した人々だった。遺体はのちに掘り起こされ、薪の上に積まれて燃やされ、焼けなかった骨は砕かれ、砂に混ぜられた。ただ数だけが残った(33)。

その日の終わりに、ドイツ人たちはディナ・プロニチェワも殺すことにした。ユダヤ人であろうとなかろうと、彼女は多くを見すぎてしまったからだ。暗がりの中で、ディナはほかの数名とともに峡谷のへりまで連れていかれ、無理やり服を脱がされた。彼女はこの状況で唯一可能な方法によって生き延びた。銃撃がはじまると同時に谷へ飛び込み、死んだふりをしたのだ。自分の体の上を歩いていくドイツ人の重みに耐え、胸や手をブーツで踏まれているあいだも、「死人のように」じっとしていた。上からばらばらと土が降ってきたときも、小さな空気穴をあけておくことができた。小さな子供が母親を呼ぶ声が聞こえ、彼女もわが子のことを思った。そして自分に言い聞かせた。「ディナ、立ちあがりなさい。逃げるのよ。走って子供たちのところへ行きなさい」おそらく、言葉が力となったのだろう。いまは遺体となってどこか下の方に横たわる母がささやいてくれたときのように。ディナは土をかきのけ、静かに這い出した(34)。

ディナ・プロニチェワは、キエフで生き残っていた数少ないユダヤ人の暮らす危険な世界に戻った。法律では、ユダヤ人を見かけたら当局に引き渡すことが義務づけられていた。ドイツ側は報奨を約束し、賞金や、ときにはユダヤ人がかつて保有していたアパートの鍵が与えられた。もちろんソ連のほかの地域と同様、キエフの住民も「人民の敵」を糾弾することに慣れていた。ほんの数年前の一九三七年、三八年当時も、地元の最大の敵として「ポーランド人スパイ」をＮＫＶＤに突き出していた。ゲシュタポがＮＫＶＤの元のオフィスを占領したいまでは、ユダヤ人が敵になった。そしてドイツ警察にユダヤ人の情報を提供しにいった者は、今度は鉤十字マーク入りの腕章を着けた警備官の前を通ることになった。そしてその警備官は、槌と鎌〔ソ連の国章〕の模様がついた壁装飾帯の前に立っているというわけだった。ユダヤ人問題を扱う部署の部屋はあまり広くはなかった。ユダヤ人の「犯罪」捜査は簡単だったからだ。ユダヤという民族名が記載されたソ連の身分証明書（あるいは割礼を受けたペニス）を持っていること自体が死を意味したからだ。キエフに身を潜めて暮らしていたイーザ・ベロゾフスカヤという女性には、イーゴリという名の幼い息子がいた。いまの状況がさっぱりわからなかった彼は、母親にこうきいた。「ユダヤ人って何？」実際、この質問に答えるのはソ連の身分証明書を読むドイツの警察官か、イーゴリのような男の子を「診察」するドイツ人医師だった[35]。

　イーザ・ベロゾフスカヤはいたるところに死を感じた。「わたしは自分の頭に、いいえ、全身に灰を振りかけたい、と強く思いました。何も聞こえないように。塵に姿を変えられるように」しかし彼女はがんばり抜き、生き延びた。希望を失いながらも非ユダヤ人の配偶者や家族に支えられて乗り切った人もいる。たとえば、助産師をしていたソフィア・エイゼンシュタインの場合は、夫が中庭の奥に掘った穴にかくまわれていた。夫はソフィアに物乞いのような格好をさせてそこへ連れていき、毎日、犬を散歩させる途中で彼女を訪れた。そして犬に話しかけるふりをして、彼女に話しかけた。ソフィアはわたしに毒を盛って殺してほしいと頼んだが、夫は食べ物と水を運び続けた。警察につかまったユダヤ人は殺された。彼らは、三年前に大テロルの犠牲者が収監されていたキエフ刑務所に入れられた。刑務所が満員になると、ほかの受刑者とともに、夜明けに幌つきのトラックに乗せられた。キエフの住民たちは、以前、同じゲートを出ていくNKVDの黒いカラスを恐れたように、このトラックを恐れるようになった。囚人たちはバビ・ヤールへ運ばれて、服を脱がされ、峡谷のふちにひざまずかされ、そして死を待ったのである。(36)

バビ・ヤールの大虐殺でカームヤネツィ＝ポジーリシクィイの先例が踏襲されたことにより、以後もウクライナの中部、東部、南部の都市のユダヤ人コミュニティを破壊する際にも同じ方式が使われることとなった。南方軍集団のキエフ占領が遅れたうえ、ドイツの方針についての情報がいち早く広がったため、こうした地域のユダヤ人はほとんどが東に逃れて生き延びた。しかし残った人々は大半が命を落とした。一九四一年十月十三日にはドニプロペトローウシクで約一万二〇〇〇人のユダヤ人が殺害された。ドイツ人は自分たちが設置した現地の行政機関を使い、ユダヤ人を駆り集めて殺す作業をはかどらせることができた。ハルキウでは、特別行動部隊C所属の特殊部隊《ゾンダーコマンド》4aが市当局を使って、市内に残っていたユダヤ人をひとつの地区に集めさせたようだ。十二月十五日から十六日にかけて一万人以上のユダヤ人が町外れのトラクター工場へ連行された。一九四二年一月、彼らはそこで一度に数人ずつ、秩序警察第三一四大隊と特殊部隊4aによって銃殺された。トラックの貨物室に閉じ込められ、そこに引き込んだ排気管からガスを送り込まれて殺された者もいた。ガス車はキエフでも試されたが、ゲシュタポが血と排泄物にまみれてめちゃくちゃになった死体を引っぱり出すのはいやだと言って拒否した。キエフでは峡谷や穴の上で銃殺する方式のほうが好まれたのだった。(37)

中央軍集団の背後、占領下ソヴィエト・ベラルーシで大量殺人がおこなわれた時期は少し異なっていた。アルトゥール・ネーベ指揮下の特別行動部隊Bは、戦争開始から一九四一年八月までの八週間のあいだにヴィリニュスとベラルーシで、ほかのどの部隊よりも多くのユダヤ人を殺した。しかしベラルーシでのさらなる大量殺人は軍事的配慮から先延べになった。ヒトラーが九月のキエフの戦いに備え、中央軍集団から数個師団を南方軍集団に派遣することを決めたのだ。この決定により、中央軍集団の主たる任務であったモスクワ進軍も遅れることになった[38]。

キエフを陥落させ、モスクワ進軍を再開できれば、ふたたび虐殺もはじめられる。一九四一年十月二日、中央軍集団はモスクワへの第二次攻勢――コードネーム、台風作戦――を開始し、警察と国防軍の保安師団が後方地域のユダヤ人を一掃しにかかった。中央軍集団は七八師団一九〇万の兵をもって進撃した。それにともない、女性も子供もふくめた包括的なユダヤ人の大量殺害が占領下ベラルーシの全域に広がった。一九四一年九月末には、すでに特別行動部隊C所属の特殊部隊4aと行動隊5が農村部や小さな町のユダヤ人を全滅させようとしていた。十月に入ると、この方針が都市部にも適用された[39]。

一九四一年十月、マヒリョウ市は占領下ソヴィエト・ベラルーシで最初にユダヤ人住民がほぼ全員殺された都市となった。あるドイツ（オーストリア）人の警官は、ここで十月初旬の数日をかけてユダヤ人を銃殺したときに感じたこと、経験したことを妻に手紙で書き送った。「はじめてのときは撃つときに手が少し震えたが、人は慣れるものだ。一〇回目には冷静に狙いを定めて確実に仕留められるようになって、たくさんの女や子供、赤ん坊を殺した。自分にはふたりの幼い子がいること、ああした漂泊民もうちの子を――一〇倍ひどいとは言わないまでも――同じ目に遭わせただろうということを肝に銘じた。ぼくらはすばやくきれいに死なせてやった。ソ連がＧＰＵの刑務所で何百万人もの囚人に地獄の苦しみを味わわせたのとは大きなちがいだ。赤ん坊を放り投げると、大きな弧を描いて宙を飛んでいった。ぼくらは水を溜めた穴の中に落ちる前にそいつを撃ってばらばらにしてやった」。一九四一年十月の二日から三日にかけて、ドイツ人は（ウクライナの補佐警察官の手を借り）マヒリョウで男女子供合わせて二二七三人を銃殺した。十月十九日にはさらに三七二六人の命を奪った。[40]

ベラルーシの女性と子供を殺害せよとの直接命令を下したのは、当時は中央軍集団の後方地域、「ロシア・センター」の親衛隊・警察高級指導者となっていたエーリヒ・フォン・デム・バッハ＝ツェレウスキーだった。ヒトラーに「血の海を歩ける男」と言わしめたこの男は、ヒムラー直属の部下で、まちがいなく彼の望みどおりの行動をとっていた。占領下ソヴィエト・ベラルーシでは、ユダヤ人の運命について親衛隊と国防軍の見解が一致していたことがとりわけ明白だった。ミンスク地方の保安を担当していた歩兵師団の司令官、グスタフ・フォン・ベヒトルスハイム将軍は、予防措置としてユダヤ人を皆殺しにする必要があると熱心に主張していた。ソ連がヨーロッパに侵攻する事態となれば、ユダヤ人がドイツ人を絶滅させるだろう、というのが彼の好んだ論法だった。「ユダヤ人という言葉は、ヨーロッパではもはや人間を意味しない」。だから「破壊しなければならない」というのだ。[41]

ドイツ・ユダヤ人の強制移送

ヒムラーは一九四一年七月に女性と子供の殺害を認め、八月には、ユダヤ人コミュニティの破壊を認めた。来るべき楽園――ヒトラーの望むエデンの園――の味を試しに少し味わってみようというわけだ。それは戦争後の高揚感や、死後生、ひとつの人種の絶滅とべつの人種の復活とを予感させる終末後世界の姿だった。親衛隊員たちは、こうした人種差別主義と夢とを共有していた。秩序警察にもこのようなビジョンを持っている者がいたが、もちろん、それに参加することによって堕落した。国防軍の将兵は基本的には親衛隊と同じ考え方をしており、軍人らしい現実に即した解釈をしていた。つまり、ユダヤ人を排除すれば次第に状況が厳しくなってきた戦争が勝利に近づくだろうとか、パルチザンの抵抗を抑えられるだろうとか、あるいは、少なくとも食糧供給事情は改善できるはずだ、などと考えていたのである。ユダヤ人の大量殺害に反対だった者は、やむをえないと思っていた。自分たちよりヒムラーのほうがヒトラーに近かったからだ。しかし時がたつにつれ、このような軍の将校たちさえ、たいていがユダヤ人の殺害は必要だと思うようになった。その理由は、ヒムラーとヒトラーが信じていたように、一九四一年の夏でもまだ戦争に勝つ見込みがあったからではない。あっけなく負けてしまいそうだったからだ[42]。

ソ連は崩壊しなかった。侵攻から二カ月後の一九四一年九月、NKVDがもっともデリケートな標的、ソ連国内に暮らすドイツ人に差し向けられて、力強い存在感を見せつけた。スターリンが八月二十八日に命令を出し、ソヴィエト・ドイツ人四三万八七〇〇人を九月の前半にカザフスタンに強制移住させたのである。彼らのほとんどは、ヴォルガ川沿岸の自治地区の住民だった。スターリンのこの措置のスピード、手際のよさ、対象地域の広さは、過去二年間にドイツが実施した混乱と矛盾に満ちた強制移送措置をあざけるかのようだった。スターリンがあからさまに挑発的態度をとったこのとき、ヒトラーは奇妙なまでに不可解な決定を下した。ドイツ・ユダヤ人を東方占領域に移送する、というのだ。十月から十一月にかけて、彼らはミンスク、リガ、カウナス、そしてウッチへと送られていった。これまでドイツ・ユダヤ人は、ありとあらゆる権利と財産を取りあげられてきたが、命を奪われることはまれだった。だがいまや彼らは、殺害命令こそ出ていなかったものの、多くのユダヤ人が銃殺された場所へ移されようとしていた。ヒトラーは報復したかったのだろう。まだヴォルガはドイツのミシシッピになっていなかった。そのことに彼が気づいていなかったはずがない。戦勝国の入植者としてヴォルガ川流域に定住する代わりに、ドイツ人たちは抑圧された卑しいソヴィエト国民として、追放されようとしていた(43)。

ヒトラーの心中では、絶望感と多幸感がつねに表裏一体の関係にあったので、まったく異なる解釈も可能だ。ヒトラーがドイツ・ユダヤ人の強制移送をはじめたのは、一九四一年十月二日に開始した台風作戦をもって戦争が終結すると信じたかった――あるいは国民にそう信じさせたかった――からだとも考えられる。十月三日の演説では、高揚したようすで、こんなことまで言ってのけている。「敵は打ち砕かれた。二度と立ちあがることはないだろう！」ほんとうに戦争が終わったのであれば、戦後に実施を予定していた強制移住策である最終解決を開始できるはずだった(44)。

台風作戦では決定的な勝利にいたらなかったが、とりあえずドイツ・ユダヤ人の東方への強制移送は進められ、それがある種の連鎖反応を呼び起こした。ゲットーの収容スペースをあける必要が出てきたため、ひとつの大量殺人方式が（占領下ラトヴィアのリガで）定着し、べつの方式も（占領下ポーランドのウッチで）開発が急がれていたようだ。

リガで警察の指揮をとっていたのは、国家管区オストラントの親衛隊・警察高級指導者、フリードリヒ・イェッケルン。彼は八月に国家管区ウクライナの親衛隊・警察高級指導者として、カームヤネツィ＝ポジーリシクィイで初のユダヤ人大量殺人の指揮をとったばかりだった。異動後、彼は効率的な銃殺方式をラトヴィアに持ち込んだ。まず、リガ近郊のルムブラと呼ばれる森林地帯の、レトバル

ドイツの進撃
1941年10月1日ー12月5日
ドイツ装甲集団
ドイツ歩兵隊
フィンランド
スウェーデン
フィンランド軍
ラドガ湖
ヘルシンキ
レニングラード
タリン
チフヴィン
第18軍
バルト海
第18軍
ノヴゴロド
北方
レープ元帥
1941年
12月5日の前線
ヴォルガ川
第16軍
リガ
カリーニン
国家管区オストラント
ネヴェリ
第3装甲集団
クリン
ドヴィナ川
第9軍
モスクワ
ダンツィヒ
カウナス
第4軍
オカ川
ヴィリニュス
ヴャジマ
ドイツ
スモレンスク
第4装甲集団
リャザン
ミンスク
中央
トゥーラ
ヴェネフ
ボック元帥
第2軍
ブリャンスク
第2装甲集団
1941年10月1日
ウッチ
ワルシャワ
オリョール
ソ連
ブレスト
ピンスク
プリピャチ川
ホメリ
ポリーシャ湿地
チェルニーヒウ
クルスク
ヴォロネジ
クラクフ
総督府
ルーツィク
リウネ
ロムヌィ
リヴィウ
ジトームィル
キエフ
ベルゴロド
ドニエストル川
第6軍
ハルキウ
ドン川
ヴィーンヌィツャ
ドニプロ川
第17軍
ポルタワ
国家管区ウクライナ
南方
ロゾバヤ
ハンガリー
ルントシュテット元帥
第1装甲集団
ドニプロペトローウシク
スターリノ
ドン川
キシナウ
ロストフ
ムィコラーイウ
マリウポリ
オデッサ
第11軍
メリトポリ
アゾフ海
ルーマニア
ケルチ
ブカレスト
クリミア
ドナウ川
セヴァストポリ
ソフィア
黒海
ブルガリア
ギリシャ
イスタンブール
トルコ

ツキーの森でソヴィエト人捕虜に穴を掘らせた。一九四一年十一月三十日、ドイツ人とラトヴィア人がユダヤ人を列に並ばせて銃殺場へと連行した。そして穴の中に並んで横たわらせ、上から撃つという方法で、たった一日のうちにおよそ一万四〇〇〇人を殺害したのである。(45)

ウッチは、ドイツに併合されたポーランドの地域のうちでも最大の、ヴァルテラント国家大管区に属すことになり、その長であるアルトゥール・グライザーの統治下に置かれた。ウッチはユダヤ人口が二番目に多い都市だったが、いまでは、ドイツでユダヤ人がもっとも多く暮らす都市となった。ドイツ・ユダヤ人の到着を控えた市内のゲットーは過密状態にあった。ウッチのユダヤ人を排除する必要が出てきたために、グライザーか、あるいはヴァルテラントの親衛隊や秘密警察の指揮官たちがもっと効率のよい殺害方法をさがす気になったのかもしれない。ヴァルテラントはつねに「ドイツ民族性強化」政策の中心地だった。一九三九年以降、何十万人ものポーランド人が強制追放されて、何十万人ものドイツ人がソ連から移り住んできた(ドイツのソ連侵攻によって西への移住が無意味になる前のことだ)。この新たなドイツ占領域をドイツ民族だけの土地にする計画では、ユダヤ人の排除が主たる課題だったのだが、それを実行するのはきわめて困難であることがわかった。グライザーは、ヒトラーが帝国規模で直面した問題に、地域規模で直面したのである。最終解決とは建前上は強制移住だったが、ユダヤ人を送る先など、どこにもなかったのだ。一九四一年十二月の初旬には、ヘウムノの収容所前にガス車が駐車するようになった。(46)

一九四一年十月のドイツ・ユダヤ人の移送は、トップの場当たり的な思いつきを、現場が未消化のままで実行した形になった。ミンスクとウッチへ送られたドイツ・ユダヤ人は、殺されずにすんだものの、ゲットーに入れられた。しかしカウナスへ送られた者は到着後すぐに殺された。最初にリガに移送された者も同じ運命をたどった。ヒトラーの意図がどうあれ、ドイツ・ユダヤ人は殺されようとしていたのだ。おそらくこの時点ではすでに、ヒトラーはドイツ・ユダヤ人もふくめヨーロッパのユダヤ人を皆殺しにしようと決めていたのだろう。もしそうなら、ヒムラーでさえ、まだ総統の思惑をつかめていなかったことになる。イェッケルンはリガに送られてきたドイツ・ユダヤ人を殺害したが、ヒムラーには殺すつもりはなかったのだ。

しかしヒムラーはその月のうちに、もっと効率よくユダヤ人を殺害できる新しい方法をさがしはじめていた。彼は、総督府ルブリン県の親衛隊・警察指導者であったオディロ・グロボクニクに連絡をとった。グロボクニクはさっそくベウジェツという村に、ユダヤ人を殺害するための新しいタイプの施設を建設する仕事に取りかかった。一九四一年十一月の時点ではまだコンセプトが明らかにされておらず、機器の設置も完了していなかったが、ヒトラーの言う最終解決が最終的にどういう形をとるのか、その輪郭はある程度見えてきていた。占領下のソ連では銃弾によってユダヤ人の死体が大量生産されていた。併合または占領したポーランド（ヴァルテラント国家大管区と総督府）では、ガス殺施設の建設が（ヘウムノとベウジェツで）はじまっていた。ドイツでは、ユダヤ人が続々と東へ送られていたが、すでに殺害された者もいた(47)。

モロトフ＝リッベントロップ線の東側ではじまった最終解決という名の大量殺人は、西へ広がろうとしていた。

真珠湾攻撃の衝撃

一九四一年十一月、ドイツ国防軍の中央軍集団は、遅れを取り戻そうとモスクワに向かって突き進んでいた。目標はもちろん、輝ける最終勝利だ。ソ連の政治体制を崩壊させて、荒廃したソヴィエトの土地に破滅的な変容をもたらし、誇るべきドイツの新たな帝国領土とすることだった。しかしドイツの将兵たちは現実にはもっとありきたりの破滅へと向かっていた。軍用トラックや戦車は秋雨にぬかるんだ道路のため、将兵は気温低下に対応できる服やあたたかい食べ物を支給されなかったために、すみやかな進軍ができなくなったのだ。双眼鏡を通してクレムリンの尖塔が見えるところまで進んだものの、ついにモスクワにたどり着くことはかなわなかった。物資も兵士の忍耐力も限界だった。赤軍の抵抗は強まる一方で、その戦略はますます巧妙化していった(48)。

一九四一年十一月二十四日、スターリンは戦略予備軍に、ソ連東部からドイツ国防軍中央軍集団を攻撃せよと命じた。このリスクを冒すにあたってスターリンには自信があった。東京に高度なコネクションを持っていたスパイ〔リヒャルト・ゾルゲ〕と、おそらくはそのほかの情報源から、日本がソヴィエト・シベリアに侵攻する可能性はないとの報告を得ていたからだ。一九四一年夏には、ドイツが侵攻してくるという情報を信じなかったが、その決断は誤っていた。今度は一九四一年秋に日本が攻めてくるという情報を信じないことにしたが、これは正解だった。彼は腹を据えていた。十二月五日、赤軍がモスクワから反撃を開始した。ドイツ軍は敗北を喫した。疲労困憊した軍馬はすみやかに装備を運んで戻ることができなかった。兵士たちは足りないものだらけの中、寒空の下でうずくまり、戸外で冬を過ごすはめになった(49)。

スターリンが得た情報は正しかった。日本は太平洋地域での戦争に本腰を入れようとしていた。つまり、シベリア侵攻の可能性は完全になくなったのだ。日本の帝国主義が南進策をとることは、一九三七年に決定されていた。それは一九四〇年九月に日本がフランス領インドシナを侵略した時点で明白となった。しかもヒトラーは、ソ連侵攻の際に日本の参戦を拒否していた。その侵攻が失敗に終わったいまも、日本の兵力は反対の方向へとさらに深く進もうとしていた。

一九四一年十二月六日、ちょうど赤軍が西へ進軍していたころ、日本の空母機動部隊がアメリカ海軍太平洋艦隊の基地である真珠湾に向かって航行していた。十二月七日、あるドイツ人の将軍が故郷への手紙に、モスクワ周辺の戦闘についてこう書いた。彼と配下の兵士たちは「すべてに優る敵を相手に、毎日、昼も夜も命がけで戦っている」と。その同じ日、日本の航空機部隊がアメリカの艦隊を二波にわたって攻撃し、戦艦数隻を破壊したうえ、およそ二〇〇〇人の軍人を殺害した。翌日、アメリカは日本に宣戦布告した。その三日後の十二月十一日、ナチス・ドイツがアメリカに宣戦布告した。これでフランクリン・D・ルーズヴェルト大統領はドイツに宣戦布告しやすくなった。[50]

スターリンは東アジアでは比較的有利な立場に立った。日本が太平洋の支配権をめぐってアメリカと戦うつもりなら、シベリアでソ連と対戦する気は毛頭ないだろう。これでふたつの戦線で戦うはめになる心配はなくなった。しかも、日本の攻撃を受けたアメリカは、まちがいなく参戦してくるはずだ。それもソ連の味方として。一九四二年初頭には、すでに太平洋ではアメリカが日本と交戦していた。ほどなく、アメリカの物資補給船がソ連の太平洋岸の港湾にやってくるようになった。日本は独ソ戦に関しては中立の立場をとっていたので、日本の潜水艦に阻止されることはなかった。ドイツにとって、東のアメリカから物資を受け取ることのできる赤軍は、東の日本から攻撃を受けることを恐れていた赤軍とはまったくちがう敵となった。スターリンはただアメリカの援助を活用しつつ、ヨーロッパで第二の戦線を開くようアメリカに働きかければよかった。そうすればドイツは包囲され、ソ連の勝利は確実なものとなる。

一九三三年以降、ヒトラーとスターリンが手を携え、あるいは敵同士となって挑んできた賭けにおいて、日本はつねに賭け率を大きく増やす役回りを果たしてきた。ヒトラーもスターリンもそれぞれの理由から、日本が南方で戦争をして、陸では中国と、海ではヨーロッパの帝国やアメリカと戦ってくれることを願っていた。ヒトラーは真珠湾への爆撃を歓迎した。アメリカが戦闘準備を整えるのに手間取り、ヨーロッパではなく太平洋で戦うものと信じていたからだ。バルバロッサ作戦、台風作戦が失敗したあとでさえ、ヒトラーは日本がソ連ではなくアメリカと戦うことを望んでいた。明らかに彼は、一九四二年のはじめにはソ連に勝利し、太平洋戦争で弱体化したアメリカとの戦闘に望む気でいたようだ。スターリンもまた日本が南進することを望み、それを確実に実現させるような外交・軍事政策を慎重に練りあげた。彼の考えも基本的にはヒトラーと同じだった。ソ連の領土は自分のものだ、だから日本は遠ざけておかなければならない。ベルリンもモスクワも、日本の関心が東アジアと太平洋の外に向かないことを望み、東京もふたりの期待に応えた。誰がその恩恵をこうむるかは、独ソ戦の結果次第だった[51]。

もしソ連への侵攻がドイツの思惑どおりに進んでいれば――つまり、電撃勝利をおさめてソ連の大都市を壊滅させ、ウクライナの食糧とカフカス地方の石

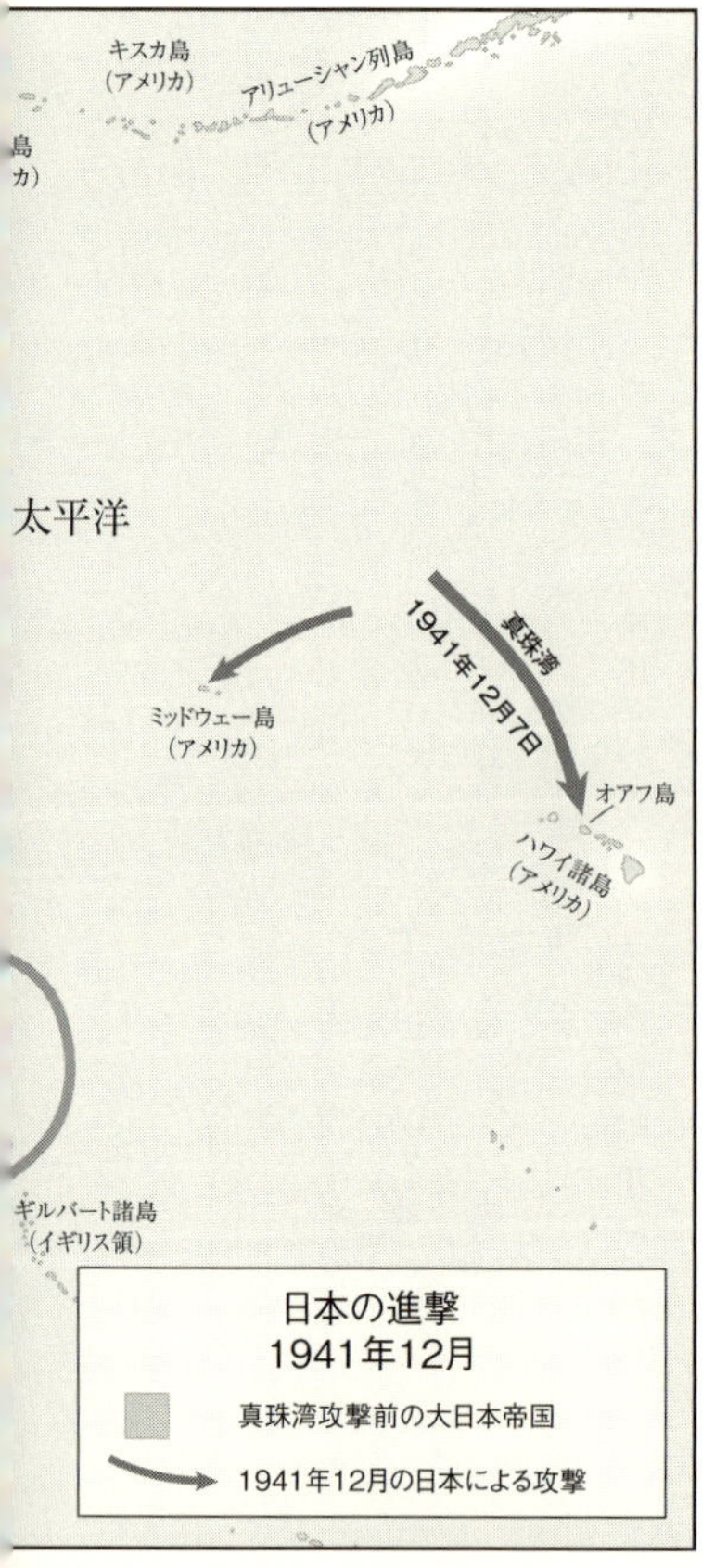

油が手に入っていたなら――ベルリンにとって日本の真珠湾攻撃はほんとうによいニュースだったかもしれない。筋書きどおりに事が運んでいれば、ドイツが新しい植民地で勝利者としての地位を固めるあいだ、日本がアメリカの注意を引きつけておいてくれるからだ。ドイツは東方総合計画やそれに代わるプランを推し進めて、食糧と石油を自給できる大国となり、イギリスの海上封鎖やアメリカの強襲揚陸作戦に対抗する力を持つことになる。これはつねに夢のシナリオでしかなかったが、ドイツ軍がモスクワに向かって進軍しているかぎりは、少しは現実味を帯びているように感じられ

た。

だがドイツは、日本が攻撃を開始したその日にモスクワから追い返されたので、真珠湾は正反対の意味を持つこととなった。つまりドイツは、考えうるかぎりで最悪の状態だったのだ。イギリスをおびやかし、アメリカとの対決に備える強大な陸の帝国ではなく、ソ連、イギリス、アメリカを敵にまわして戦うヨーロッパの一国家にすぎなかった。ドイツの同盟国は弱小国か（イタリア、ハンガリー、ルーマニア、スロヴァキア）、きわめて重要な東欧の戦場に関わりを持っていないか（日本、ブルガリア）のどちらかだった。日本はそのことをドイツ以上によく理解していたようだ。彼らはヒトラーがスターリンと単独講和を結び、アジアや北アフリカでの覇権をめぐってイギリス、アメリカと戦うことを期待していた。日本はどうにかしてイギリスの海軍力を削ぎたいと思っていた。ドイツはかぎられた条件下で戦おうとした。となれば、ヒトラーに残された世界戦略はひとつしかない。彼はその一本道をまっしぐらに突き進んだ。ソ連を破壊し、廃墟の上に陸の帝国を築く道を。(52)

絶滅政策の浮上

一九四一年十二月、ヒトラーは戦略上の危機に対する奇妙な解決策を見いだし、年末までに「大陸で起きている問題をすべて」片づけ、イギリス、アメリカとの地球規模の戦いに備えなければならない、と将軍たちに告げた。だがドイツはいつ終わるとも知れない戦略上の悪夢に襲われた。三つの大国を相手に、ふたつの戦線を戦うはめになったのだ。大胆不敵で、政治的に機敏な行動力を持ったヒトラーは、当初の戦争計画とは異なるがナチスの反ユダヤ主義には矛盾しない形で、この状況を分析し直した。夢物語のような計画、計算の失敗、人種差別者の傲慢、ばかげた瀬戸際外交のほかに、ドイツをイギリス、アメリカ、ソ連との戦争に追い込んだ要因とはなんだろうかと考えた。そして答えを出した。それは、ユダヤ人による世界的規模の陰謀だ[53]、と。

ヒトラーは一九三九年一月におこなった演説で、ユダヤ人がふたたび世界戦争を誘発することに成功すれば、ドイツは彼らを全滅させると脅していた。一九四一年九月以降、ドイツのプロパガンダはたえまなくユダヤ人陰謀説を流し続け、イギリス人、ソヴィエト人、さらに多くのアメリカ人をこれに結びつけた。一九四一年十二月十二日——ソ連がモスクワから反撃してから一週間後、そして日本の真珠湾攻撃から五日後、また、アメリカがドイツの宣戦布告を受けて立った翌日——ヒトラーは再度あの演説のテーマを持ち出した。今度は、必ず実現すべき予言としてそれに言及したのである。「世界戦争ははじまった」と、彼は信頼する五〇人ほどの同志に向かって言った。「ユダヤ人の絶滅は当然の帰結でなければならない」。その瞬間、彼の側近たちはみずからの任務を理解した。それは、ありとあらゆる機会をとらえ、すべてのユダヤ人を殺すことだった。総督府のトップ、ハンス・フランクは数日後にワルシャワでこの政策のことを伝えた。「紳士諸君、きみたちにはいっさいの哀れみの情を捨ててもらいたい。ドイツ帝国全体の存続をはかるため、われわれはユダヤ人を見つけ次第、殺さなければならないのだ[54]」

ドイツに降りかかろうとしている名状しがたい危難は、ユダヤ人が招いたものとされた。ナチスの成員たちは、敵であるユダヤ人と転落の見通しとの関連を即座に理解したようだ。ヒトラーの見方を受け入れるとすれば、ドイツは先の世界大戦では戦場で敗北したのではなく、ユダヤ人や国内の敵性分子による陰謀、「裏切り」によって倒されたことになる。彼らはみんなそれを信じた。イギリス、アメリカ、ソ連が手を結んだことについても、非はユダヤ人にあるとされた。ヒトラーによれば、資本主義国と共産主義国がこのような「共同戦線」を張るなどということは、ロンドン、ワシントン、モスクワのユダヤ人陰謀団の働きかけがなければありえない。ユダヤ人は侵略者であり、ドイツ人は犠牲者である。危難を防ぎたければ、ユダヤ人を排除するほかはない。ヒトラーの宣伝相ヨーゼフ・ゲッベルスがこのときの意識転換について日記に書き記している。「われわれはいま、ユダヤ人に同情すべきではない。ドイツ民族にのみ同情すべきなのだ[55]」

戦争の主導権をスターリンに奪われると、ヒトラーはその目的を変更した。当初は、ソ連を破壊したのちにユダヤ人を排除する計画だった。だがソ連の破壊がいつまでたっても達成できないので、戦時政策としてユダヤ人の絶滅を進めることにした。これ以後、ドイツにとっての脅威は、スラヴ人大衆と、ユダヤ人とおぼしきその指導者たちではなく、ユダヤ民族そのものとなった。一九四二年には、ドイツに送られてきて働くスラヴ人が増えるにつれ、反スラヴ人プロパガンダもやわらいでいった。スラヴ人を（殺さずに）強制労働に処することを同時決定したことで、ユダヤ人を（強制的に働かせるのではなく）殺害するという決断も下しやすくなったのだろう。こうした動きは、戦争の展開をめぐる最初の見通しを捨てたことを意味するが、もちろん、ヒトラーは決してそれを認めなかっただろう。しかしユダヤ人の大量殺害は、少なくとも東方に帝国を建設するという当初の構想には矛盾しないように見えたのだ[56]。

ところが現実には、ユダヤ人殺害という決断はそのようなビジョンと矛盾していたのである。なぜなら、ドイツが強制移送による最終解決に必要な広大な領土を確保できないことをはっきり認めた形になったからだ。兵站学的には、大量移送より大量殺人のほうが簡単だ。この時点では、ヒトラーが自分の予言を実現させたければ、殺害という選択肢をとるほかはなかった。彼が築こうとしたのは海の帝国ではなく陸の帝国だったが、彼が支配する領土には、ユダヤ人を追放できるような不毛の地はなかったのだ。最終解決が何か進展を見たとすれば、それはヒムラーの示した強制移送を必要としない方法——つまり殺害——にあった。大量殺人は勝利の象徴ではなく、勝利に代わるものだったのだ。一九四一年七月末ごろからは、電撃勝利が構想だけに終わり、実現できなかったためにユダヤ人が殺された。同じ年の十二月からは、反独同盟が力を増したのを受け、ユダヤ人はユダヤ人であるからという理由で殺害されることになった。ヒトラーはさらに激しい感情をさがし出し、いっそう暴力的な目標を公言した。ドイツが窮地に陥ったことを承知していた指導部は、それを受け入れた(57)。

独ソの衝突を「世界戦争」と定義することで、ヒトラーは電撃勝利がおさめられなかったことや、この失敗から思い起こされる望ましくない歴史的教訓から、人々の注意をそらそうとした。一九四一年十二月、ドイツの将兵はかのナポレオンと同じ運命にまみえようとしていたのだ。ナポレオンに率いられた大陸軍《グランダルメ》は一八一二年、このときのドイツ国防軍よりも早くモスクワ郊外に到着したが、結局は冬の到来とロシア軍増援部隊を前に退却を余儀なくされた。ドイツ軍は一歩も退かずにがんばっていたが、やがて一九一四年から一八年にかけての戦いと似たような展開にいたることは火を見るより明らかだった。機銃掃射や砲撃を避けて何日も塹壕に身を沈め、何年ものあいだ、のろのろと無意味な行動を繰り返し、数え切れないほどの犠牲者を出す。ヒトラーが天賦の才により時代遅れとしたはずの戦い方を、彼らは強いられようとしていた。ドイツ軍の一般幕僚は、九月までに勝利をおさめたとしても五〇万人の犠牲者が出ると予想していた。しかし十二月に入って勝利が遠のくにつれ、戦死者数は一〇〇万人に達しようとしていたのだった(58)。

侵攻の失敗も期日の遅れも、気が滅入るような見通しも、もしドイツ軍が計画に不備のある侵略戦争に従事しているのではなく、文明を守るため、たとえ悲劇的であっても栄えある世界戦争を戦っているのであれば、さほど恥じることはない。ロンドン、ワシントン、モスクワのユダヤ人陰謀団が陰で糸を引く世界中の軍隊を相手に戦っているのなら、その目的はりっぱで正しいものとなる。いま現実に戦っているように、これが防衛のための戦争だとすれば、誰かに侵略者の役割を担わせなければならない。この筋書きではユダヤ人がまさにうってつけだった。少なくともナチス党員や、父親と夫の帰りを待ちわびている多くの民間人にはそう思えた。ドイツ軍の兵士たちも、戦争の責任がユダヤ人にあると信じていたかどうかはともかく、政治家や民間人と同様、イデオロギー上の修正を必要としていたようだ。彼らは窮地に陥ってはいたが、まだ恐るべき力を持っていた。そして善戦し、戦い続けるつもりだった。少なくともヒトラーの予言を実現するまでは。伝統的な意味で勝てる見込みはなかったものの、ドイツ国防軍はヨーロッパの戦場では抜群の戦闘力を持った最高の軍隊であり、そうあり続けるはずだった。

人種差別的な考え方が魔法をかけた。いかなる勝利をおさめることも不可能となったこのとき、ドイツ人はユダヤ人の殺害こそが勝利であると考えたのだ。イギリス、アメリカ、ソ連はドイツの敵であり、ユダヤ人もドイツの敵である、だからこれら三つの国はユダヤ人の影響下にある、という誤った論法がまかり通っていた。これらの敵国がユダヤ人国家であるならば、ヨーロッパ・ユダヤ人は彼らのスパイである。だからヨーロッパ・ユダヤ人を殺害することは、敵国に対する直接的・間接的な攻撃となる。倫理的・軍事的論理に照らし合わせてみても、正当な行為と言える。ヒムラーは、一九四一年十二月の時点でヒトラーがヨーロッパ・ユダヤ人を「パルチザンとして」、敵国の陰のスパイとして絶滅させたいと思っていることに気がついた。このころには、パルチザン攻撃に対する報復としてユダヤ人を殺害するというロジックが生まれていた。ベラルーシとウクライナのあいだにあるポリーシャ湿地帯では、ヒムラーがこれを理由に一九四一年七月から、ユダヤ人の男女、子供を殺しはじめていた。キエフでは、ソ連による爆撃への報復と称して、三万人以上のユダヤ人を殺害した。さらに遠くセルビアでは、ソ連よりも少し早い時期に、ドイツ軍が激しい抵抗に遭った。[59]

おそらくセルビアはとくによい例だろう。ドイツはソ連侵攻よりも少し前にヨーロッパ南東部で戦争を開始した。これはのちに確実に生かせるような教訓を残した。ドイツはバルバロッサ作戦を開始する直前の一九四一年春にユーゴスラヴィアとギリシャに侵攻した。そのおもな目的は、バルカンで戦争をはじめてへまをした同盟国イタリアを救うことだった。ドイツはあっというまにユーゴスラヴィア軍を平らげ、クロアチアに傀儡国家を建設した。しかしドイツ、イタリアで分割統治をはじめたセルビアでは、ドイツ占領域でかなりの抵抗運動が起きた。中には共産主義勢力によるものもあった。セルビア地域の駐留ドイツ軍司令官は、パルチザン鎮圧作戦でドイツ兵が命を落とした報復として、ユダヤ人とロマのみを――ドイツ人死者一名につき一〇〇名を――殺害せよと命じた。その結果、セルビアのユダヤ人男性がほぼ全員銃殺された。ヒムラーがユダヤ人を「パルチザンとして」殺害せよとの通達を出したのは、そのあとだ。英米ソ同盟への報復としてユダヤ人が殺されることになった。だがユダヤ人も、同盟を結んだ三国も、そんなことは理解できなかっただろう。ヒトラーが将来使おうと決めたばかりのこの理屈は、ナチスの世界観の中でしか通用しなかったのだ。[60]

最終解決の五つ目にして最後の方式は、大量殺人だった。いまやナチスの言葉では、再定住が文字どおりの意味を失い、婉曲語となった。長年、ドイツの指導者たちはヨーロッパ・ユダヤ人の「問題」は、彼らをひとつの土地からべつの土地に移して定住させることで「解決」できると思ってきた。

ユダヤ人は移送された場所で死ぬまで働かされ、おそらくは子孫を残せないよう不妊手術を施されるが、全員が殺されるとはかぎらなかった。つまり再定住は、一九四〇年から翌年初頭にかけてはユダヤ人対策を説明する語として不正確ではなかったが、不完全だったのだ。一九四一年に入ってからは、再定住、あるいは東方への再定住という語が大量殺人を意味するようになる。この婉曲表現が政策の実質的な継続を暗示していたため、ナチスは、戦争が期待どおりに進まないので政策を変更した、あるいは変更せざるをえなかったという事実に正面から向き合わずにすんだようだ。この言葉のおかげでドイツ人たちは、軍事上の失敗がユダヤ人政策を決定づけたという現実に目をつぶっていられたのかもしれない(61)。

一九四一年十二月の時点ではすでに、ドイツ人がユダヤ人をポーランドやマダガスカルやソ連に送るよりずっとひどい目に遭わせられることが実証されていた。ユダヤ人を捕らえて殺しておきながら、彼らがみずからそうした運命を招き寄せたのだと非難することもできた。ドイツ人が距離を置いていた再定住の現実は、ある使用説明書の文言を引用するだけで、ぐっと近くに引き寄せることができる。「再定住地：再定住地には、八本の溝が掘られている。一本の溝につき、一〇人の将兵から成る一班がついて作業にあたり、二時間ごとに交替する(62)」

ルーマニアの方針転換

一九四一年十二月にヒトラーが自分の希望を伝えたころには、すでにヒムラーの親衛隊と警察が（ドイツ国防軍と現地警察の支援を得て）占領下のソ連でおよそ一〇〇万人のユダヤ人を殺害していた。あとから考えれば当然の成り行きであったと感じられるし、ヨーロッパ・ユダヤ人を殺害するという新しい方針も、ある意味では、すでに与えられた目標が達成されたにすぎないように見えるかもしれない。ヒトラーが自分の思い描く将来のヨーロッパにユダヤ人の居場所はないと考えていたことは事実だ。ヒムラーが殺戮をエスカレートさせていったのはヒトラーの期待に応えたかったからであることもまちがいない。しかし、ユダヤ人を絶滅させるというヒトラーの決断は、それだけのことと理解しなければならない。しかし、ユダヤ人を絶滅させるというヒトラーの決断は、それだけのことと理解しなければならない。ひとつの決断にすぎなかったのだと。なぜなら、一連のできごとにはべつの対応もありえたのだから[63]。

ドイツの同盟国ルーマニアは、正反対の対応をする可能性を見せた。ルーマニア政府もまた民族の浄化をめざしていた。一九四一年十二月の時点では、ルーマニア・ユダヤ人のほうがドイツ・ユダヤ人よりはるかに大きな苦難にさらされていた。ルーマニアはドイツと同様、共産主義とユダヤ人を結びつけるプロパガンダのもとでソ連侵攻に加わった。ドイツと行動をともにしたことにより、ルーマニアは、一九四〇年にソ連に併合されたベッサラビアとブコヴィナを回復し、その後もソヴィエト・ウクライナ南部の「トランスニストリア」と呼ばれる地域を新たな領土として組み入れた。一九四一年、ルーマニアはこの地のユダヤ人を対象に、ドイツと寸分たがわぬ冷酷な政策を実施した。オデッサを占領したのちは、ルーマニア軍が市内の軍本部を爆破された「報復」として、ユダヤ人市民およそ二万人を殺害した。ボフダニウカ地区では、十二月下旬の数日のうちに四万人以上のユダヤ人を銃殺した。ルーマニア人はまた、トランスニストリアに独自のゲットーや強制労働収容所を建設した。ベッサラビアとブコヴィナから連れてこられた何万人ものユダヤ人がそこで死亡した。ルーマニア人に殺害されたユダヤ人は、総計およそ三〇万人にのぼった[64]。

しかし戦争が当初の予測とは異なる進展を見せはじめたとき、ルーマニアの指導者たちはヒトラーとはちがった対応をした。ユダヤ人に対しては相変わらず苛酷な政策をとっていたが、締めつけを強めるのではなく、次第に緩めていったのだ。一九四二年夏には、ユダヤ人がトランスニストリアに強制移送されることはなくなっていた。ドイツが殺害施設を建設したときも、ルーマニアは国内のユダヤ人を送り込もうとはしなかった。一九四二年の末には、ドイツとは大きく異なった政策がとられるようになっていた。のちにルーマニアは方針を変えてドイツの敵側にまわろうとした。そのときには残っているユダヤ人を生かしておくことが重要になった。つまり一九四二年という年は、ドイツとルーマニアの政策が正反対の方向へと向かいはじめる、重要な分岐点だったのだ。ドイツは戦争に負けたのでユダヤ人を全滅させようとした。ルーマニアはその年の末には、同じ理由からユダヤ人を救おうとし

た。ルーマニアの独裁者イオン・アントネスクは、英米との交渉の糸口をかろうじて見いだしたが、ヒトラーはドイツが後戻りできる可能性をことごとく消し去ってしまったのである。[65]

休みなく続く殺戮

ドイツは一九四二年中に、占領地域で生き残っていたユダヤ人の大半を殺害した。モロトフ゠リッベントロップ線の西側では、ガス室で大量殺人がおこなわれた。東側では大量銃殺が続けられ、ソヴィエト人捕虜で実験ずみのガス車も使用された。占領下のソヴィエト・ウクライナでは、凍った土が解けて穴が掘れるようになるとすぐに殺戮が再開された。掘削機があった場所ではもっと早い時期からはじまっていた。まだ軍に占領されていたソヴィエト・ウクライナの東部では、一九四一年末から四二年はじめにかけて休みなく銃殺が続けられていた。一月には、特別行動部隊がドイツ国防軍の支援を受けて、第一波の殲滅を免れた比較的規模の小さいユダヤ人コミュニティを皆殺しにし、いくつかのグループのユダヤ人労働者も殺害した。一九四二年の春には、こうした作戦区域が東から西へと移動し、軍事ゾーンから国家管区ウクライナの文民占領当局へと引き継がれた。そこでは、駐留していたドイツ秩序警察の大隊が現地民兵組織の支援を得て、すべての作戦を実行した。協力を申し出る現地住民も数万人にのぼり、人手には不自由しなかった。[66]

ドイツが初期に占領した地域では、殺戮が最後には絶滅にいたった。一九四一年六月の開戦から一〇日のうちに、ドイツはポーランド東部の全域を制圧していたが、その後国家管区ウクライナ西部に組み入れられた南東部地域に古くから住んでいたユダヤ人の多くは翌年まで生き延びた。ヒムラーがユダヤ人コミュニティをことごとく破壊せよとの命令を出しはじめたころには、すでにドイツ軍はこの地域を通り過ぎていた。ドイツの政策変更が伝えられたころには、軍の大半がすでに出発したあとだったのだ。しかし一九四二年には国家管区ウクライナでふたたび大量銃殺が開始された。今度は文民当局が準備し、現地補助警察からの多大な支援を得て、警察が実行した[67]。

旧ポーランド東部にあたる、これらウクライナ西部地域には、人口の約半数をユダヤ人が占める町や小規模都市とよく似た特徴があった。たいていのユダヤ人は郊外の森に木の小屋を建てて住んだりはせず、市の中心部か、町の広場の周辺で石造りの家に暮らしていた。彼らは五〇〇年以上も昔からこうした集落でさまざまな政府の支配を受け、さまざまな程度の繁栄を遂げながら生きてきたが、建築物と人口統計という単純な基準がその成功を物語っていた。戦間期のポーランドに暮らしていたユダヤ人は、大多数が信仰に篤く、外の世界とはいくらかかけ離れた生活を送っていた。依然としてイディッシュ語と（宗教的な目的には）

ヘブライ語を使い、キリスト教徒と結婚する人の割合は低かった。ポーランド東部は古くから、アシュケナージ・ユダヤ人［ドイツ語圏および東欧に定住したユダヤ人］文化の中心地だった。イディッシュ語を話し、カリスマ的なハシディム［十八世紀ポーランドに広まった敬虔主義運動。多数による祈りと共同体の絆を重視した］を進める集団によって統率されていた。このユダヤの伝統は、その発祥地であるポーランド・リトアニア共和国の終焉後も生き延び、ロシア帝国の崩壊後も戦間期ポーランド共和国の消滅後も、存続していった。(68)

モロトフ＝リッベントロップ協定が締結され、独ソ両国がポーランドを合同侵攻したあとの一九三九年から四一年までの時期には、こうしたユダヤ人はソ連の支配下に置かれてソ連の国籍を与えられた。そのため彼らはたいていナチスによるソヴィエト・ユダヤ人の犠牲者と見なされる。これらのユダヤ人は、ソ連の国境が西へ拡げられて旧ポーランド東部が領土に組み込まれていたあいだは、確かに一時的にソヴィエト人となり、ソ連の政策に従って暮らしていた。こうした地域で暮らしていたポーランド人、ウクライナ人、ベラルーシ人と同様、彼らもまた逮捕され、強制移送され、銃殺された。そして店や会社や神学校を失った。しかしソ連によるこの短期間の支配では、とうてい彼らをソヴィエト・ユダヤ人に変えることはできなかった。たとえばウクライナ北西部のリウネという町の人々は、幼い子供をのぞいて誰もがソヴィエト人であった期間よりもポーランドやリトアニアやラトヴィア、ルーマニアの国民であった期間のほうがはるかに長かった。ソ連で殺害されたユダヤ人およそ二六〇万人のうち、一六〇万人はソ連の国籍を与えられてから二年もたっていなかった。彼らの文化は、一九三九年から四一年にかけてソ連の統治下で著しく衰退し、ドイツ帝国のもとでは生き残ることができなかったのだ。(69)

リウネではこうした都市としてはめずらしく、すでに一九四一年に大量殺人作戦が実行されていた。リウネは警察国家たるドイツのウクライナにおける拠点だったが、当時のリウネは国家管区ウクライナの暫定首都だった。総督のエーリヒ・コッホは、残忍なことで知られていた。ヒトラーの顧問たちはコッホを「第二のスターリン」と呼んでいたが、それは褒め言葉だった。コッホはすでに一九四一年秋にリウネに暮らすユダヤ人の大半を殺害するよう指示していた。一九四一年十一月六日、警察は労働許可証を持たないユダヤ人全員に対し、再定住に備えて出頭せよと命じた。およそ一万七〇〇〇人が近くのソセンキと呼ばれる森へと運ばれた。そこに着くと、彼らはソヴィエト人捕虜が事前に掘った穴の上で銃殺された。残った一万人ほどのユダヤ人は、市内でもっとも環境の悪い地区に設けられたゲットーに入れられることになった。[70]

一九四二年はじめ、多数のユダヤ人が命を奪われたあとでさえ、リウネのユダヤ人評議会は生存者のためになんとか生き延びる手立てを確保しておこうとした。一九四二年夏、コッホは食糧不足を視野に入れつつ、次の段階へと歩を進め、部下たちにユダヤ人問題の「一〇〇パーセント解決」を求めた。一九四二年七月十三日の夜、リウネのユダヤ人たちは、ドイツ警察とウクライナの補助警察によってゲットーから連れ出された。それから鉄道駅まで歩かされ、そこで貨車に閉じ込められた。食べ物も水も与えられない状態で二日間放置されたのち、彼らはコストピリという町の郊外にある森の近くの採石場へ運ばれ、そこでドイツの秘密警察と補助警察官の手によって銃殺されたのだった。[71]

ウクライナ西部の町ルーツィクには、人口の半分にあたる一万人のユダヤ人が暮らしていた。一九四一年十二月、ユダヤ人たちはゲットーに入れられ、ドイツ人によってユダヤ人評議会のメンバーが任命された。このユダヤ人評議会はたいていい、コミュニティの財産を差し出し、ほんものであったりなかったりする刑の執行を延期してもらう役目を果たしていた。ドイツ人たちも多くはユダヤ警察を組織し、ゲットーの建設や、のちにはその解体にあたらせた。一九四二年八月二十日にはルーツィクで現地のユダヤ警察が潜伏しているユダヤ人の捜索に乗り出した。同じ日、ユダヤ人の男たちがルーツィクから七キロの町ヒルカ・ポロンカにほど近い森へ送り込まれ、穴を掘らされた。警護を務めていたドイツ人たちは、そのあと何が起こるか隠そうともせず、あしたはおまえらの母親や女房がそこに寝るんだから、しっかり掘れよと言い放った。八月二十一日、ルーツィクからユダヤ人の女性と子供がヒルカ・ポロンカへ連れていかれた。ドイツ人たちは飲み食いをして笑い、女性たちに無理やりこんな言葉を暗唱させた。「わたしはユダヤ人だから、生きる権利がありません」。女性たちは一度に五人ずつ、服を脱ぎ全裸になって穴の上でひざまずくよう命じられた。次のグループも全裸にされ、穴の底に並んで倒れ伏した最初の死体の上に腹ばいで横たわるよう命じられ、そして撃たれた。その日は、ユダヤ人男性もルーツィクの城の中庭へ連れていかれ、そこで殺された[72]。

コーヴェリには約一万四〇〇〇人のユダヤ人が暮らしており、やはりここでも市の人口の半分を彼らが占めていた。一九四二年五月、市内のユダヤ人が、労働者と非労働者というふたつのグループに分けられ、それぞれべつのゲットーに収容された。ひとつは新市街地にあり、もうひとつは旧市街地にあった。現地に住むあるユダヤ人は、ナチスの隠語に通じていたので、ドイツ人が二番目のゲットーを「役立たずの穀潰し」を送り込むところだと考えていることを知っていた。六月二日、ドイツの警察と現地の補助警察が旧市街地のゲットーを取り囲んだ。収容されていた六〇〇〇人全員がカミン・カシルシクィイ付近の森の中の平地に連れていかれて、銃殺された。八月十九日には、警察がもう一方のゲットーに対しても同じ措置をとり、八〇〇〇人のユダヤ人を銃殺した。それから、身を隠しているユダヤ人をさがし出し、集めて町の大シナゴーグに閉じ込め、食物も水も与えずにおいた。しばらくすると彼らは銃殺されたが、数人が死を迎える前に石やナイフやペンや爪を使って、かつて安息日の祈りを捧げたシナゴーグの壁に、イディッシュ語やポーランド語のメッセージを残した。(73)

ある女性は自分と「美しい」わが子がたどった運命を「愛する夫」に知らせようとして、こよなく深い愛のメッセージを書いた。ふたりの少女はいかに自分たちが人生を愛しているかを綴った。「こんなにも生きたいのに、彼らはそれを許しません。復讐を、復讐を！」ある若い女性はもっとあきらめていた。「二十歳で死ぬのはつらいけど、不思議に気持ちが落ち着いています」。ある夫婦は子供たちに、父さんと母さんのために追悼の祈り《カディッシュ》を捧げてください、そして安息日を守ってください、と伝えようとした。ある娘は母親に宛てた別れの言葉を記していた。「大好きなお母さん！　あたしたち、逃げられなかったの。あの人たちはゲットーの外からあたしたちをここに連れてきました。これからむごい死を迎えます。お母さんにそばにいてもらえないのは悲しいです。こんなことになった自分が許せません。あたしたち、お母さんに感謝しています。愛してくれてありがとう。何度も何度もキスを贈ります」。

著者　ティモシー・スナイダー Timothy Snyder

一九六九年生まれ。歴史学者。イェール大学教授。専門は近代ナショナリズム史、中東欧史、ホロコースト史。一九九七年、オックスフォード大学Ph.D。著書に『赤い大公――ハプスブルク家と東欧の20世紀』（慶應義塾大学出版会）、『Sketches from a Secret War: A Polish Artist's Mission to Liberate Soviet Ukraine』（Yale Univ. Press, 2005）『Black Earth: The Holocaust as History and Warning』（Tim Duggan Books, 2015）他。

訳者　布施由紀子（ふせ・ゆきこ）

翻訳家。大阪外国語大学英語学科卒業。訳書にC・マン『1491』、M・ドブズ『核時計零時1分前』（ともにNHK出版）、J・L・キャレル『シェイクスピア・シークレット』（角川書店）、C・ストラウド『コブラヴィル』（文藝春秋）他多数。

ブラッドランド（上）　ヒトラーとスターリン　大虐殺《だいぎゃくさつ》の真実《しんじつ》

二〇一五年一〇月二〇日　初版第一刷発行
二〇二二年 八 月二五日　初版第七刷発行

著　者　ティモシー・スナイダー
訳　者　布施由紀子
発行者　喜入冬子
発行所　株式会社　筑摩書房
東京都台東区蔵前二―五―三　郵便番号一一一―八七五五
電話番号　〇三―五六八七―二六〇一（代表）
装幀者　間村俊一
印　刷　株式会社精興社
製　本　牧製本印刷株式会社

ISBN978-4-480-86129-0 C0022

◉筑摩書房の本◉

〈ちくま学芸文庫〉
人間の条件
ハンナ・アレント
志水速雄訳

人間の活動的生活を《労働》《仕事》《活動》の三側面から考察し、《労働》優位の近代世界を思想史的に批判したアレントの主著。
解説　阿部齊

〈ちくま学芸文庫〉
革命について
ハンナ・アレント
志水速雄訳

《自由の創設》をキイ概念としてアメリカとヨーロッパの二つの革命を比較・考察し、その最良の精神を二〇世紀の惨状から救い出す。
解説　川崎修

〈ちくま学芸文庫〉
暗い時代の人々
ハンナ・アレント
阿部齊訳

自由が著しく損なわれた時代を自らの意思に従い行動し、生きた人々。政治・芸術・哲学への鋭い示唆を含み描かれる普遍的人間論。
解説　村井洋

責任と判断
ハンナ・アレント
ジェローム・コーン編
中山元訳

普通の人々のうちに潜む〈凡庸な悪〉とは。思考を停止してしまった世界で倫理が可能なのか。〈善〉と〈悪〉についての透徹した思索。アレント未公刊遺稿集。

政治の約束
ハンナ・アレント
ジェローム・コーン編
高橋勇夫訳

人間の複数性に内在する約束＝未来とは。政治思想の変遷を考察し、絶滅戦争が現実となった現代の政治の意味に迫る。『全体主義の起原』以降の思索の軌跡。

◉筑摩書房の本◉

〈筑摩選書〉
世界恐慌（上）
経済を破綻させた4人の中央銀行総裁

ライアカット・アハメド
吉田利子訳

財政再建か、景気刺激か——。一九二〇年代、中央銀行総裁たちの失敗が世界を奈落に突き落とした。彼らは何をし、いかに間違ったのか。ピュリッツァー賞受賞作。

〈筑摩選書〉
世界恐慌（下）
経済を破綻させた4人の中央銀行総裁

ライアカット・アハメド
吉田利子訳

問題はデフレか、バブルか——。一九三〇年代当時の混迷と過ちはいまもくり返されているのではないか？　今日の金融システムの根幹を問い直す恐慌論の新古典。

MI6秘録（上）
イギリス秘密情報部 1909−1949

キース・ジェフリー
髙山祥子訳

映画007のモデルとなった情報機関MI6。設立から百年、全機密資料の閲覧が許され、謎に包まれたスパイ工作活動の実態が明らかに。初の正史、ついに刊行。

MI6秘録（下）
イギリス秘密情報部 1909−1949

キース・ジェフリー
髙山祥子訳

20世紀の二度の大戦中、国家の危難を救ってきたのは、インテリジェンスの力だった。潜入、破壊、盗聴、誘惑まで、その情報戦のなまなましい全貌が明らかに！

〈ちくま学芸文庫〉
われわれの戦争責任について

カール・ヤスパース
橋本文夫訳

時の政権に抗いながらも侵略国の国民となってしまった人間は、いったいにどう戦争の罪と向き合えばよいのか。戦争責任論不朽の名著。

解説　加藤典洋

◉筑摩書房の本◉

〈ちくま学芸文庫〉
ポランニー・コレクション
経済と自由
文明の転換

カール・ポランニー
福田邦夫・池田昭光
東風谷太一・佐久間寛訳

二度の大戦を引き起こした近代市場社会の問題点をえぐり出し、真の平和に寄与する社会科学の構築を目指す。ポランニー思想の全てが分かる論稿集。

〈ちくま学芸文庫〉
道徳と宗教の二つの源泉

アンリ・ベルクソン
合田正人
小野浩太郎訳

閉じた道徳／開かれた道徳、静的宗教／動的宗教への洞察から、個人のエネルギーが人類全体の倫理的行為へ向う可能性を問う。最後の哲学的主著新訳。

〈ちくま学芸文庫〉
戦争における
「人殺し」の心理学

デーヴ・グロスマン
安原和見訳

本来、人間には、人を殺すことに強烈な抵抗がある。それを兵士として殺戮の場＝戦争に送りだすにはどうするか。元米軍将校による戦慄の研究書。

人類5万年　文明の興亡(上)
なぜ西洋が世界を支配しているのか

イアン・モリス
北川知子訳

今日、世界を西洋が支配しているのは歴史の必然なのか――『銃・病原菌・鉄』『大国の興亡』を凌駕する壮大な構想力、緻密な論理、大胆な洞察に満ちた人類文明史。

人類5万年　文明の興亡(下)
なぜ西洋が世界を支配しているのか

イアン・モリス
北川知子訳

いかなる文明も衰退を免れ得ないのか――。スタンフォードの歴史学者が圧倒的なスケールから歴史の流れを掴みだし、西洋終焉の未来図を明晰な論理で描き出す。